« RÉPONSES »

Collection créée par Joëlle de Gravelaine,
dirigée par Sylvie Angel et Nathalie Le Breton

DE CATHERINE AIMELET-PÉRISSOL

Aimer, guérir, ou la logique du corps, Buchet-Chastel, 1988
Comment apprivoiser son crocodile, Robert Laffont, 2002
Quand les crocodiles s'emmêlent, Robert Laffont, 2005

CATHERINE AIMELET-PÉRISSOL
SYLVIE ALEXANDRE

MON CORPS LE SAIT

Trouver son équilibre psychocorporel
pour vivre mieux

ROBERT LAFFONT

ISBN 978-2-221-10901-4

À mon père
Catherine Aimelet-Périssol

À ma famille
Sylvie Alexandre

Introduction

Au XXIe siècle, à l'heure où l'humanité multiplie les découvertes dans les secteurs les plus diversifiés, on peut s'étonner que l'Homme ne prenne toujours pas le temps dont il a besoin pour comprendre et utiliser au mieux sa formidable nature. Malgré nombre de journaux, de livres et autres stages de développement personnel qui s'efforcent de rappeler la valeur de nos ressentis et de nos intelligences, force est de constater que nous continuons à nous maltraiter. Et cette maltraitance de nous-mêmes et des autres nous fait tomber malades ou devenir fous. Ces outils ne sont qu'une petite voix dans le tohu-bohu de nos vies agitées, tendues et fatiguées, à laquelle nous restons sourds. Nos corps sont stressés, nous ne parvenons plus à les accorder au temps présent, poussés en avant vers « ce qu'il faut faire » et tirés en arrière par des ressentiments qui n'en finissent pas.

Cela suffit ! Le diktat de l'efficacité nuit gravement à la santé. Surtout une efficacité qui fait un usage erroné de ce qui anime nos corps et nos âmes, de ce mouvement de vie qui nous vient du plus profond de notre être vivant : les émotions.

Nous en faisons un usage erroné par négligence : se respecter et respecter notre nature prend du temps. Et comme chantait Jacques Brel : « Il me faudrait du temps, et du temps j'en ai pas... » Évidence de ce temps qui passe, et après lequel on court. Or qu'avons-nous d'autre que du temps entre le moment de notre naissance et celui de notre mort ? Ce temps nous est offert par la vie. Qu'en faisons-nous ?

« Un jour, l'homme a attaché le temps à une chaîne. Il le mit dans sa poche en le consultant de temps en temps. De temps en temps. Puis il voulut le temps enchaîné à son poignet, croyant ainsi l'apprivoiser et le dominer. Mais c'est le temps qui enchaîna l'homme. Il oublia de lire les ombres, de reconnaître les signes. Il désapprit ce que le soleil lui avait enseigné. C'est ainsi qu'il fut prisonnier du temps. L'homme, autrefois, le prenait quand il le souhaitait. Le temps était là à attendre. Il était à prendre. L'homme le regardait. Il avait le temps et le temps était libre. L'homme était libre du temps et le temps était libre des hommes. Mais le temps ainsi attaché à son poignet, enfermé dans les horloges, se mit à tourner en rond comme dans une cage. On lui mit des chiffres pour ne pas le perdre. Il ne fallait pas perdre de temps. C'est ce que l'homme croyait.

« Il finit par courir désespérément après lui, celui, bien sûr, qu'il avait enchaîné. L'autre n'avait pas bougé, il était toujours là à attendre et il voyait l'homme passer devant lui en courant sans le regarder, sans s'arrêter pour tenter de le voir puisqu'il avait les yeux fixés sur son poignet. Il poursuivait l'autre temps, celui qu'il avait inventé, un temps aveugle, cruel, remplaçable, un monstre enragé, virtuel, qui finit par le tuer. C'est ainsi que l'homme est devenu mortel. Avant, il s'endormait pour mourir en prenant le temps, se laissant bercer par lui. C'était un dernier mariage. Sachant que le temps était immortel, il partait avec lui sans frayeur, de l'autre côté de la vie[1]. »

Ce livre est un appel pour que nous reprenions le temps de nous comprendre, de nous connaître, de nous respecter et de nous aimer afin de donner du sens à nos vies, celui que nous perdons faute de temps...

---

1. Bernard Giraudeau, *Les Dames de nage*, Paris, Métailié, 2007.
D'autres références bibliographiques figurent en fin d'ouvrage. *(N. d. E.)*

L'usage erroné que nous faisons de nous-mêmes l'est aussi par défaut de compréhension : on ne sait pas ce qui nous anime, pourquoi nous sommes émus et bousculés par des événements extérieurs, qu'on ne décode qu'à travers le filtre de croyances et d'évidences héritées d'un passé qui s'accroche. La peur, qui à l'origine est un signal pour nous alerter d'un danger, devient l'ennemi : peur de ressentir l'angoisse, peur du conflit qui prive de sa parole, peur de tomber en dépression, chute vertigineuse vers le vide en écho à un trop-plein d'obligations. Toutes ces peurs nous empêchent d'abord d'oser nous fier à nos propres sensations. Comment une personne, fût-elle adulte ou enfant, peut-elle avoir confiance en elle si, déjà, dès qu'elle éprouve des sensations d'inquiétude on lui dit – ou elle se dit – qu'il ne faut pas avoir peur ? C'est à en perdre sa langue maternelle, autrement dit ses propres mots, puisque ceux-ci n'ont plus le droit d'exprimer nos maux.

Et enfin nous nous trompons par abus. On parle ainsi d'émotions positives, celles qui « nous mettent la pression » et nous poussent à faire ce que nous devons, ce qui est attendu de nous. Il y a aussi les négatives, nommées ainsi car la pression devenue trop forte ne nous permet plus d'y répondre. On n'est plus dans les clous, on ne fait plus ce que l'on doit. Montrés du doigt, la honte est sur nous, la culpabilité aussi ! L'usage abusif des émotions, par soi ou un autre que soi, relève de la manipulation. Rien de tel qu'utiliser le danger ou l'humiliation pour augmenter le seuil d'insécurité et de frustration de ceux qui les subissent. Sans doute ceux et celles qui s'y prêtent utilisent-ils là un moyen archaïque d'apparaître en héros ou en sauveur, avec leurs propres solutions, que ce soit au sein d'une nation, d'une entreprise ou d'une famille.

L'émotion est un message du corps au corps, un message vivant qui invite au déploiement de sa pensée, de sa parole et de ses actes en conscience. Quand elle demeure inutilisée et inutilisable, refoulée parce qu'impensable, interdite ou incompréhensible, l'émotion s'intensifie et finit par dominer nos choix de vie. Cette violence, faite à soi comme à l'autre, est à la fois la conséquence de codes de conduite préfabriqués mais aussi la conséquence de la plasticité même du cerveau. Cette rencontre entre « ce que je suis » et « qui je suis », rencontre qui évolue sur la ligne du temps, est à l'origine de bien des souffrances quand les informations venues du dehors viennent se choquer sur les besoins du dedans, et quand les apprentissages du passé viennent se choquer sur la créativité et l'initiative du futur. L'émotion est alors notre passeport. Encore faut-il apprendre à lire ce qui y est écrit.

Le métier de thérapeute consiste à recevoir, écouter et entendre l'expression verbale et corporelle de personnes « sonnées », choquées parfois depuis longtemps, parfois plus récemment. Elles viennent parce qu'il y a eu un choc en plus, en trop, auquel elles n'ont pas pu, pas su s'adapter une fois encore : un conflit, une séparation, un échec, un accident, un licenciement... L'émotion, le stress qui était une vieille habitude pénible mais à laquelle on arrivait à faire face, et donc vivable, est devenue insupportable. Ce qui est à considérer comme une bonne nouvelle car l'émotion n'est pas là dans son corps pour être subie comme fatale, mais comme une inspiratrice, une muse. Du reste cette dimension existe dans le mot « thérapeute », puisqu'il est celui qui aide à révéler les forces de la nature de l'être. C'est dire si le déni des sensations émotionnelles, le rejet de l'intention intelligente des émotions ou encore la recherche de leur contrôle font barrage à cette voix du dedans. L'obscurantisme qui règne encore trop sur le bon usage de nos émotions contribue à retenir des initiatives pourtant indispensables quand la Terre et les hommes sont en peine, en conflit et en danger écologique. Voilà pour le coup de gueule.

Ce livre a été écrit par deux auteurs : thérapeutes l'une comme l'autre, ayant chacune développé nos recherches, l'une sur l'intelligence du corps, l'autre sur l'intelligence de l'esprit, nous étions passionnées et en quête d'une compréhension qui viendrait compléter nos visions respectives. Nous ne pouvions donc que nous rencontrer. Dès le début nos échanges furent riches et vifs, chacune hésitant à aller sur le territoire de l'autre, ne souhaitant pas « abandonner » sa propre vision. En nous accordant le temps d'explorer l'unité de ces ceux intelligences, notamment en coanimant des stages de développement personnel, en se formant l'une l'autre et en découvrant, chemin faisant, les joies d'une amitié authentique, nous sommes parvenues à proposer un « bon usage » de nos émotions au travers de la compréhension de notre nature psychocorporelle.

Livre écrit à quatre mains, *Mon corps le sait* est un traité de logique émotionnelle. Y aurait-il une logique aux comportements irrationnels, ceux guidés par ces émotions que d'aucuns jugent toxiques ? Est-il possible de comprendre des attitudes de lâcheté, d'agressivité ou de démotivation autrement que par un regard moral ? « Car enfin, disent beaucoup, on ne peut se permettre d'accepter de telles conduites, ce serait la porte ouverte à autoriser n'importe quoi de n'importe qui ! » Est-ce que ces personnes auraient peur de la différence, peur de ne pas avoir raison et d'être confrontées à une autre vision du monde ? Se sentent-elles en danger ? Aujourd'hui cette morale s'essouffle et les émotions débordent. Restreindre la vitalité de chacun à exprimer son potentiel ne fait que les accroître. Comme si le vrai danger était de ne pas les comprendre. Comprendre ne signifie pas admettre, subir et laisser faire. Comprendre, c'est prendre en compte la signification, l'intention vivante du comportement. Il existe une logique aux sensations de peur, de colère et de tristesse, ces trois émotions de base qui, comme les trois couleurs fondamentales sur la palette du peintre, permettent de vivre bien des nuances. Il existe une logique aux comportements réactifs de fuite, de lutte et de repli sur soi qui, selon les travaux passionnants d'Henri Laborit, composent le stress. Logique tire son origine du mot « lire » c'est-à-dire « cueillir, rassembler » qui effectivement est le processus qui permet l'accès à la lecture, non seulement de ce qui est écrit, mais aussi de ce qui est perçu par nos sens et que nous cueillons et rassemblons en lui donnant un sens. Tel va être notre propos tout au long de cet ouvrage : assembler les informations qui nous viennent du corps et leur donner un sens, une direction pour vivre, exprimer et évoluer, le tout fondant notre existence.

On compare parfois la pulsion de vie à une colonne vertébrale, à un pilier droit et souple, ou à un arbre enraciné dans la terre s'élevant en direction du ciel. Cette pulsion est indispensable à la vie sans être pour autant la vie. Cette conscience première nous fait comprendre que toutes les manifestations sensorielles, les troubles de l'humeur, les états d'âme, les émotions pressantes ou douloureuses et même les maladies répondent à une même finalité, celle de rester vivant. Ce constat peut sembler un peu paradoxal. Comment imaginer que la douleur de l'angoisse puisse répondre à la même finalité d'être ? On se dit que l'homme a d'autres ambitions que celle de rester en vie : il a développé une intelligence, il est capable de réflexion, de gestes généreux. L'humanité a élaboré des cultures, des concepts, des religions, des sciences, des arts. Elle a su s'adapter et même contrôler son environnement selon ses besoins. Elle a la capacité de comprendre et d'expliquer le monde, elle donne du sens à la vie. Et pourtant, la douleur du doigt qui brûle sous la flamme nous sert à ôter notre doigt du danger. Et pour preuve qu'il est soumis à sa nature, le même homme jalonne aussi son histoire de guerres pour défendre son territoire ou en conquérir d'autres, d'exodes, de tueries, de chocs des cultures, de trahisons, d'abandons, jusqu'à l'exploitation sans contrôle des ressources naturelles qui met en péril notre planète, et par voie de conséquence notre propre vie. Et tout cela aurait un sens ? C'est précisément l'objet de notre recherche.

Nous destinons ce livre à celles et à ceux qui éprouvent le besoin de comprendre ce qui leur arrive, de se réconcilier avec les émotions qu'ils ressentent, comme ils les ressentent, qui se vivent privés d'une part innommable d'eux-mêmes, innommable non parce que indigne, mais parce que non encore exprimée, comme s'il s'agissait d'une honte ou d'une culpabilité d'être. À celles et à ceux qui, après des années d'entretiens psychothérapeutiques se disent encore « bouffés » par leurs émotions, même s'ils savent pourquoi ils sont émus. Aux enfants qui, même s'ils ne lisent pas ce livre, pourront en recevoir l'écho par un parent qui aura saisi la nécessité de leur parler vrai. À celles et à ceux qui n'éprouvent pas forcément le besoin de s'asseoir dans un fauteuil dans des entretiens réguliers, mais qui se questionnent et se font chercheurs de conscience. À tous ceux qui ont envie d'en savoir plus sur le corps vivant, ce temple dans lequel nous vivons notre vie, seul et en relation avec les autres.

Le livre se lit comme une enquête. Au commencement est l'observation de notre nature psychocorporelle, dualité unique au service de la vie. Priorité oblige, nous découvrons le corps, notre structure, *cette matière que nous sommes* et son besoin fondamental de sécurité qui allie ce qui assure à ce qui libère. Car, comme tout organisme vivant, nous avons autant besoin de points de repère qui donnent confiance que de mouvements qui ouvrent l'espace devant nous. Mais un corps sans relations extérieures meurt, privé des informations pour se développer. Dans notre milieu environnant, qui commence dans le ventre maternel et se poursuit dans le monde de l'air, la structure s'adapte, agit en fonction des perceptions reçues, trouve des postures, déterminant ainsi *qui nous sommes* au milieu des autres. Tel est le besoin d'identité. C'est l'alliance des besoins de sécurité et d'identité qui définit le besoin de se réaliser, de donner du sens à ses initiatives et à ses choix, dans un désir d'harmonie. *La conscience est née*. Tel est notre bagage de vie, qui détermine un potentiel ne demandant qu'à se manifester.

Cependant, ce serait sans compter sur les épreuves rencontrées sur son chemin : chocs, limites et interdits inscrivent dans la mémoire du corps non seulement le souvenir de la douleur, mais aussi la réaction de défense pour survivre. Le tout dans une confusion sensorielle qui sera notre pièce maîtresse : peur, colère et détresse racontent ce douloureux passé que l'on n'arrive alors plus à distinguer du présent. Du coup, nous n'en finissons pas de réagir dans l'émotion aux mêmes événements. Tel Achille avec son talon qui choisit une vie glorieuse, mais courte. Ce héros nous servira d'exemple pour comprendre l'impact de nos chocs passés. Puis nous découvrirons les conséquences de cet ensemble sur nos comportements, et à quel point, faute de nous appuyer sur le message sensoriel de l'émotion, seule vérité en soi, nous jouons au funambule sur le fil de nos croyances et de nos craintes. En possession de ce décryptage, le lecteur est encouragé à appliquer celui-ci à sa propre vie : pédagogie du risque et code de conduite l'aideront à se retrouver dans ses méandres émotionnels et à dégager des voies d'action conscientes. Quelques exemples compléteront notre propos.

C'est sur ce principe que nous invitons le lecteur à se lancer dans l'aventure de cette nature étonnante qui est la nôtre. Une nature capable de gérer tout au long de la vie un ensemble d'informations à faire pâlir de jalousie le plus sophistiqué des ordinateurs. Tout projet est une prise de risque qui se fonde sur des choix adaptés aux besoins de son être vivant. L'émotion signale qu'à un moment donné de notre vie nous nous sommes arrangés, dans l'urgence et en fonction des moyens dont nous disposions, pour répondre à nos besoins vitaux. Quitte à se priver, quitte à ne retenir qu'une partie de l'information, quitte à sacrifier une part de sa liberté. Nous avons alors fait au mieux de nous-mêmes, et nous pouvons nous en féliciter. Mais ce serait dommage d'en rester là, coincés dans le passé. Alors, vivent les émotions qui, au présent, nous signalent que nous pouvons élargir notre champ de conscience pour retrouver notre équilibre et notre libre arbitre. Car, enfin, est-il raisonnable de rester en panne ou de se précipiter sur d'autres pour nous aider, alors que nous avons à disposition les messages du crocodile[1], qui nous transmet ce que sait notre corps ?

Bonne lecture !

1. Allusion aux deux ouvrages précédents de Catherine Aimelet-Périssol. Rappelons que « le crocodile est notre cerveau reptilien, celui qui, depuis la nuit des temps, veille à la satisfaction de nos besoins fondamentaux et nous dicte notre conduite dès que nous nous sentons menacés. Pour s'exprimer, il ne connaît qu'un langage, que nous ne comprenons pas toujours : celui des émotions », dans *Quand les crocodiles s'emmêlent*.

1

Parlons nature !

On ne philosophe pas pour faire de belles phrases, mais pour sauver sa peau et son âme.

ANDRÉ COMTE-SPONVILLE

« Ça va ? », « Comment vas-tu ? » Combien de fois par jour les prononçons-nous ces petites phrases anodines et bienveillantes ? Qu'elles répondent à notre souci de connaître l'humeur ou la santé d'une personne appréciée, ou qu'elles soient un geste de politesse, elles témoignent de l'évidence selon laquelle « nous allons » quelque part. L'origine de cette expression remonte à la Renaissance, époque à laquelle nous nous préoccupions de savoir si notre interlocuteur était bien allé à la selle. Ce souci suggère qu'alors nous avions bien compris que du bien-être de notre structure, à commencer par l'élimination des déchets, dépend notre faculté à aller quelque part, à vaquer à ses occupations ! Ce que nous exprimons aujourd'hui comme une sollicitude envers l'autre vis-à-vis de son humeur, semble avoir été un temps beaucoup plus trivial. Trivial, vraiment ? Après tout, la question s'adresse respectueusement à ce que nous sommes : de l'espace organisé en une structure.

Aller, marcher, cheminer, progresser, se conduire, autant de termes qui correspondent à ce mouvement. Comme si tous les « ça va ? » du monde interrogeaient non seulement l'état dans lequel nous sommes sur l'instant, mais aussi notre aptitude à bouger dans l'espace et le temps. Tel était le point de vue du Pr Henri Laborit, pour lequel « la finalité de l'être, c'est d'être[1] », regard subtil qui relie la vision statique de l'être et la vision dynamique de sa finalité. La tentation est forte de définir l'orientation de la vie comme étant, de façon inéluctable, la mort. Or, si cette réalité est effectivement inscrite en nous, pour autant la finalité de la vie est la vie, dans sa durée dans le temps. Quelque chose d'indéfinissable nous « fait aller ». Telle est notre nature, psychique et corporelle, espace-temps vivant donc, en mouvement.

La connaissance, de soi et de l'autre, commence par la prise en compte de notre *nature* et par ce qui est favorable à la vie, et l'élimination de ce qui ne lui est pas favorable. Explorer notre nature dans sa dimension psychique et corporelle, avec ses limites et sa magie, se réconcilier avec elle, n'est-ce pas suivre le vieil et néanmoins précieux adage placé sur le fronton du temps de la pythie de Delphes et attribué à tort à Socrate : *Connais-toi toi-même et tu connaîtras l'univers et les dieux* ? En pratique, cette connaissance permet de faire bon usage de soi et d'en tirer le meilleur. L'ignorance, en revanche, nous prive de savoir interpréter des informations venant de soi, au risque de nous faire réagir dans l'inconscience d'une réponse « allant de soi ». Une réponse automatique générée par le cerveau le plus archaïque qui soit, sans pilote.

L'animal humain veut sauver sa peau

Nous vivons notre existence dans l'espace corporel qui est le nôtre. Montaigne ne nous contredirait pas, pour qui le bonheur était la cessation de la douleur.

1. Henri Laborit, *La Nouvelle Grille*, Paris, Gallimard, « Folio », 1985.

Tout est information

Aujourd'hui, le mot « information » prête à confusion. Il est en effet employé pour la circulation de connaissances véhiculées par des moyens de plus en plus sophistiqués et sans mesure avec les possibilités d'expressions strictement humaines. Or le mot évoque l'idée d'une forme. Et ce qui procure cette forme en mouvement, c'est notre corps, lui-même composé de milliards de cellules recevant et envoyant des informations qui elles-mêmes reçoivent et envoient. Des échanges constants d'informations circulent à l'intérieur de notre enveloppe corporelle, et entre l'intérieur et l'extérieur. Comme M. Jourdain qui faisait de la prose sans le savoir, nous informons et sommes informés sans le vouloir. Notre structure s'intègre dans un environnement avec lequel elle échange pour assurer sa vie, et quelquefois simplement sa survie. Cela suppose une aptitude fondamentale, celle d'une adaptation constante aux informations internes et externes. Le processus est idéalement vertueux puisque l'information reçue est lue par le système existant, qui alors envoie des informations qui changent la forme initiale pour être « mieux » vivant. Le message informe l'envoyeur initial, qui lui aussi va s'adapter, etc. Ainsi va la vie !

Premier constat : pour être et accomplir notre vie en tant qu'êtres incarnés, ce dont nous disposons, c'est d'un corps, constitution physiologique faite d'un cerveau logé dans la tête, d'un tronc dans lequel prennent place nos organes, et de quatre membres pour bouger et agir dans notre environnement. L'information circule dans les deux sens, de la tête vers les membres, les muscles et les organes, avec un retour d'informations vers le centre nerveux. Comment le cerveau saurait-il, sinon, que nous venons de nous entailler le doigt, et qu'il faut envoyer ce qui est nécessaire pour juguler le sang, puis cicatriser ?

Deuxième constat : ce système informationnel s'exécute à l'intérieur de notre enveloppe, et entre nous et l'extérieur de nous, la matière environnante et les autres. Nous ne sommes jamais « tout seuls » mais au contraire constamment en relation. Ce constat ne dit rien sur la qualité de la relation, mais simplement sur sa réalité. Nous sommes donc doués de PERCEPTIONS à la faveur de nos cinq sens, la vue, l'ouïe, le toucher, l'odorat et le goût, grâce à nos organes sensoriels ouverts sur l'extérieur, les yeux, les oreilles, la peau, le nez et la bouche. De même, nous sommes doués de SENSATIONS grâce à tout un réseau de fibres nerveuses qui circulent dans notre corps, apportant des informations au cerveau qui en envoie à son tour.

Troisième constat : ce système est ouvert et par la « magie » du feedback, c'est-à-dire du retour à l'envoyeur d'un message, nous nous adaptons en régulant nos échanges. Nous sommes doués de plasticité et cela est indispensable à la vie.

La circulation d'informations et, avec elle, l'aptitude innée à répondre aux informations reçues et à en envoyer sont les piliers de notre nature. Mais savons-nous lire correctement les informations échangées ? L'enjeu est d'importance, car s'il n'est pas nécessaire de connaître le fonctionnement intime du moteur d'une voiture pour l'utiliser, il est néanmoins précieux de faire bon usage des informations qu'il nous donne, pour mieux nous adapter à la route et parvenir à notre objectif. Il serait dommage de ne pas tirer le meilleur parti de nous-mêmes. De la lecture des informations dépend notre aptitude à nous adapter dans le respect de nous-mêmes et de notre environnement. À défaut d'une lecture juste, le risque est d'entrer dans le cercle vicieux d'une information qui revient en boucle, dans une prise de tête dont on ne se sort pas. Moins on tient compte de l'information, moins on se donne les moyens d'agir de façon adaptée, et plus on risque la panne ou l'accident.

Nous sommes d'abord « ça »

Quel dommage que le terme « ça » contienne un goût vague de dédain... ! Comme si nous déplorions de n'être « que ça », réduisant ainsi la personne à un assemblage trivial de chair et d'os, dominé par ses pulsions animales. Dommage car cette mésestime de soi, en tant qu'être de chair, nous prive de recevoir de précieuses informations.

> Karine entre dans la salle où a lieu le stage. Ses sensations la bousculent. Elle fait bonne figure alors qu'elle se sent crispée, oppressée et tiraillée ; elle se sent agitée quand elle aimerait être rassurée d'avoir fait le bon choix, coupable d'être là quand il y a tant à faire au bureau, agacée d'en voir d'autres si à l'aise, émue enfin sans savoir pourquoi. Est-elle enjouée en apparence ? Elle ne peut se duper elle-même de sa fragilité qu'elle sait cacher devant le regard des autres. Raisonnablement, elle sait qu'elle ne peut attendre de miracles... ceux-là n'arrivent que dans les films ou les livres. Quoique... Dans son attente, voire sa détresse, elle espère un petit miracle, avoir des clés pour savoir comment faire, comment être pour aller bien. Elle veut des explications et peut-être des recettes, qu'on lui dise comment faire pour (se) réussir. Elle attend peut-être des considérations analytiques sur l'être ou un discours sur ce qu'il faut être ou ce qu'elle doit faire pour se sentir bien dans sa peau.
>
> Justement, c'est de sa peau et de son contenu dont il va être question, de ce qui se passe en elle, de ce qui l'anime intimement et qui l'amène à ressentir ces états de mal-être. Car ce qui anime toute personne et qu'elle ne sait pas encore, c'est justement ce besoin de la sauver, sa peau !
>
> Tout évitement, tout jugement sur ce qu'elle éprouve, tout apitoiement sur sa fragilité risquerait de la heurter encore un peu plus. Elle *est* ce qu'elle ressent, ce qu'elle se dit d'elle face aux autres à ce moment-là. Elle est tout imprégnée des informations que lui envoie son propre organisme, sur elle-même, et aussi sur ce qu'elle voit et entend, sur les odeurs du lieu et son ambiance. Elle est d'abord comme un animal mis dans un environnement nouveau et qui a besoin d'évaluer ce nouveau cadre, au cas où celui-ci contiendrait quelque danger. Son comportement tient d'abord du souci de demeurer intègre et tous les moyens sont bons, y compris celui de paraître forte aux yeux de ses congénères.

N'en déplaise à ceux qui aspirent à se dégager de notre part dite « animale », nos actes et nos aptitudes ont, comme objectif premier, de demeurer intègres pour demeurer vivants. Impossible d'échapper à cette réalité. Plus encore, chaque fois que nous la repoussons, elle revient en force s'imposer à nous. Nous n'avons pas le choix d'être ou non. Physiologiquement, nous ne pouvons attenter à nos jours en décidant de cesser de respirer ou en arrêtant les battements de notre cœur. Sans le décider, nous sommes acharnés à vivre. Certes, nous avons aussi la liberté de mourir. Mais ce choix est rarement librement consenti, et trop souvent fait par défaut de trouver l'expression de notre force de vie.

Des besoins au service de notre vie

Le maintien de l'intégrité est donc la condition *sine qua non* pour être. La personne, dans son malaise, l'a sans doute oublié ce besoin premier. Trop absorbée peut-être par sa vision d'homme ou de femme éduqué, faisant partie de la famille des êtres humains, et conscient de cette valeur particulière, elle est devenue sourde aux informations que lui transmet son propre corps qui la rappelle à la réalité de sa nature.

BESOINS ! « Quel vilain mot ! nous disait une dame. Cela fait penser à faire ses besoins comme les animaux. Je n'aime pas penser que j'ai des besoins. » Le lecteur ne manquera pas de se questionner pour savoir si cette personne « allait bien »... Et pourtant, le mot est à l'origine le masculin du mot besogne, issu lui-même du verbe soigner, veiller au bien-être ou à la santé de quelqu'un. Une telle intention lui était pourtant familière à cette dame. Chacun porte en lui ses contradictions : elle était la première à prendre soin et satisfaire les besoins... des autres. Les siens ne la concernaient visiblement pas.

Dans une crèche, les puéricultrices, *lassées de se battre avec les enfants pour qu'ils mangent de tout*, avaient pris le risque d'écouter leur appétit. Elles les avaient autorisés à se servir eux-mêmes du plat proposé, sans les inciter et encore moins les forcer. La seule règle étant de finir ce qu'ils avaient mis dans leur assiette, avec possibilité de se resservir. Les premiers temps furent éprouvants, puis les petits âgés de deux à trois ans s'habituèrent, et elles furent agréablement surprises de les voir goûter plus volontiers aux nouveautés, se servant de toutes petites quantités, quitte à y revenir ensuite. Les enfants cherchent naturellement à satisfaire leur besoin de nourriture. Nous possédons en nous le matériel qui nous aide à conserver notre équilibre dans un monde changeant en permanence.

Un être ne peut s'autosuffire. La satisfaction se trouve hors de lui et implique la recherche dans son environnement de ce qui lui manque. La nature a donc été confrontée à la problématique suivante : comment pousser un être à satisfaire ses besoins, dès lors que cette satisfaction comporte des risques ? Comment conserver l'équilibre dans un mouvement vers l'indispensable nourriture si en chemin existe le danger d'être attrapé par un fauve ? Si je bouge, je risque de mourir, mais si je ne bouge pas, je vais à coup sûr mourir de faim ! Voilà justement le moyen trouvé par le cerveau pour veiller sur nos besoins élémentaires : la faim et la soif. On n'a pas fait mieux pour oser prendre le risque de faire de mauvaises rencontres en chemin. La faim ne chasse-t-elle pas le loup du bois ? Le cerveau en charge de cette fonction de veille est le cerveau reptilien, le plus ancien, c'est-à-dire apparu tôt dans l'évolution. Il est situé à la base du crâne ; se masser le haut de la nuque, c'est caresser le « crocodile » qui, en nous, veille sur nous.

Ainsi nous avons des besoins, et la nature a mis en place un puissant système de protection, voire de défense, pour s'assurer leur satisfaction. Mais précisons auparavant la nature de ces besoins qui nous exposent directement à notre environnement. Car si aujourd'hui nous avons en partie résolu l'accès au boire et au manger (bien qu'un long chemin reste à parcourir pour l'ensemble de la population mondiale), d'autres besoins, non moins fondamentaux, nous questionnent tous les jours. Ce sont ceux que l'organisation des besoins alimentaires a favorisés.

La nature des besoins

Sur la chaîne du temps et de l'évolution, la nature a complexifié les formes de vies. À chaque étape elle a conservé ce qui avait fait ses preuves pour assurer les besoins fondamentaux. De la plante aux mammifères, en passant par les insectes et autres petites bêtes, chaque espèce vivante s'adapte pour garantir sa vie et satisfaire ses besoins propres, à commencer par les besoins primaires pour alimenter la structure. Le cerveau participe à l'aventure : de nouveaux systèmes répondent à de nouveaux besoins, à moins que ce ne soit l'inverse. La vie s'assure au fur et à mesure des changements.

À la base, le *besoin de sécurité* : il se manifeste dans la sûreté de pouvoir dormir sur ses deux oreilles et dans la liberté de mouvement pour se mettre à l'abri des dangers de l'environnement. Ce sont les *sensations* qui vont nous alerter sur ce besoin. Avec l'organisation sociale, la vie en groupe évolue : l'union fait la force pour garantir le boire et le manger, mais aussi pour se protéger de ce qui pourrait menacer, et ainsi garantit la sécurité du groupe. Dans cette nouvelle organisation, l'individu doit pouvoir trouver sa place car celle-ci n'est pas prédestinée comme chez les insectes. Avec elle naît le *besoin d'identité* dans son appartenance au groupe et aussi sa distinction individuelle. En plus des sensations naissent les *sentiments* qui favorisent le lien. Les hommes élaborent des modes de vie et s'organisent entre eux. S'ils ne sont pas inscrits dans nos gènes ou dans des zones nerveuses repérables par des techniques sophistiquées, nul ne peut nier la pression intérieure de chacun à bénéficier de sécurité dans le monde matériel, et d'identité au sein du groupe. Quand l'homme apparaît sur l'échelle du temps, assez tardivement, la taille du néocortex a déjà pris énormément d'ampleur, les mammifères ayant eu à faire acte de prédation pour garantir l'apport nutritif nécessaire, et aussi à élaborer d'autres comportements pour faire face à la complexité de la vie sociale. Ces nouvelles donnes développent un système sensoriel et moteur très perfectionné. L'homme a peu d'atouts physiques pour chasser, pêcher et se défendre, comparé à d'autres animaux. C'est grâce à son néocortex et à son pouce opposable qu'il a pu et su développer des trésors d'inventivité et de créativité pour survivre. Il a ainsi utilisé ses capacités néocorticales pour fabriquer des outils, s'abriter, tout en développant le langage pour mieux communiquer.

Avec l'invention de techniques qui s'échangent grâce au langage, apparaît la pensée abstraite de la réalité. Avec les sentiments naissent l'altruisme, l'arrivée de gestes gratuits et le respect des morts. Grâce à la parole, le groupe se constitue et transmet son histoire. Il développe l'art et les rituels : c'est le début de la culture. Plus en sécurité et mieux ensemble, se développe ainsi le *besoin de réalité d'être*, le besoin de se réaliser dans sa vie.

Quelle que soit la nourriture qui va les alimenter, et qui varie selon les civilisations, la prégnance des besoins est là, inscrite en nous comme existentielle. Si nous pouvons apparemment nous contenter d'abri précaire et d'identité humiliée, cette triste réalité ne change en rien la réalité de ce besoin.

Les hommes se sont montrés si inventifs quand il s'est agi de favoriser leur vie par leur imagination et leur créativité qu'on en viendrait à oublier cette motivation première, celle d'être. Cet oubli s'arrête bien sûr dès que des événements contraires déclenchent l'alerte sur leur sécurité et leur identité. Même si le réfrigérateur est plein, que le salaire de fin de mois assure toute la famille, la queue de poisson de l'automobiliste venu lui barrer la route peut mettre M. ou Mme dans un état de colère ou de panique énorme ! On n'en finit pas de chercher à satisfaire ses besoins. Et, si nécessaire, de les défendre.

Assurer la satisfaction de ses besoins

La nature s'est assurée de la nourriture des besoins par un système binaire de satisfaction/frustration, de plaisir/douleur, de satiété/manque, garanti par le système de veille du vieux cerveau reptilien. Si les premiers comblent d'aise, les seconds favorisent la recherche et l'inventivité. À travers le goût, l'odorat, la vue, l'ouïe et le toucher, cinq sens qui nous permettent d'être en relation avec l'extérieur de notre peau, nous accédons à une palette de sensations et de sentiments qui orientent automatiquement nos choix vers ce qui assure le mieux notre vie. La nature a trouvé le variateur avant l'homme, et entre la satisfaction et la frustration existent des nuances d'intensité qui informent quant à la nécessité de pourvoir au besoin, un peu, beaucoup, passionnément, de toute urgence ! La satisfaction se manifeste par des sensations de plénitude, ou par le silence des organes, et aussi par des sentiments d'affection, d'estime et d'amour, ou encore d'indifférence. L'insatisfaction, elle, se manifeste par des sensations désagréables, douloureuses, voire bruyantes, et par des sentiments d'animosité, de rejet et de haine. Entre satisfaction et insatisfaction existe toute une gamme de sensations et de sentiments, éprouvés et parfois éprouvants, qui colore nos états émotionnels.

Avec les besoins, la nature a inventé le système d'alarme intérieur destiné à nous alerter. Comme on ne change pas une équipe qui gagne, c'est au cerveau reptilien que revient cette responsabilité. Ce veilleur infatigable fonctionne de façon binaire, sans état d'âme : la vie est ou n'est pas. Ses réponses à l'environnement se font sous la forme de « bon/ pas bon » pour assurer la vie. Il n'est pas question ici de bien et de mal, plutôt de ce qui favorise ou altère la vie.

Pour assurer les besoins de sécurité, d'identité et de réalité d'être, rien ne vaut d'éprouver l'insécurité, nommée la *peur*, le rejet, nommé la *colère* et l'inexistence, nommée la *tristesse*. Autant de sensations, émotionnelles celles-là, destinées à nous informer de nos frustrations. Ces mécanismes sont situés entre l'arc réflexe très rapide de la moelle épinière et l'analyse plus lente du cerveau qui réfléchit. Ils sont automatiques : gain d'informations et de temps précieux quand la vie est en danger.

Ils sont le signal que le système de veille du cerveau reptilien a enclenché l'alarme pour notre survie. L'émotion est là pour nous « ramener à nous-mêmes », comme si nous nous étions, dangereusement, perdus de vue. Elle nous invite, avec sa logique implacable, à nous rappeler ce que nous sommes et qui nous sommes. Nous n'avons aucun doute sur le bien-fondé de la douleur quand elle nous signale un dysfonctionnement dans le corps. La peur est elle aussi un signal qui se manifeste pour nous réveiller d'un « sommeil » trompeur. La peur est une alliée.

Éprouver le signal d'alarme dès que plane une menace sur la satisfaction de nos besoins est une étape nécessaire mais insuffisante s'il ne déclenche pas le mouvement du corps chargé de garantir la satisfaction du besoin. Mouvement en accord avec la nature des ressentis de peur, de colère ou de tristesse. C'est pourquoi le veilleur a pour charge non seulement de nous envoyer un message sensoriel à éprouver, mais de générer une réaction de défense, elle aussi émotionnelle, en y mettant de la pression. La peur enclenche la *fuite*, la colère la *lutte* et la tristesse le *repli sur soi*. Car en fuyant, n'en déplaise à ceux qui portent un jugement de lâcheté sur ce comportement, c'est la vie que l'on cherche à conserver et donc sa sécurité que l'on cherche à garantir. Si la lutte et la violence qui l'accompagnent sont moralement réprouvées et juridiquement pénalisées – sauf en temps de guerre où elles sont même encouragées – elles aspirent à avoir raison contre celui ou celle qui menace notre identité. Enfin, si le repli sur soi est mal vu, il sert pourtant à passer inaperçu dans une situation dans laquelle on se sent trop impuissant pour oser tenter quoi que ce soit. Comme toujours le besoin d'intégrité guide l'être.

Les solutions défensives sont indispensables à la survie,

mais elles ne sont pas destinées à perdurer. Elles ne sont pas écologiques sur le long terme, trop coûteuses en énergie, trop mobilisatrices de pression sur soi comme sur l'entourage. Idéalement, elles ont mission de nous permettre de passer un cap difficile. Mais il est des passages qui n'en finissent pas de durer, tant que la personne ne prend pas en considération sa nature.

Cependant pour la nature en quête d'évolution, ce système de veille du crocodile qui nous alerte sur le niveau de satisfaction de nos besoins ne pouvait suffire. Trop archaïque et trop binaire. C'est pourquoi la nature a développé, en plus, un système de mémorisation très puissant, le cerveau limbique, cela afin de conserver le fruit de l'expérience. Vision écologique puisque la mémoire permet de ne pas avoir à réapprendre ce qui a été acquis par l'expérience, alors que le cerveau reptilien fonctionne sur un savoir automatique, instinctif. La mémoire domine anatomiquement le crocodile. Elle enregistre les informations vécues avec les réactions émotionnelles qui leur ont été associées. Les deux cerveaux sont intimement reliés l'un à l'autre, s'envoyant force messages pour favoriser l'intégrité de l'être. Mémoire des sons, des images, du mouvement. Ce sont les sens, sensations et perceptions, qui donnent forme à cette bibliothèque vivante. La mémoire, en enregistrant ce qui garantit la satisfaction et la frustration des besoins, va dans le sens de la vie.

Toujours en marche sur le chemin de l'évolution, la nature a poursuivi son œuvre. Un cerveau de réflexion, le néocortex (cerveau nouveau), est le dernier né. Tel que nous le connaissons aujourd'hui chez l'homme, il n'a que cent mille ans. Au regard de l'échelle du temps, dont les mutations se mesurent en millions d'années, c'est un bébé. Lui aussi, à sa façon, participe à la finalité de l'être : être en vie. Celui-ci utilise l'équipement neuronal qui fait l'originalité de sa matière cérébrale, non plus seulement pour se protéger et reproduire le connu, non plus seulement pour mémoriser les apprentissages acquis et ainsi programmés, mais aussi pour conceptualiser. L'aptitude du tissu cérébral à réfléchir, à apprendre, est intimement liée à celle permettant de voir les choses sans les voir, de les nommer et d'abstraire, c'est-à-dire de bâtir dans sa tête avant de bâtir dans la réalité. Encore un nouveau pas dans le même sens... Ce néocortex, lui, n'a pas de connexion directe avec le reptilien, mais avec la mémoire du limbique. Ce qui explique qu'en dépit de la justesse de nos raisonnements rassurants ceux-là n'ont guère de prise sur nos émotions.

Mais il est des situations dans lesquelles, malgré la mémoire, ou à cause d'elle et de ce qu'elle a enregistré comme contraire à nos possibilités de satisfaction, malgré la réflexion intelligente et réfléchie, la mobilisation s'avère impossible. Et, pourtant, le besoin est là, incontournable, à satisfaire coûte que coûte. Alors la nature, qui a tout prévu, revient aux fondamentaux du système reptilien : elle va faire en sorte que le corps se défende pour obtenir sa nourriture.

Cette recherche d'intégrité, de garantie de vie, et à défaut de survie dans son automatisme, donne le sens de la vie. Vivre, c'est chercher à s'adapter à la réalité rencontrée. Le besoin de sécurité s'est organisé jusqu'à développer un besoin d'identité, et avec l'évolution de l'homme jusqu'au besoin de réalité d'être. Nous en sommes là. Nous avons dit que notre nature est corporelle et psychique. Si notre relation avec le monde du soi et du non-soi est spatiale et passe invariablement par notre corps, celui-ci est également confronté au temps qui passe. Aussi existe-t-il un autre dialogue, qui n'est plus entre soi et l'extérieur, mais entre notre passé et notre futur, entre mémoire du corps et vision de l'avenir, un dialogue vécu au présent. Une nouvelle dimension apparaît, celle du psychisme intimement lié au temps. Chez cet homme qui veut en premier lieu sauver sa peau, et dont l'ensemble du corps invite à satisfaire des besoins, est aussi née la conscience. De quoi s'agit-il ?

L'homme psychique

L'homme est doué de conscience. Être en vie est un état interne distinct de se sentir en vie, se savoir en vie et faire quelque chose de sa vie dans l'expérience du temps qui passe... en conscience. Voilà qui le distingue des animaux et l'homme en est fier. L'appréhension de son être grâce à l'esprit est encore mystérieuse et nombre d'études neuroscientifiques buttent sur la difficulté d'étudier... celui qui étudie. Alors depuis bien longtemps, les hommes se sortent de cet embarras par l'allégorie, les mythes, les contes et par la philosophie.

Ce qui nous amène à découvrir celle qui donna au monde son nom pour désigner le psychisme : Psyché. En grec ancien, le mot signifie âme ou esprit, ce qui ne manque pas d'étonner quand on connaît l'histoire de la jolie jeune fille, plus proche des réalités charnelles que spirituelles. C'est en nous interrogeant sur sa vie que nous découvrirons ce qui fait la spécificité du psychisme.

Une princesse du nom de Psyché

Troisième fille d'un roi et d'une reine, Psyché est d'une beauté si extraordinaire que nul n'ose prétendre à la demander en mariage. Les mortels la croient une réincarnation de la déesse Vénus, ce qui rend celle-ci très jalouse. Vénus demande alors à son fils, Amour, de la venger en faisant dévorer la jeune fille. Mais Amour tombe amoureux de Psyché et la cache pour pouvoir l'aimer. Elle vit une période heureuse, tout à son bonheur sensuel d'être aimée, sans d'abord chercher à connaître son amant. Mais elle s'ennuie et va faire son propre malheur, par curiosité et naïveté, en voulant découvrir son identité. Malheur, Amour la quitte ! Commence alors la transformation de Psyché par les épreuves qu'elle va traverser. Après une période de désespoir, elle prend sa vie en main, parcourt le monde à la recherche de son amant. Poursuivie par Vénus, elle finit par abandonner la lutte et se rend. La déesse veut alors la punir et lui fait faire des travaux de plus en plus difficiles. La jeune fille demandera du soutien pour chacune des épreuves : des fourmis, un roseau et un aigle l'aideront à réaliser ses tâches, jusqu'à une tour qui prendra la parole pour la guider dans les Enfers. Tout se terminera au mieux, par l'union de Psyché et d'Amour. Leur fille se nommera Volupté.

Ce mythe initiatique nous conte la métamorphose de la jeune fille qui, de belle et naïve, sans véritable prise sur sa vie, sans décision personnelle, ballottée par les événements et les autres qui décident pour elle, devient active, consciente de ses propres désirs et donnant du sens à ses choix. Les changements se font dans la rencontre avec des épreuves, que ce soit celles des conséquences de ses propres émotions – l'ennui, le désespoir, la jalousie – ou celles imposées par les autres. La conscience est le fruit d'un processus interne de libération d'une attitude passive et de soumission. Un travail qui met en œuvre les aptitudes du corps dans la traversée des épreuves, mais aussi dans un apprentissage dans le temps. Celui-ci apparaît au fil des expériences vécues par la belle princesse. Elle apprend à faire avec cette réalité qui est la sienne : elle prend le temps, ne le nie pas, ne lutte pas contre, ne le subit pas non plus. Il est d'usage de dire que les difficultés rencontrées forgent le caractère et rendent fort... Les difficultés n'y sont pour rien ! Ce sont les aptitudes de la personne à puiser avec endurance dans ses ressources afin de s'adapter qui vont affermir son caractère et la rendre forte. Car ces mêmes difficultés peuvent en écraser d'autres et laisser impuissants ceux qui persistent à subir les épreuves sans en écouter le message, sans y entendre les besoins fondamentaux contenus.

Psyché a été au bord du désespoir. En langage moderne, nous dirions qu'elle était déprimée. Et ce sont les éléments naturels qui l'ont aidée, c'est-à-dire sa nature végétale, le roseau cher à M. de La Fontaine, puis sa nature animale, de la petite fourmi à l'aigle, et enfin sa nature humaine avec la parole de la tour. Toutes parts vivantes en elle, au plus près du crocodile et du besoin d'intégrité.

Avec l'homme, la finalité d'être n'est plus seulement d'être existant. Avec la notion du temps s'introduit le désir de réaliser quelque chose de sa vie. Et si le fondamental est bien de sauver sa peau, l'homme tend à faire de sa vie œuvre de création.

Le psychisme, une affaire de temps

L'histoire de Psyché met en lumière le processus de conscientisation et nous permet d'avoir une lecture du psychisme en cohérence avec les données corporelles, avec ce qu'on appelle le « ça ». C'est du reste l'intention initiatique, depuis des centaines d'années, des histoires, contes et mythes racontés au coin du feu, témoignant d'un début de conscience du héros quand il sort de sa naïveté, c'est-à-dire de sa condition de nouveau-né. Ainsi Barbe-Bleue, Peau d'Âne et bien d'autres. Aucune intention occulte dans cette transmission, mais un souci d'éveil du potentiel qui existe en chacun, celui de tirer profit, dans le temps, des informations éprouvées dans le corps pour être « mieux » vivant.

Psyché a libéré sa conscience de l'état de sommeil dans lequel elle vivait, toute soumise à la fatalité de sa sensualité, de sa beauté, à la vindicte de Vénus, à la passion d'Amour son amant, et à la jalousie de ses sœurs. Cette soumission qui laissait son psychisme en jachère est source d'un bonheur reçu passivement, mais crée cet ennui qui la pousse à agir en jeune fille capricieuse et qui va entraîner ses malheurs. Elle apprend à s'adapter aux conséquences de ses actes grâce à cette aptitude néocorticale à conceptualiser son environnement et à y répondre de façon adéquate dans le respect de sa personne. Là est l'originalité de l'être humain qui peut aussi choisir comment s'adapter pour rester intègre. Psyché apprend à voir et à entendre, à utiliser ses perceptions autrement qu'elle ne le faisait auparavant. Elle est à l'œuvre en elle-même. Guidée par la mémoire de l'amour qui l'unit à son amant, vigilante au respect de ses besoins, elle acquiert son libre arbitre. Son lien intime avec sa nature corporelle, plus vivante, plus expressive qu'auparavant, s'aiguise. Elle devient consciente en acquérant cette claire connaissance que l'on a de soi-même.

Les émotions, lien entre le corps et l'esprit

Sans corps, l'esprit est privé de vie. Sans esprit, le corps est privé de sens, de mouvement dans le temps, c'est-à-dire de changements possibles. Il est soumis à répéter indéfiniment des comportements identiques. Pour garantir le lien existentiel entre ces deux parties de l'Être existe un *langage mi-corporel, mi-psychique*, celui des émotions. La peur du danger interpelle le besoin de sécurité jusqu'à déclencher la fuite. La colère du conflit interpelle le besoin d'identité jusqu'à provoquer la lutte. La tristesse de la perte interpelle le besoin de réalité d'être jusqu'à entraîner le repli sur soi. Autant d'impressions intérieures et d'expressions visibles par l'extérieur qui témoignent de notre façon d'être au monde dans l'espace, le nôtre et celui de notre environnement, mais aussi dans le temps. Or le rapport que nous entretenons le plus souvent avec le langage de nos émotions nous éloigne dangereusement de nous-mêmes... Il est donc vital d'appréhender ce langage, son message vivant et sa finalité d'être.

Considérer son corps comme un allié, c'est apprendre à en faire bon usage, comme d'un espace évoluant dans le temps. En revanche, craindre son corps ou le considérer comme un mal nécessaire, c'est subir ses symptômes, nier ses maux et ses besoins. Lui en vouloir d'être tel qu'il est, c'est le considérer comme un ennemi, et le mal... traiter. Il est le lieu dans lequel nous éprouvons le plaisir et la douleur. Sa finalité est d'être vivant, même s'il est aussi voué à la mort et... nous avec !

De même la psyché, vue du côté de la crainte du temps qui passe, vue comme une boîte noire dont il pourrait être dangereux de soulever le couvercle, ou dans laquelle on va puiser sans fin et surtout sans finalité pour justifier nos maux, la psyché donc cesse d'être conscience car elle n'est plus fondée sur l'expérience du corps.

Toutes les cultures ont tenté d'unifier la nature de l'homme, en deux termes apparemment opposés, essayant ainsi de restituer en un tout cohérent ce qui apparaît comme une différence ontologique, voire un conflit, entre une part animale, irrationnelle et instinctive, et une part rationnelle et intelligente. C'est ainsi que l'homme fut qualifié de « roseau pensant » ou d'« animal philosophe ». Dans cette réflexion la place des émotions varie selon les époques. De la catharsis chez les Grecs, qui concevaient le théâtre comme un moyen de libérer les spectateurs de leurs passions en s'identifiant aux acteurs, aux carnavals, lieu de défoulement de tous les fantasmes, les hommes ont toujours cherché « quoi faire » de cette ardeur qui leur semble plus forte qu'eux et si vivante, mais si effrayante parfois ! Car si nous sommes une alliance de corps et d'esprit, force est de constater la priorité de sauver sa peau... avec tous les excès qui la caractérisent.

Seule la réconciliation de l'un et de l'autre, par le décodage du sens de nos émotions, peut faire taire la peur en soi. Pour celui qui évite le bouleversement, voire la douleur des émotions dans son corps, il est bon d'entendre les messages intelligents et vivants que ces émotions contiennent. Pour celui qui se ferme à son psychisme, à cette auto-éducation de soi dans le temps, il est bon d'entendre que la conscience se fonde sur des sensations corporelles vraies, et bénéfiques. De la qualité de notre rencontre avec notre nature *psychocorporelle* dépend l'intime relation que nous avons avec nous-mêmes.

Comprendre le langage des émotions, c'est se comprendre.

Comment se fier à sa nature ?

L'homme est situé, de par sa nature, à un carrefour d'influences intérieures et extérieures. Sur l'axe du temps il vit au présent, fondé sur le passé, derrière lui, et orienté vers un avenir, devant lui, non encore advenu. Sur l'axe de l'espace, il vit dans son moi, à l'intérieur de son enveloppe de peau, et en contact avec l'extérieur de sa peau, avec ce qui n'est pas lui, la matière et les autres. Notre nature est donc variable. Comment se fier à elle ?

Commençons par la représenter par un schéma dans cet espace temps.

Notre nature symbolisée

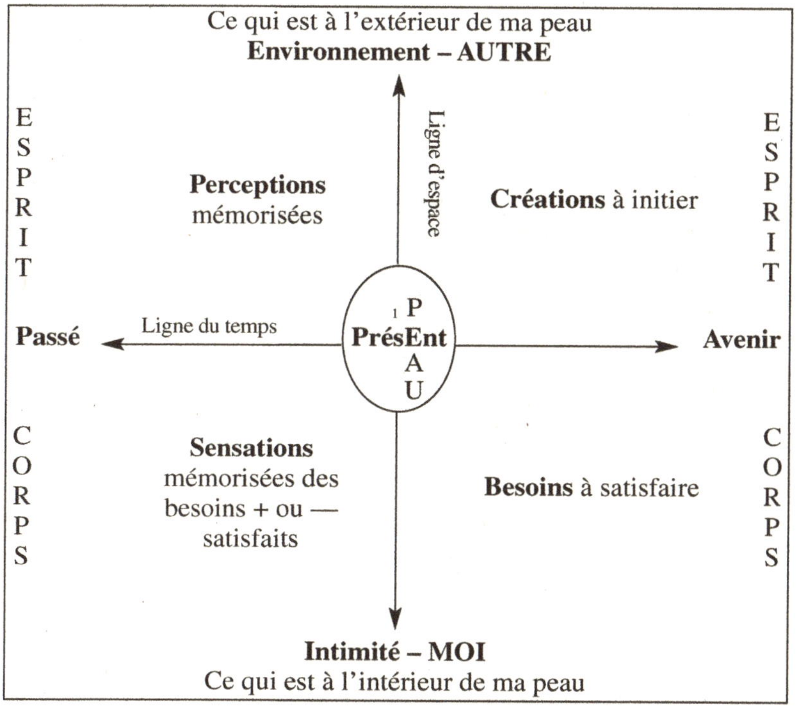

1. Ce point de l'intersection de l'espace et du temps, entre le Présent et la Peau, sera, dans les schémas à venir, indiqué par un cercle centré par le point P.

Voilà posée la représentation en quatre espaces-temps des fondements de notre nature, représentation malheureusement trop statique pour permettre, dans ce livre, une visualisation du mouvement qui l'anime. Nous retrouverons tout au long de notre propos cette réalité à quatre variables, déterminées par des polarités complémentaires. Car telle est la base de la logique émotionnelle.

Où est la vérité ?

C'est au quotidien que cette question nous interpelle. Notre nature est faite des quatre territoires, Sensations, Perceptions, Créations et Besoins, qui nous permettent d'appréhender notre vie. Et ceux-ci vont nous aider à concevoir notre vérité selon quatre paramètres... et non deux. Le débat n'est pas nouveau. Voilà déjà deux mille trois cents ans derrière nous, Platon préconisait une logique tétravalente avec quatre pôles, logique à laquelle son disciple Aristote s'était opposé, lui préférant une logique divalente : « Ce qui *est* ne peut pas *ne pas être.* » Quel besoin, pensez-vous, de se prendre la tête à propos d'une logique à quatre paramètres ? Soit c'est vrai, soit c'est faux ! Soit c'est oui, soit c'est non ! Vraiment ? La vérité serait aussi simpliste ? Le lecteur, déjà, sent qu'il a souvent expérimenté que *sa* vérité n'est pas un seul bloc qui s'opposerait au faux... sauf quand nous sommes pris par l'émotion.

En effet, le système des réactions de défense fonctionne avec deux paramètres, comme si l'émotion avait la faculté de réduire notre perception à une vision binaire :

— Vrai ou Faux,
— Oui ou Non,
— Plaisir ou Douleur,
— Satisfaction ou Frustration.

Pour le système reptilien, le besoin est ou n'est pas satisfait au présent, pas d'autres lectures possibles.

Notre nature qui dans son ensemble intègre la stabilité et la dynamique de l'espace et du temps fonctionne selon quatre paramètres sur quatre territoires, au service du Présent et de la

Peau. Côté espace : dedans (Soi) et dehors (Autre). Et côté temps : Passé et Futur. Les distinguer va nous permettre, là encore, de mieux nous retrouver. Pas forcément de nous rassurer, car attendre d'être rassuré suppose qu'il y ait peur.

Le modèle oscillatoire de la vérité :

Espace

② VRAI ET PAS VRAI Nos souvenirs sont vrais et nos oublis faussent la réalité enregistrée. Nos filtres de perception participent à la définition de nos souvenirs. Ceux-ci nous appartiennent et nous échappent.	③ NI VRAI NI PAS VRAI La réalité est celle que nous pouvons créer. À nous de l'inventer pour nourrir nos besoins, fondée sur l'information issue du passé, avec l'environnement et les autres.
① VRAI Nos sensations sont vraies pour nous car vécues et éprouvées dans notre corps. Ce qui est acquis et enregistré nous assure un état de fiabilité.	④ PAS VRAI Pas vrai au niveau espace car nos besoins ne sont pas inscrits dans notre structure. Pas vrai au niveau temps car le futur n'existe pas encore.

P — Temps

Commençons par la base de ce qui nous construit, les sensations éprouvées par notre structure dans le passé.

1. VRAI

Le vrai, c'est le territoire de nos sensations qui informent dès qu'il y a modification de l'état corporel et dont le système reptilien s'empare pour réagir. Éprouvé et inscrit en nous, dans notre corps structure, ce territoire est vrai car vécu au cœur de notre intimité (quand nous sentons la faim, la soif, le sommeil, quand nous nous sentons énervés ou tristes par exemple). La conscience et l'expérience de ce « vrai » pour soi sont la pierre angulaire sur laquelle nous pouvons bâtir un état de confiance en soi. En effet le néocortex est lui aussi informé de ce qui se passe en nous au travers des sensations. Il les intègre naturellement pour favoriser l'adaptation. Mais déduire de cette vérité qu'elle est éternelle pour soi ou qu'elle est la même chez d'autres, et en extraire des solutions « toutes faites » qui seraient celles de la fuite, de la lutte ou du repli sur soi, reviendrait à nouveau à une vision rétrécie de notre réalité...

Poursuivons par la polarité du côté statique et passé de notre posture, celle de l'appartenance à l'environnement extérieur à soi.

2. VRAI ET PAS VRAI

Voici le territoire de nos souvenirs : il correspond à ce que nous avons conservé de nos expériences passées. Nos souvenirs sont inscrits en nous comme nous les avons vécus, et nous pouvons nous y référer comme à une bibliothèque. À ce titre ils sont vrais. Mais ne les juger *que* vrais serait oublier les filtres de perception qui orientent ce que nous conservons des informations perçues. Filtres sensoriels (nous ne voyons, n'entendons qu'une partie du paysage et des sons), filtres culturels (ce qui est préenregistré en nous nous fait plutôt retenir certaines informations que d'autres) et filtres personnels (nous retenons surtout ce qui est en rapport avec nos besoins fondamentaux, ce qui répond au bon/pas bon). Nos souvenirs sont dirigés par le système satisfaction/frustration. C'est dire si nos oublis, évidemment non volontaires, faussent leur véracité. Ils sont partiels et partiaux. À ce titre, ils sont *pas vrais*. Les deux, vrai et pas vrai, ne s'annulent pas, mais coexistent au sein de notre nature. Rien à faire, ce qui nous appartient, et ce qui appartient à la réalité du monde extérieur, est vrai et pas vrai, dès lors qu'il y existe du « autre que soi ».

Faisons maintenant un véritable saut dans l'inconnu en passant de l'autre côté de la ligne du présent, du côté dynamique de notre posture et de l'interaction avec l'environnement. C'est là qu'on mesure l'importance d'avoir commencé par les précédents territoires, bien plus fiables puisqu'ils contiennent, même partiellement, du vrai.

3. NI VRAI, NI PAS VRAI

Le territoire de nos créations se situe dans le futur, en relation avec le monde extérieur. La création n'existe pas encore, elle est à inventer, fondée sur l'information de nos territoires du passé, de la réalité de l'événement et de nos possibles au présent. Cette création n'est *ni vrai*, puisque pas encore réalisée, ou pour être plus précis, pas encore vraie tant que nous ne l'avons pas mise en œuvre. Elle est, pour autant, *ni pas vrai,* puisqu'elle est en gestation dans notre esprit, dans notre projet. C'est en agissant en interaction avec le monde, l'environnement et les autres que la création voit le jour. Ainsi la création n'est pas que du soi puisque l'extérieur y participe. En s'associant au « non-être encore », cette dimension est une belle ouverture vers l'autre, vers la matière et le monde avec lequel nous créons. Elle nous permet de sortir de la vision de « moi tout, tout seul, et comme je veux ». Elle nous soulage de devoir faire parfait, nous permet d'être imparfait puisque nous intégrons dans notre création les aléas extérieurs et non contrôlables. Grandeur à mener notre existence, à initier un mouvement, ET limite de nos possibilités et capacités, voilà ce que ce territoire nous raconte.

Terminons par le côté dynamique de notre structure, le plus étonnant à la première lecture.

4. PAS VRAI

Le territoire des besoins, au centre de notre propos, serait *pas vrai* ? Eh oui !

Le territoire de nos besoins à satisfaire, en conscience ou en défense, coûte que coûte, n'est pas vrai dans l'espace-temps. Pas vrai au niveau de l'espace car les besoins ne sont inscrits nulle part dans notre structure. Seules existent les informations sensorielles plaisir/douleur, satisfaction/frustration. Pas vrai au niveau du temps puisqu'il n'est pas encore. Ce *pas vrai* est pourtant une finalité de notre structure. Il n'y a pas encore de vie, d'être vivant dans ce territoire, et, néanmoins, nous ne pouvons échapper à nos besoins fondamentaux, donnée incontournable pour garantir la vie de la structure. Tout mouvement de vie a pour finalité de nourrir les besoins. Cet espace ouvert devant nous n'est pas lisible, il est dans l'à venir et se révélera au fur et à mesure de nos créations... mais sera alors rangé dans l'espace des perceptions, des souvenirs, et celui des sensations, et donc de l'autre côté du présent, derrière nous ! Cet espace agit comme un aimant et est une invitation au mouvement du corps et de la pensée renouvelé, dans le respect des besoins. Ce *pas vrai* dépend de notre lecture de l'espace des perceptions et des sensations, de l'événement au présent et de la création de l'acte pour s'adapter qui viendra, ou non, nourrir nos besoins.

Quel intérêt à faire cet exercice ? J'en ai marre, je ne comprends rien. Je ne vois pas pourquoi tu m'obligerais à le faire. Le professeur ne m'interrogera pas et ne relève même pas les copies ! dit l'enfant, découragé, peu motivé à s'exercer par et pour lui-même. *Tu ne travailles pas pour ton professeur, mais pour toi*, répond le parent. *Mais, moi, je m'en passe très bien et je préfère aller jouer...*

Qui n'a pas vécu ce dialogue de sourds ? Comment s'y retrouver ? Ce qui est *vrai* est la sensation de lassitude de l'enfant, sa frustration de comprendre, peut-être de travailler sans l'estimation du professeur. Et sans doute la sensation d'être contraint, donc privé de son libre arbitre.

Ce qui est *vrai et pas vrai* est l'indifférence du professeur, puisque l'enfant ne peut parler que du fait que parfois les copies n'ont pas été ramassées.

Ce qui n'est *pas vrai* est de croire qu'il n'y aura pas d'incidence sur la satisfaction des besoins propres à cet enfant, en relation avec sa scolarité et ce professeur. Sécurité, identité et réalité d'être sont directement impliquées dans ce travail. Jouer pour éviter de travailler peut être satisfaisant à court terme, mais douloureux à long terme. Ainsi de nos créations dépendra la satisfaction de nos besoins à court, moyen et long terme.

Ce qui est *ni vrai ni pas vrai* est le champ ouvert de sa créativité, compte tenu des trois informations coexistant en lui.

La représentation des territoires de notre vérité nous permet d'ouvrir notre horizon devant nous, tout en nous appuyant sur une vision fiable de nous-mêmes car nous avons accès à ces différentes ressources. De même que nous nous appuyons sur l'écriture d'un livre pour le lire au fur et à mesure des pages que nous tournons, ce qui est passé et écrit en soi, *vrai, vrai et pas vrai,* nous permet de créer et d'écrire pour lire la suite de notre vie. Sans écriture, pas de lecture possible. La lecture est ce qui est à découvrir au fur et à mesure que nous avançons dans notre vie. Attention à tous ceux qui voudraient la connaître avant qu'elle ne devienne. Elle ne peut être écrite qu'après que nous l'avons vécue en vrai, et non en virtuel dans la pensée, l'image ou l'ordinateur. Et heureusement que cette suite ne ressemble pas aux chapitres précédents, il n'y aurait pas d'aventure ! Gardons à l'esprit que notre stabilité tient à nos sensations et à nos souvenirs, écrits en nous, et que le dynamisme vient de la lecture que nous faisons grâce à nos créations qui nourrissent le territoire des besoins.

Pour continuer l'exploration de la planète nature qui est la nôtre, commençons par le plus simple et le plus évident. Là où se retrouvent les fondamentaux, dans la structure corporelle de l'être.

2

Que suis-je ? Une structure

Plus l'homme se sent en sécurité dans le monde, moins il a besoin de recourir aux projections infantiles.

Bruno Bettelheim

La première réalité est notre structure. Elle est tout ce qui se trouve à l'intérieur de soi, dans notre enveloppe de peau, celle-ci constituant la barrière entre notre milieu interne et le milieu externe. Cette matière corporelle est parfaitement organisée : tout est là, en nous, pour permettre la vie et la préserver. En elle est notre sécurité. Notre structure est adaptée à notre besoin... de nous adapter à notre environnement. La boucle revient sur elle-même, tel le symbole de l'infini, nous obligeant à répondre à notre finalité d'être vivant en activant notre besoin de stabilité comme celui de mouvement. Cette adaptation est ainsi dépendante d'un équilibre entre deux polarités qui caractérisent le besoin de sécurité : la stabilité et le mouvement, la sûreté et la liberté.

Avec le temps et l'expérience, l'homme a développé une conscience sensorielle qui participe à garantir sa sécurité par une autre voie : la pensée.

Se fier à son corps

Notre structure est l'espace dans lequel nous vivons notre vie. Il paraît donc fondamental de pouvoir se fier aux informations qui y circulent. La confiance en soi, celle qui taraude nombre d'entre nous, ce diagnostic qui tombe comme un couperet sur les bulletins scolaires, est bien une affaire de sensations. Les problèmes commencent quand nous les nions ou que nous les rejetons.

Sur ce corps veille le cerveau neurovégétatif, notre cerveau crocodile. *Veiller* et *végétatif* viennent tous deux d'une même racine indo-européenne, *weg*, qui signifie vigueur. Le système assure la vie en réagissant à la moindre alerte, c'est-à-dire quand nos appareils sont mal alimentés. Le besoin de manger se manifeste d'abord par la sensation d'appétit. Non satisfait, il se manifestera par une sensation de faim, plus inconfortable, qui vient signaler le manque de nourriture. La faim alerte sur le danger à ne pas manger, révélant ainsi le non-respect de l'appétit. Quand le crocodile se manifeste, nous voilà prévenus par notre structure elle-même du danger qu'elle court. Le corps est donc un espace digne de confiance : il sait traiter les informations qui requièrent notre vigilance, nous prévenir et nous faire réagir en cas de besoin. Là est la prémisse indispensable de la conscience, la conscience sensorielle, celle qui sent avant de savoir.

Le corps sensation

Que se passe-t-il dans mon corps ? Mon lieu de vie est un lieu d'expérimentation. Expérimenter, c'est sortir (*ex-*) du péril, de l'ignorance, c'est faire l'épreuve. Quand il n'y a pas de sensation, il n'y a pas de nécessité d'activation. Et quand la sensation n'est pas suivie d'une action qui satisfait le besoin, la réponse se fait par défaut en activant la défense du cerveau archaïque. C'est la sensation éprouvée qui informe le cerveau reptilien du danger. Quand sous l'effet de la surprise nous bloquons notre respiration, aucun doute ! Cette restriction d'oxygénation déclenche la réactivité du crocodile qui s'exprime par son propre langage, celui de la peur.

La structure ne cesse d'être informée et d'informer, et que nous en ayons conscience ou non ne change rien à ce processus, encore moins que nous en gardions ou non la mémoire. Un bruit singulier nous fait tourner la tête afin de voir d'où vient le danger potentiel, de même un embarras gastrique nous fait alléger notre alimentation. Suite à nos sensations, nous agissons afin de « sauver notre peau », notre structure.

Quand je mets la main dans le feu, je me brûle. Quand je m'approche du feu, je me réchauffe. L'insatisfaction prend ici la forme de la douleur physique, qui s'apparente à une frustration, à une limite. Le feu qui me fait du bien risque aussi de me brûler : c'est la limite de mon contact avec lui. L'insatisfaction peut se traduire par une douleur sensorielle et affective. La caresse de la mère qui rassure et détend quand l'enfant a mal ou est tendu risque d'étouffer quand elle l'empêche de partir à la découverte du monde : c'est la limite de la caresse. La première expérience favorise le lien avec le pourvoyeur de la sécurité, quand la seconde est liberticide et donne envie, pour se protéger, de rompre ce lien. Agréable, désagréable, attirance, rejet... Notre vocabulaire regorge de termes antonymes qui racontent l'aspect binaire de nos expériences sensorielles, à commencer par les notions de bon et de mauvais, de bien et de mal qui structurent non seulement nos inclinations, mais aussi notre morale.

Ces expériences sensorielles, nous les traduisons en mots très imagés. Ce sont souvent des verbes au passé composé ou des adjectifs descriptifs qui illustrent ce ressenti, comme si la structure était un objet. *Je suis crevé, à plat (comme le pneu d'un vélo), je suis noué, je suis usé, je suis oppressé, je suis détendu, je suis écrasé, je suis présent, je suis disponible...* L'expression ne laisse aucun doute sur ce qu'éprouve la personne à l'instant où elle parle d'elle. Pour nous mobiliser, nous avons besoin de passer par cette épreuve sensorielle.

> — Quand il m'a dit qu'il allait partir et me quitter, je me suis sentie anxieuse, comme si ma vie s'arrêtait.
>
> Le visage de cette femme semble tranquille ; elle raconte sans émotion apparente.
>
> — Anxieuse est un mot intellectuel juste, mais qu'avez-vous ressenti dans votre corps ?
>
> Sa bouche se met à frémir fébrilement et elle pâlit.
>
> — Écrasée, sans voix, comme si la maison me tombait sur le dos.
>
> Tout son être a été touché par ce souvenir que l'évocation de la sensation a rendu à nouveau vivant. Douloureux mais actif, alors que la seule description factuelle ou intellectuelle « privait » la jeune femme de l'information de sa structure qui avait ressenti et vécu cet événement comme une épreuve et qui, pour s'éviter cette douleur, le racontait sans faire état de son ressenti. Or seule la sensation peut mobiliser l'action.

Se méfier de ces informations, c'est se méfier de soi... Ce qui est traduit par le trop fameux « manque de confiance en soi ». Ce manque, au sens d'absence, est d'abord une surdité aux informations de sa propre structure.

Une structure qui s'autosécurise

Quand il s'agit de brûlure ou encore de soif, c'est sans hésitation ni jugement que nous ôtons la main de la flamme ou allons boire un verre d'eau. Ces messages sensoriels sont suffisamment clairs pour que nous les comprenions facilement. Mais plus les besoins nécessitent d'apprentissages pour être alimentés, plus l'exigence neurobiologique d'assurer la vie, et donc le maintien de notre structure avec ses mécanismes d'autoprotection, se complexifie. Le système d'alarme nous adresse des messages émotionnels liés à une mémoire dont nous n'avons pas toujours conscience et que nous ne savons pas toujours décoder. Mais comme notre nature est bien faite, elle ne s'est pas contentée d'envoyer des messages qui pourraient ne pas être pris en compte, elle nous pousse à réagir de façon automatique, comme lorsqu'on enlève notre main de la flamme qui nous brûle, avant même que nous ayons décidé de le faire.

Parfois, nous nous sentons fébrile, agité, irrité, furieux, triste, sans énergie, parfois même sans savoir « pour... quoi ». Nous pouvons rechercher le « pourquoi » ou bien passer d'emblée à la justification avec un « parce que ». Cette recherche dans le passé et cette projection sur l'extérieur sont des réponses d'adaptation dans l'urgence au message sensoriel. Ce système est si précieux et intelligent pour préserver notre vie qu'il demeure le même depuis la nuit des... crocodiles. Notre structure tend à s'autosécuriser.

C'est dire l'importance de prendre en considération les signaux envoyés par le système de veille reptilien. S'il ne nous dicte pas ce que nous devons manger, penser, dire ou faire, il sait nous signaler quand notre nourriture, nos pensées, nos paroles et nos actes provoquent déséquilibre et désordre en nous. Cet état d'alerte mérite notre attention et notre écoute. Le langage qu'emprunte le crocodile pour nous alerter est celui des symptômes de pression et de dépression. Faute de satisfaire le besoin, le système de défense accentue encore les symptômes jusqu'à la douleur et la maladie : le crocodile ne nous laisse plus le choix. Il peut prendre le contrôle de la structure pour maintenir celle-ci en vie. La respiration en est un exemple : on ne peut pas s'autoasphyxier. Le système de veille nous oblige à reprendre notre respiration, que nous le voulions ou non. Le spasme du sanglot de l'enfant contraint celui-ci, « grâce » à la syncope, à stopper des cris et des pleurs qui risquent de priver son corps d'oxygène. La structure veille sur elle-même pour nous garantir notre stabilité.

Mais ce qui est automatique pour la respiration, sous le contrôle direct du système neurovégétatif, est plus nuancé dans un environnement complexe et changeant, dès lors qu'à la satisfaction des besoins participent les apprentissages et la mémoire qui évaluent les sensations éprouvées. Ainsi, la peur, message sensoriel d'insécurité, véritable appel à rétablir de la sécurité dans la situation présente, pourrait mobiliser un mouvement défensif. « Chez les Dupont on n'est pas des poltrons. » Parce qu'il lui était défendu d'éprouver la sensation de peur sous peine d'être dévalorisé, le petit Dupont est devenu colérique : il se bat contre ce qui lui fait peur et, tant qu'il s'énerve, il ne ressent pas cette peur. Mais il ne peut pour autant échapper à la pression du crocodile : il a remplacé la fuite par la lutte, attitude valorisée chez les Dupont. Mais il est passé à côté du message vivant et de son intention intelligente, celle de s'adapter, autrement que dans l'émotion, à ce qu'il vit comme une menace. La structure s'autosécurise et on n'échappe pas à ce système de vie.

Tout le corps participe à cette intention. Alors que le milieu interne sait maintenir ses constantes biologiques de façon écologique, c'est-à-dire en favorisant l'harmonie et un état de cohérence intérieure à un moindre coût d'énergie, en cas de stress, la tension intérieure modifie les mécanismes physiologiques. Le système de protection biologique déclenche un ensemble de changements corporels. Il prépare l'organisme à affronter dans l'urgence le déséquilibre provoqué par la peur et, en conséquence, prépare celui qui vit le processus à affronter le danger. Les modifications vont dans le sens de l'adaptation, donc de la survie. Les mécanismes de « fuir le danger », « lutter contre » ou « faire le mort en se repliant sur soi » se mettent en place. Pour fournir la réponse biologique la mieux adaptée, tous nos organes sont mobilisés et beaucoup d'hormones participent à la production de « carburant », aux modifications circulatoires pour faire face. Pendant cette période, il se peut même que, nécessité biologique faisant loi, les fonctions digestives, urinaires et reproductrices soient temporairement inhibées. Mais ce système est très consommateur. L'addition en terme d'énergie est lourde, et si l'alarme reptilienne se déclenche trop souvent l'organisme risque de s'épuiser. Le besoin d'intégrité de la structure ne peut l'accepter et quand la pression artérielle devient trop forte, comme dans les luttes des cerfs par exemple, c'est l'infarctus. Face au prix à payer, la structure a mis en place un système qui réduit la facture.

La conscience sensorielle

Voilà le temps de la pensée. Ce qu'on appelle la « cognition » est, d'abord, une formidable aptitude à se « saisir de soi » pour répondre à ses besoins dans une liberté de choix, et non plus de façon automatique. La culture confond souvent la pensée et l'aptitude à comprendre, à se faire une opinion ou à raisonner. Rien de tel dans ce mécanisme initial qui consiste à appréhender les informations de sa structure, et donc de son être vivant. La pensée est alors une conscience sensorielle, conscience de ce ressenti en soi, conscience d'être vivant et d'éprouver ce qui est éprouvé, sans commentaire ni jugement. On est bien dans un saisissement de soi grâce aux messages sensoriels. La sensation n'est plus uniquement ressentie comme facteur de mobilisation, elle est aussi pensée. Cette conscience de soi s'étend aussi à tout ce qui est structure autour de soi, par l'intermédiaire de nos cinq sens. Prémisse de la conscience collective et de la conscience écologique vis-à-vis de la Terre.

> En stage sont parfois utilisés des exercices graphiques favorisant le repérage de certaines habitudes réactives riches en émotions. L'exécution de l'un d'eux avait provoqué une réaction de surprise chez un participant, suivie d'un rire et d'un mouvement de son corps l'éloignant de la table. Puis il s'était levé, était allé regarder par la fenêtre, visiblement mal à l'aise. Enfin, les bras croisés, il s'était rassis et attendait le regard absent sur sa feuille, peut-être qu'une illumination lui arrive ou plus simplement la fin de l'exercice que ses camarades étaient en train de faire. M'approchant de lui, je lui demandai de me dire ce qui n'allait pas :
>
> — Je ne comprends rien, je ne vois pas ce qu'il faut faire !
>
> Comme il avait été dessiné sur un tableau, par un exemple, le processus qui allait lui permettre de réaliser le dessin, je lui proposai de me dire ce qu'il voyait.
>
> — Rien.
>
> — Et comment te sens-tu avec ce rien ?

— Mal, comme une urgence à partir.
— Comme un danger à fuir ?
L'hypothèse lui fait retrouver un sourire crispé.
— Je me revois à l'école. J'ai beaucoup fait l'école buissonnière. J'aimerais bien trouver une autre solution que partir !
— Alors revenons au dessin. Tu ne vois vraiment rien ?
— Un dessin.
— Peux-tu décrire ce que tu vois, si possible avec précision ?
Le participant commença à décrire, en ricanant et en cherchant à me faire sourire, ce que ses yeux voyaient. Au fur et à mesure, je le voyais se détendre ; sa voix se posait et cessait d'être amusée. Il s'appropriait, saisissait ce qu'il regardait. Ayant pu penser sa sensation, il s'était mis à regarder le graphisme plutôt que vouloir absolument comprendre comment il devait faire. Et sa peur de ne pas savoir le lâchait. Il avait trouvé un appui dans sa structure : ce que sa vue lui transmettait comme informations, pour peu qu'il accepte de les considérer.

L'habitude est davantage de chercher l'objet de sa pensée hors de soi, dans le registre des « grandes » pensées qu'il faut connaître pour être sûr de soi. Or oser se penser, penser ses sensations, ici la peur et l'urgence pressante à fuir, a permis à ce participant de s'ouvrir à ses perceptions.

Veillons à ne pas en rester là ! Penser sa faim ou penser comment faire pour satisfaire sa faim ne nourrit pas. Manger est une nécessité, penser quoi manger relève d'une liberté de choix, fonction de paramètres dépendant du goût, de la culture, de l'environnement, qui se prolonge dans un acte, celui d'aller chercher et de préparer de quoi manger. Pour assurer la vie, les deux paramètres, pensée et acte, devront donc s'associer. La liberté du choix est directement reliée aux sens et donc orientée dans le sens de ce qui favorise la vie.

Libérer son mouvement

Les études les plus récentes en biologie mettent en évidence la constante capacité d'adaptabilité de l'ensemble de notre organisme. Même le noyau de nos cellules, avec son matériel génétique que l'on croyait imperméable aux informations reçues de l'extérieur, se révèle adaptable ! L'ensemble du corps est dynamique et répond au besoin de cohérence par sa plasticité. C'est une très bonne nouvelle. Ainsi notre corps, en mouvement permanent, est en capacité constante d'accueillir de nouvelles informations qui iront s'inscrire dans ses cartes mémoires. Il enregistre les expériences qu'il vit, les éprouvantes comme les bénéfiques, mais aussi les réponses qu'il donne, les mieux adaptées à la vie et les moins bonnes. Nous pouvons, à tout instant, modifier notre comportement pour une meilleure adaptation, plus respectueuse pour soi et les autres. Rien n'est joué d'avance. Le champ des possibles s'ouvre à nous... en traversant les épreuves, telle Psyché.

Le corps éprouvé

De cette confrontation avec la réalité par les sens naissent de multiples connexions nerveuses, véritables caisses enregistreuses de nos vécus sensoriels passés.

> — Parrain, pourquoi ne manges-tu jamais de poisson ? Tu n'aimes pas ? Maman m'oblige à en manger. Ce n'est pas juste !
> — Étant petit, j'ai avalé une arête de poisson, et j'ai eu horriblement mal, je me voyais étouffer et mourir ! Depuis, je ne peux plus manger de poisson.
> — Tu as de la chance...
> — Tu sais, c'est un souvenir terrible, je ne te le souhaite pas, même pour éviter le poisson que ta maman te donne.

Quand une situation a été vécue avec une telle charge émotionnelle de danger de mort, elle laisse une trace presque indélébile dans notre structure. Le souvenir de l'événement, associé à la peur et à la douleur éprouvées, marque l'empreinte d'une impossibilité à conserver son intégrité dans la situation évoquée. D'où la peur ressentie à renouveler l'expérience. Par un apprentissage de type « essai/erreur », par des épreuves successives, l'être assimile dans son corps, dès l'enfance, l'information « bon/pasbon, possible/impossible, autorisé/interdit ». L'épreuve devient alors une preuve, un fait avéré pour celui qui l'a vécue. Le souvenir se transforme en un vécu indéracinable, fondé sur l'expérience passée dans son corps, qui devient une évidence. « C'est vrai pour moi... et pour toujours », voilà ce que tous nous nous disons en toute sincérité. Peur de l'eau, de parler en public, claustrophobie... et plus largement toutes les phobies renvoient à un souvenir mortifère.

Ainsi le corps éprouvé est à l'origine des croyances. La croyance relève d'une fidélité, d'une foi en ce qui a été vécu et sur laquelle se fonde toute une organisation de la pensée. Cette organisation, active ou réactive, a pour objectif premier sa propre sécurité, en évitant de renouveler le vécu excessivement douloureux, qui alors sera nommé traumatisme. Un mot qui relève de la sensation corporelle, et qui avec Sigmund Freud est passé dans le registre de la psychologie.

Cette mémoire sensorielle inscrite en soi bouscule une notion habituelle dans la compréhension de ses émotions, celle du manque : ce ne peut être un manque qui fait souffrir ! Un manque, un vide, une absence est un fait historique avéré qui ne peut constituer une épreuve pour la personne. L'épreuve est dans ce que cette personne a réellement vécu dans son corps, à l'occasion de cette absence. Et cette épreuve s'inscrit comme une impuissance à assurer son intégrité avec ce manque-là.

« J'ai manqué d'affection. Ma mère ne m'a jamais prise dans ses bras. Du moins, je n'en ai aucun souvenir conscient. » Ce vécu est raconté comme un fait. Mais quand on interroge sur ce qui a été éprouvé, le discours devient alors :

— Toute petite, j'ai été malade. Ma mère était toute seule à l'époque ; du genre rude, on n'avait pas le droit de se laisser abattre, il fallait se dépêcher d'aller mieux.

— Tu te sentais abattue ?

— Impossible ! Je voyais bien que ça déplaisait à ma mère, qu'elle m'en voulait, comme si c'était ma faute si j'étais malade.

Impossible de se penser abattue ! Alors s'installent les sensations d'insécurité et de culpabilité avec des maux de ventre, traduisant l'épreuve traversée sans avoir trouvé de solution satisfaisante. L'attention portée au manque dû à l'absence de la mère vient « cacher » la véritable nature des sensations conservées dans la mémoire : la contrainte à ne pas tomber ou à se montrer faible. On aura beau évoquer, nommer, raconter dans un travail de guérison ce manque de chaleur et de soins maternels, seul le passage en conscience à partir de cette sensation d'impuissance peut aider la personne à se retrouver et à mobiliser d'autres comportements.

Le corps éprouvé rappelle ce que personne n'a pu éviter de vivre : du plus dur – chocs physiques, chutes, opérations, agressions, maladies – au plus commun – nouveaux apprentissages, changements de repères – en passant par le trouble que suscite la rencontre avec le mensonge, le déni, la violence, la dépression de personnes aimées. L'enfance est une traversée d'écueils. L'épreuve est alors non seulement le choc reçu de l'extérieur par nos sens, mais surtout l'impossibilité ou l'interdit de se fier à nos sensations pour agir avec ce choc. Comme une impossibilité de se fier à soi, à ses propres sensations comme lieu stable et sûr pour soi.

— *Je suis fatigué*, dit l'enfant.

— *À ton âge, on n'est pas fatigué*, répond le parent.

Fatigué, pas fatigué ? Que croire ? Que sent l'enfant ? Le doute s'installe et l'insécurité avec lui, puisque celui-ci *ne peut* sentir ce qu'il sent face à son père, sauf à oser penser que son parent n'est pas fiable dans sa parole, cessant ainsi d'être un point de repère rassurant. Pas possible non plus. Qui croire, puisque croire en soi n'est pas possible ? Le plus grand, forcément ! Mais le crocodile veille et installe la peur, seul témoignage de l'abandon de ses propres sensations au profit de celles d'un autre, fût-il une personne aimée.

Le corps mobile

Notre structure est vivante, c'est dire qu'elle existe par son aptitude à bouger, mot qui, dans sa signification première, rappelle l'idée de *boule* et de *bouillonnement*. Notre sécurité est intimement liée au mouvement du corps à se mouvoir hors d'un danger, à bouger la tête pour voir celui-ci, jusqu'à oser penser en dehors des sentiers connus. Il existe ainsi un lien intime entre notre sécurité et la mobilité de nos yeux, et bien sûr de nos autres organes de perception. Les yeux sont l'organe de perception le plus actif, et surtout le seul aussi mobile. Un bruit non identifié, une perception vibratoire sollicitent d'emblée une vérification par les yeux, quand cela est possible. Idéalement notre structure se sent en sécurité lorsqu'il existe une adéquation entre la mobilité des yeux et celle du corps, l'un informant l'autre et réciproquement.

« Regarde-moi quand je te parle », alors que l'enfant trouve sa sécurité en échappant au regard furieux de son parent. « Baisse les yeux quand je te parle », alors que l'enfant cherche à s'appuyer sur l'information selon laquelle c'est l'autre qui est furieux et pas uniquement lui qui est en faute, ou encore cherche par le regard à exprimer son désaccord au parent, faute de pouvoir le dire. Combien de fois interdit-on à l'enfant de voir ce qu'il voit, de voir ce que, au nom des adultes, il ne devrait pas voir, le privant ainsi de pouvoir s'appuyer sur ses propres informations ! Autant de situations qui désinforment le cerveau reptilien. Le regard est bloqué, créant ainsi une insécurité repérée par le crocodile.

Quand le corps est *boule-versé* lors d'un choc, non seulement le regard se fige car les yeux ne peuvent suivre l'excès de mouvement, mais les muscles oculaires restent contractés, ce qui réduit la mobilité de l'œil. Est-ce là un moyen d'équilibre, ou une rigidité suite à un excès de contracture ? La peur, voire l'angoisse, en général secondaire au choc, proviendrait alors de cette coupure entre un mouvement violent du corps et le blocage de la perception visuelle. On constate que cet accident génère souvent une hypervigilance, tant oculaire que comportementale, allant jusqu'au refus de prendre un risque quelconque, le corps figé par ce passé douloureux. Et si cette agitation mentale était aussi liée au besoin du corps de revoir l'accident, le choc, ce qui n'a pu être vu sur le moment terrible ? À l'opposé, mais dans la même recherche de défense, certains gardent le regard fixé sur ce qui leur est arrivé dans leur corps, ne parvenant pas à en détacher les yeux, dans une obsession mentale. Le regard demeure figé, comme en attente de mouvement.

La liberté de mouvement du corps-esprit dépend du lien intime entre ce que nos sens perçoivent et nos sensations éprouvées. Que l'information des unes ou des autres nous manque par impossibilité ou interdit, et le crocodile prend les commandes.

Le corps nié

L'épreuve a été douloureuse et le corps résiste à éprouver à nouveau cette souffrance qui le renvoie à une frustration dont on a conservé le souvenir de l'impuissance, avec un goût morbide. Le corps dit non. Dès qu'un événement est reconnu par la mémoire comme menace potentielle de repasser par cette frustration pour exister, la peur s'enclenche, comme une douleur. Un choix s'offre alors à notre structure : le message est saisi et la personne agit en conséquence pour sauver sa peau, adaptant son mouvement pour maintenir au mieux son intégrité. Si le message n'est pas saisi, la personne va réagir pour répondre à ce même besoin. La structure ne nous offre que ce choix-là : agir ou réagir. Le coût énergétique n'est pas le même : l'un se nomme adaptation, l'autre, le stress.

Mais pourquoi donc nier nos sensations ? Le tout petit enfant ne peut le faire car toutes ses expressions sont fondées sur ce qu'il ressent : la faim, la soif, la douleur, la satiété, le contentement sont à l'origine de ses manifestations, interpellant son entourage qui cherche à décoder ce qu'il veut dire. Petit à petit, avec l'expérience, il apprend à faire des liens entre l'expression de ses sensations et leurs conséquences sur l'extérieur, monde matériel et relationnel. Tout dépend alors des résultats obtenus. Quand la peur éprouvée n'a pas permis de trouver sa sécurité, alors mieux vaut ne pas se fier à elle. Que cet échec soit lié à l'impossibilité d'échapper au danger malgré la peur, qu'il soit lié à l'interdit de manifester cette sensation par un entourage qui la rejette, la conséquence en est la mémorisation du processus d'évitement : la sécurité apparente devient le déni de ses sensations.

Quand la sensation éprouvée n'est pas saisie, c'est le corps qui est nié dans son intelligence. On nomme ce processus le déni de soi. Cet évitement de soi, qui consiste à nier son ressenti, entraîne une confusion : danger et ressenti sont mêlés, au point même que c'est la peur qui devient le danger à éviter. Dans la version extrême la personne semble se déconnecter de son corps qui devient suspect, menaçant parce que source de douleur et de frustration. Avec des expressions telles que *je m'endurcis*, *je suis blindé*, *je me protège*, qui évoquent cette impossibilité à se laisser « toucher ». Dommage, c'était le bon signal pour nous alerter sur notre besoin de trouver librement notre sécurité ! Se débarrasser de la peur par l'évitement de la réalité et du besoin, ou par quelques pilules, revient à débrancher le fusible de la voiture qui indiquait le manque d'huile, d'eau ou d'essence, et de continuer à rouler... jusqu'à la panne sèche.

Le corps, mis en état d'alerte, cherche avec effervescence une solution à la situation devenue un problème. Les sensations s'emballent : la peur devient de l'inquiétude, puis de l'angoisse jusqu'à la panique. On peut compter sur son corps pour nous envoyer les « bons » messages d'alerte afin de nous réveiller, de nous alerter sur la nécessité biologique de satisfaire nos besoins fondamentaux, à commencer par la sécurité. On a déclenché ce qu'Henri Laborit a nommé une réaction émotionnelle de FUITE. On fuit dans une « prise de tête » qui peut devenir obsédante pour échapper à la sensation douloureuse. On fuit l'événement qui a révélé la faille, la faute, non au sens de la culpabilité, mais au sens de défaut de ce qui nous serait nécessaire pour nous adapter à l'événement.

Le crocodile dicte sa loi, réagissant au déni de soi et de ses sensations en ajoutant dans l'urgence de l'information sous forme de pression, d'agitation et de recherche activiste de solutions. On dit alors que la peur donne des ailes. Mais à défaut de possibilité d'éviter le danger, le niveau de pression monte et l'angoisse s'installe. La peur, alors, paralyse. Les symptômes sensoriels et cognitifs vont tous vers un même objectif : échapper à ce qui fait peur, trouver coûte que coûte de la sécurité, soit dans plus d'assurance et de points de repère, soit dans plus de liberté et de mouvements. Le comportement adopté dans cette fuite sera évidemment celui de l'évitement : de la situation, de l'autre, de son corps, de la réalité. Le lecteur intéressé pourra se reporter à l'ouvrage *Comment apprivoiser son crocodile* dans lequel est détaillée la symptomatologie de la réaction de fuite.

Ce qui est fui, c'est la rencontre avec sa propre impuissance à s'appuyer sur ses possibilités, à se fier à soi dans ses sensations, comme des messages vrais. Ce qui est nié, ce sont les formidables capacités de notre nature à se saisir de soi, de l'événement et de l'environnement pour trouver notre sécurité, alliance de sûreté et de liberté.

Ce faisant, nous entrons dans le cercle vicieux de l'émotion que chacun ne connaît que trop bien : j'ai peur, donc j'évite, et parce que j'évite, j'ai toujours peur. Faute de s'appuyer sur ses propres possibilités, faute de traverser l'épreuve qui s'offre dans la conscience de ses sensations et de ses besoins, la personne ne voit plus que ce qu'il faudrait qu'elle ait ou qu'elle soit. Le cercle infernal de l'injonction « *Il faut* » est enclenché. *Il faut, il faudrait, il aurait fallu* traduit le fantasme à être sans faille et constitue la réponse à une question absente qui serait « *je peux quoi ?* ».

Le corps pensé

Pour ne pas subir la loi de notre cerveau reptilien qui nous fait fuir, lutter ou encore nous replier sur nous, nous sommes dotés de la pensée qui permet non seulement de saisir les informations envoyées par notre structure, mais aussi d'anticiper. Grâce à elle nous sommes capables de décoder ce que nous ressentons. *Quand la pensée ose se fonder sur la sensation éprouvée, le corps retrouve sa cohérence, cessant d'être nié pour devenir.* Alors que la sensation de frustration nous signale qu'un besoin n'est pas nourri, ou mal, l'aptitude à se saisir de soi ouvre sur la liberté de choisir parmi les possibles qui s'offrent à nous. La pensée, considérée comme « allant de soi », est un processus si complexe qu'on ne peut encore en saisir les mécanismes. L'aptitude du cerveau à penser s'appuie sur le vécu sensoriel du corps. Elle est plus proche de la sensation de poids, de ce qui pèse en soi, que de l'idée construite et argumentée qui est du domaine de la réflexion. Elle est plus proche de la respiration que de la conceptualisation, plus proche du ressenti qu'on peut nommer que de l'abstraction. La pensée est l'expression consciente de ce qui est possible à partir de ce qui est éprouvé.

Selon les mots de Jean Cottraux : « La cognition est l'acte de connaissance : elle consiste donc en l'acquisition, l'organisation et l'utilisation du savoir sur soi et le monde extérieur[1]. » Perceptions et sensations nous permettent d'accéder à ce savoir. Reste ensuite à lui donner forme par des images et des mots.

« Quand je pense que ma mère ne m'a jamais prise dans ses bras, j'ai mal », est une pensée. La phrase ne dit pas encore ce que la personne a éprouvé quand sa mère ne la prenait effectivement pas dans ses bras, mais elle en est l'ébauche dans l'évocation du mal éprouvé. Se sentait-elle inquiète, perdue,

1. Jean Cottraux, *Thérapie cognitive et comportementale*, Paris, Masson, 1998.

abandonnée, désespérée, enragée quand elle était seule et qu'elle attendait que sa mère la prenne dans ses bras ? Pleurait-elle ? Criait-elle ? La pensée est l'amorce d'une question ouverte : quelle satisfaction aurait-elle obtenue si sa mère l'avait prise dans ses bras ? De l'assurance, de la chaleur, de l'amour... ? Aujourd'hui, quand elle a toujours mal, quel est son besoin ?

Quand le corps est nié, la pensée se fait agitation, ce que l'on nomme parfois « l'hyperidéation » tant le nombre de pensées devient lourd et épuisant. Faute de pouvoir se fixer sur soi, la pensée cherche ailleurs des solutions pour « s'en sortir », se libérer ou se rassurer. L'imagination s'agite pour trouver coûte que coûte des idées, n'importe lesquelles mais des idées, des ouvertures d'urgence, vécues comme impératives. Surtout, faute d'accueillir ce qui est vrai en soi, la pensée se fixe sur ce qu'elle voudrait vrai à l'extérieur de soi. *C'est forcément toujours sur moi que tombent les valises. Je suis sûr qu'il m'en veut et qu'il cherche à me coincer !* Autant de certitudes définies à partir de l'extérieur de soi et d'expériences passées, qui servent de palliatifs à la pensée de soi apte à chercher librement sa sécurité.

La pensée introduit la notion vivante de liberté de choisir, d'user de son libre arbitre afin de garantir sa sécurité de façon dynamique. La possibilité de penser dans son corps l'épreuve qu'a constituée l'absence de caresses de sa mère hier offre alors la liberté à choisir l'attitude la mieux adaptée à son besoin d'assurance d'aujourd'hui.

La structure qui est organisée pour sentir et penser réagit pour sa propre sécurité. Ainsi se connaître passe nécessairement par la connaissance intime de cette structure, que certains n'hésitent pas à considérer comme notre véritable temple ou le meilleur véhicule pour accomplir notre vie ici. Pour autant, ce corps-structure ne vit pas seulement dans le monde de la matière. Il vit avec des congénères avec lesquels il partage la Terre et les ressources indispensables à son équilibre. Toute une aventure qui stimule la recherche de postures et détermine un autre besoin.

3

Qui suis-je ? Une posture

Répondre à la question « qui ? », c'est raconter une histoire.

HANNAH ARENDT

Un être humain ne s'autosuffit pas. Il est en interrelation constante avec son environnement. Seul pour faire face aux prédateurs, chasser et assurer sa sécurité quand il dort, il n'a pas beaucoup de chances de survivre. Et donc de garantir la vie de l'espèce. La famille humaine s'est organisée en groupes, comme les autres mammifères, ce qui a engendré la constitution de systèmes sociaux qui répondent à des codes comportementaux. En compagnie d'autres humains, l'homme apprend comment se comporter dans la collectivité, pour y avoir sa place, enjeu essentiel pour augmenter ses possibilités de vie. Il appartient au groupe, du plus restreint au plus vaste, lequel l'identifie comme « sien » et lui permet d'y avoir une spécificité, une fonction. Aujourd'hui, on dirait un job !

L'individu développe des postures, manières d'être dans le monde avec les autres, le groupe. La posture est la position, l'attitude, la manière dont on tient son corps, sa tête, ses bras, ses jambes, qui se remarque et se distingue. C'est aussi la condition sociale, la situation de l'individu. La posture est ce qui permet, ce qui place et ce qui pose. Ainsi, chacun, à titre individuel et collectif, s'identifie par ses postures.

Appartenir au groupe

Pourquoi utiliser le mot « individu » pour nommer l'être vivant alors qu'il est en relation avec les autres humains ? Le terme « individu » contient une ambivalence éloquente : il vient de *deviser*, qui a donné *diviser ou séparer*. Or nous venons de voir, dans le chapitre précédent, que pour conserver son intégrité l'individu est ce qui ne peut être divisé. Chacun comprend que ce mot est utilisé pour indiquer la séparation effective des individus entre eux. Mais cette ambivalence, qui est vraie pour chacun, vaut-elle encore pour l'homme en collectivité ? Que l'individu ne peut être séparé du groupe, sous peine de mort ? L'individu naît au sein du groupe et s'y développe. Son besoin d'identité se traduit d'abord par son *appartenance* au groupe.

L'individu éduqué

L'enfant arrive dans une famille, un groupe, une communauté. Les membres lui donnent un prénom qui le distingue et un nom qui l'identifie à ses géniteurs. Le premier acte de reconnaissance est celui du père qui va « reconnaître » l'enfant auprès des autorités administratives. Dès les premiers soins prodigués, il est éduqué selon les lois, les règles, les coutumes et les codes du clan. Ses parents l'ont eux-mêmes été et ont eu à s'adapter au milieu et à la famille dans lesquels ils sont nés. Ils ont éprouvé ce qui était autorisé et interdit. Ils ont développé de la confiance en soi, ou non, et de l'estime de soi, ou non, qui influencera la façon dont ils vont éduquer l'enfant. Chaque génération reçoit dans son berceau l'héritage émotionnel, les croyances, les évidences et les limites, mais aussi le potentiel, les valeurs et les qualités de la génération précédente. Selon que l'on a souffert, ou au contraire été satisfait du comportement de nos éducateurs, vont naître les modèles et contre-modèles. Modèles auxquels on aura à cœur de ressembler et de se conformer, et contre-modèles qui inciteront à la réactivité pour s'en différencier. Car l'éducation, qui contribue à la construction de l'individu, se fait essentiellement par mimétisme ou par opposition. Avec les « neurones miroirs » décrits par Boris Cyrulnik[1] nous avons accès au « pareil et différent » : même en faisant pareil, nous ne pouvons éviter de faire différemment.

La règle qui régit les relations est affaire de posture. On parle alors de droiture. « Tiens-toi droit ! », nous répète-t-on quand on est petit. Se tenir droit, c'est bien. C'est une posture qui garantit une place dans le groupe et favorise l'appartenance rassurante et affective dans ce groupe. Ne pas se tenir droit, ne pas marcher dans la droiture, ce n'est pas bien. Voilà ce que transmettent les aînés aux plus jeunes pour garantir leur vie, et celle du groupe. Après le « bon/pas bon » voilà le « bien/pas bien » au sens moral du terme. Il s'agit non seulement de se tenir soi-même, et non plus appuyé sur le parent qui a tenu l'enfant dans ses bras et l'a aidé à se mettre debout, mais aussi de se tenir droit, de se tenir bien.

La transmission des postures permet de « faire face » plus aisément, avec plus de possibilités. Plus de « biens », pas seulement au sens moral, mais aussi au sens marchand. Ce sens économique du bien permet de comprendre le soin avec lequel le parent et la société favorisent le développement des aptitudes des enfants. Ils sont en effet une valeur potentielle pour la survie du groupe. S'ils se tiennent bien droits, ils permettront à la communauté d'exister face aux autres, aux adversaires potentiels.

Rendre apte est bel et bien la matière de l'éducation. Le mot « aptitude » signifie du reste « qui tient bien », d'où l'idée de rendre apte, au sens de « se tenir ». L'éducation fait ainsi le lien entre la personne et le groupe. Mais pas n'importe

1. Boris Cyrulnik, *De chair et d'âme*, Paris, Odile Jacob, « Poches », 2008.

lequel, un groupe identifié avec sa culture, ses codes, ses habitudes, sa langue, dans lequel la personne est reconnue et dans lequel elle se reconnaît. L'éducation fournit des signes de reconnaissance qui donnent à chacun une identité : identique (comme), et différent (singulier).

L'individu connu par ses postures

La première posture spécifique à l'être humain est celle d'être en permanence debout. Quel passage risqué que de se dresser sur ses jambes, faisant ainsi face au danger, le ventre et les organes vitaux exposés, non protégés par un cadre osseux ! Le bénéfice en terme de vie dut être important pour ainsi modifier la posture initiale de la marche à quatre pattes, à commencer par la possibilité de voir le danger de loin. La structure s'est adaptée à ces bénéfices.

Au niveau de la collectivité, les postures créent la culture du groupe et permettent de se reconnaître entre soi. Autour d'un besoin aussi simple que celui de s'alimenter pour nourrir notre structure, nous avons organisé des codes de conduite qui déterminent notre groupe d'appartenance, culturel et social, et, surtout, qui définissent ce qui est permis. L'Histoire nous transmet ces us et coutumes de telle époque, ou dans telle culture. Pour ne parler que de notre temps, certains mangent avec les doigts assis en tailleur à même le sol, d'autres avec des baguettes en position « seiza[1] » sur des coussins. Chez nous c'est avec couteau et fourchette, assis sur une chaise, les poignets sur le rebord de la table... et pas les coudes ! Autant de postures qui définissent la culture et les codes auxquels nous « devons » nous conformer et qui nous identifient, selon la façon dont nous nous « tenons ». Au quotidien la perception de « qui tu es » et de « qui je suis » dépend pour beaucoup de nos postures, de ce que nous montrons et exprimons. L'expression du visage, les attitudes du corps, les gestes, le ton et le son

1. Position d'assise (genoux au sol, les fesses reposant sur les talons) propre à la culture japonaise.

de notre voix, les mots, leurs sens et la syntaxe, parmi bien d'autres signes sont autant de messages de reconnaissance de notre corps, reflets de notre vécu intime dans la relation, à soi et aux autres. Poignée de main, sourires, baisers, cris pour effrayer l'autre, signature... le corps parle de nous, pour vivre parmi les autres.

La posture est expressive : quelque chose est dit à partir de soi selon l'attitude adoptée. Ceux qui ont une relation avec un animal domestique savent bien que de leurs attitudes et du ton de la voix dépendra la réaction de l'animal. Quelque chose est traduit et transmis vers l'extérieur, vers l'autre. L'homme est alors dans le monde de la relation. L'altérité n'est plus seulement le monde matériel de la structure, mais l'autre vivant comme soi et distinct de soi. Il est un semblable et un autrui. Et de moi à lui, de lui à moi, se passe quelque chose qui nous relie. La posture devient communication, non verbale et, si besoin, verbale.

Habitués à nous adapter sans cesse à notre environnement selon le climat, la géographie, la culture, et à notre entourage, familial et social, nous perdons la conscience de nos postures, au risque de perdre ainsi la liberté de les modifier pour améliorer notre « être ensemble ». Celles qui nous identifient risquent alors de nous étiqueter. « Je suis comme ça, tu es comme ça ! » deviennent des images de soi ou de l'autre que l'on ne questionne plus. Elles sont devenues un trait de caractère, de personnalité, informant notre entourage plus que nous-mêmes que nous ne voyons pas. Des attitudes de puissance et d'autorité, ou au contraire d'impuissance et de soumission : la posture signe l'identité. « J'ai un nouveau copain, dit la jeune fille. – Cool ! Et que font ses parents ? »

Ah ! cette posture sociale sensée définir l'identité de la personne et créer du lien !

Dans cette dynamique entre ce qui favorise la vie et ce qui la menace, dynamique qui peut aller jusqu'au conflit, la posture traduit la façon dont le corps incarne une position parmi les autres. C'est encore ce mot *position,* que nous employons pour décrire une place sociale. Visible et audible : la posture fait référence, non seulement à l'étendue de son corps, mais aussi au regard de l'autre et à son ouïe.

> Un exercice est proposé aux participants du stage : il s'agit de rester seul, face au groupe, sous le regard de tous, de trouver l'attitude dans laquelle ils se sentiront le mieux et d'interrompre le jeu quand ils estiment leur posture correcte. Le corps est alors un livre ouvert. Sourires, mimiques, balancement, mains qui cherchent où se placer, regard qui va et vient ou au contraire s'oblige à regarder fixement, fou rire, respiration ample après un long moment d'apnée, corps qui se tortille... Dur, dur de garder la pose quand celle-ci ne répond à aucune autre demande que d'être là, avec les autres. Les commentaires intérieurs, puisque l'exercice se fait dans le silence, vont bon train : je déteste être regardé, je ne sais pas comment je dois me mettre, j'en ai marre, ça va s'arrêter quand, j'ai l'air d'un idiot, j'aurais dû me laver les cheveux ce matin, m'habiller autrement, je me sens moche, ils vont me trouver bizarre... Autant de messages qui traduisent la difficulté d'incarner simplement qui nous sommes. Seule une participante avait su rapidement trouver une posture d'aisance. Habituée du fait de son poids excessif à attirer les regards, plutôt que d'en être agacée ou gênée, elle avait adopté une posture pour se rendre encore plus visible, et notamment grâce à ses cheveux rouges. « Je crois que j'ai apprivoisé le regard des gens. Je peux le sentir se poser sur moi et être à l'aise. Du coup, c'est moi qui les regarde », dit-elle.

La conscience relationnelle

La posture est affaire de relation aux autres, et donc de liens qui, pour invisibles qu'ils soient, n'en restent pas moins vécus comme réels. Après la conscience sensorielle apparaît la conscience relationnelle, celle du lien. Même seuls nous demeurons en lien avec la collectivité, nous sommes seuls... car sans les autres. Dépendance et indépendance ne sont que des façons de vivre une interdépendance biologiquement indispensable. L'altruisme, valeur considérée comme affective, s'inscrit donc aussi dans le besoin d'un corps social en bonne santé et capable d'agir et de réagir. Est-ce diminuer le prix de ce mouvement du cœur ou gagner en conscience que d'inclure cette réalité biologique ?

La conscience d'être en relation dans cette intention de vie pousse les individus à communiquer. Pour ce faire, la gestuelle du corps se révéla insuffisante. Est apparue alors, au-delà du cri et des sons archaïques, la parole : les sons se sont organisés en mots, en phrases, avec une logique syntaxique et grammaticale, des règles qui donnent à l'information une ampleur sans précédent. La communication participe à la qualité du lien. La posture n'est plus simplement visible : elle est devenue audible et chargée de signification. Comme les cinq sens de la structure transmettent l'information entre l'extérieur et l'intérieur du corps, c'est le langage qui sert de mode de transmission entre les individus. Dans son apprentissage relationnel le petit enfant suit les mêmes étapes que les hommes préhistoriques : du cri au son, du son au mot et du mot à la phrase, il acquiert les outils de la langue. N'est-il pas étonnant que pour désigner le langage, nous employions aussi le mot anatomique de « langue » ? Il est dit que, depuis Babel, nos langages, qui identifient nos groupes, diffèrent les uns par rapport aux autres au point de ne plus nous entendre. La conscience relationnelle ne peut donc compter sur cette unité linguistique, obligeant à inventer du « être ensemble ». Et, au vu du journal télévisé, ce n'est pas acquis ! Pourtant, ici et là, chacun participe à sa façon à inventer le lien, à le faire vivre, à développer la relation altruiste, indispensable à l'individu comme à la collectivité dont il fait partie.

Indissociable de l'entourage auquel il appartient, l'individu qui y a sa place, identifié et reconnu comme tel, acquiert alors un surcroît de stabilité, une assurance devenue affective. Mot paradoxal que cette « affection » : il signifie tendresse, disposition morale qu'on nomme aussi penchant, mais aussi maladie, disposition physique cette fois, une autre façon de pencher... Dans la relation, s'agirait-il d'une disposition, une position séparée de l'autre pour lequel on éprouve une inclination ? Affecter signifie aussi « placer ». Place qu'on nous donne ou non, place que l'on prend ou non dans le cœur et la vie des autres, place que l'on accorde et que l'on s'accorde, quitte à créer des discordes... Nous voilà encore à évoquer la posture !

Mais la posture déterminée par les autres ne serait-elle pas trop statique, définie « une fois pour toutes », ce qui épuiserait le besoin d'évoluer ? Se différencier, s'individualiser fait partie du besoin d'identité et contribue au développement de la conscience relationnelle.

Se distinguer dans le groupe

En vivant parmi les siens, l'homme apprend comment être en relation, avec l'un, l'autre, les autres. Il devient une *personne*. Signifiant à l'origine un *masque de théâtre* ou un rôle, la personne est devenue l'opposé de la chose, avant d'acquérir le sens d'être humain doué de sensibilité et d'émotions. Le mot n'a pour autant pas complètement oublié son sens originel. Non que nous portions un masque sensé cacher qui nous sommes vraiment, mais au contraire nous portons sur le visage des signes qui traduisent notre état interne, et ce face aux autres, qui sont les seuls à pouvoir voir ce « masque ». L'individu devient unique, indivisible dans son unité propre, avec les autres et non plus seulement en eux. Il acquiert sa différence.

Dans l'organisation de ses relations avec d'autres êtres vivants, la personne expérimente, éprouve, exprime *sa* pensée, qui alors devient parole, et prend conscience de *sa* personne. *Être* une structure libre ne suffit plus et se double d'un *avoir* une posture spécifique. Ces deux auxiliaires de la grammaire qui font trébucher nos enfants en classe primaire sont comme les deux piliers, structure et posture, sur lesquels se fondent nos vies. Car avoir son identité parmi les autres est aussi important, en terme de survie, qu'être en sécurité.

L'individu et ses sentiments

Le cadre de l'expérience s'est étendu à un espace en dehors de soi, un territoire dans lequel les autres existent. Mais ces autres sont-ils des alliés ou des ennemis ? Sources de vie ou de mort ? Si la question n'est pas posée en conscience, elle l'est néanmoins par le veilleur, de façon automatique.

Il ne s'agit plus simplement de se nourrir pour vivre, il s'agit aussi de faire l'épreuve de ce qui est jugé, par soi, bon pour soi. De fait, la rencontre avec les autres représente une épreuve, une prise de risque, voire un danger potentiel auquel répond le sens du goût et du dégoût, selon que l'autre représente, ou non, un avantage pour favoriser la vie. La langue mêle volontiers nos sens dans cette distinction : « Je ne le vois pas d'un bon œil celui-là ! », « Je le sens bien, je le sens pas », « Il me dégoûte avec ses grands airs », « On s'entend bien », « il me touche beaucoup avec ses grands yeux tristes ».

L'apprentissage relationnel, restreint s'il se limite aux codes de politesse, peut alors être compris comme un apprentissage de ses goûts et affinités personnels. En termes plus directs, on aime ou on n'aime pas. Du reste les enfants ne s'y trompent pas en s'orientant vers leurs camarades de jeux. Sur quels critères se rassemblent-ils, se retrouvent-ils si ce n'est selon des signaux perçus et donc envoyés, en fonction de ce qui peut faire du bien ? *Que se passe-t-il dans mon cœur ? Voilà que je le sens palpiter, cogner dans ma poitrine ! Face à cet autre-là, je ne suis plus neutre. Je me sens attiré et tout mon être est alerté, en lien avec celui-là, distinct de moi et tout à coup si proche ! Qu'il s'approche et je me sens bien, qu'il s'éloigne et je me sens mal. J'éprouve des sentiments, et avec eux une question terrible : qui suis-je pour lui, pour elle ? À moins que je ne me sente rejeté et tout mon être est en alerte, en rupture avec celui-là, tout à coup si différent.* Cet autre deviendra alors menaçant, la posture va se raidir pour s'en protéger.

Les signaux de ces changements de sentiments se lisent sur les expressions du visage, le regard, les mimiques, les sons et les gestes. Nous ne serons pas étonnés que ces signaux soient ceux que l'enfant a appris à décoder sur les visages de ses parents et de son entourage *affectif*. Car c'est dans cette intimité relationnelle que l'enfant a expérimenté ses sentiments, ceux de l'entourage à son égard et, en retour, ceux qu'il a éprouvés à leur endroit. Sourire, froncement des sourcils, rires, agacement, soupir, gaieté, tension, fatigue sont des signes qui donnent à voir, à entendre et à sentir à l'enfant s'il est ou non en sécurité, à sa place, accueilli comme il est... ou non. Le sentiment éprouvé est celui d'être aimé ou non, ou mal. L'enfant apprend à se référer à ces signaux pour s'exprimer et obtenir aussi ce dont il a besoin... ou non. Mais qu'est-ce que cet amour ? Le père en colère n'aime-t-il pas l'enfant quand il le gronde ? Si quelqu'un, et pourquoi pas l'enfant bouleversé, le lui dit, il va se défendre d'une telle absence de sentiment. Pour autant, l'enfant, à ce moment-là, fait l'épreuve du manque d'amour de son père, de son manque de sentiment, de sa fermeture à l'amour. Il ne se sent pas aimé car il ne ressent pas d'amour chez son père, devenu froid parce que ému et contrarié. Il prend pour lui la colère de son père... destinée à son père, comme toute émotion.

Nos sentiments, si souvent confondus dans les médias avec les histoires d'amour et de désamour, sont d'abord l'expérience des sensations éprouvées dans le territoire partagé avec l'autre. Moins glamour, mais plus authentique, cette vision apporte l'indispensable responsabilité dans les échanges verbalisés et entretenus avec ces autres. Nos sentiments viennent de la qualité de ce qui est échangé en terme de « plus de vie ». Les couples qui se déchirent avant de se séparer, faute de savoir et pouvoir communiquer, en font la douloureuse expérience. La communication se fonde sur l'aptitude à exprimer ses goûts, ses opinions et ses jugements (responsabilité de soi), et à découvrir que cette particularité qui est la sienne est accueillie par l'autre, comme possible et bonne à vivre (tolérance de l'autre vis-à-vis de soi).

La langue relationnelle exprime les sentiments, des plus savoureux car riches en vie, aux plus détestables, car pauvres en vie. À ceux-là est réservé, quand il n'y a pas menace, un code de politesse, qui rend lisse la relation : pas de création de lien car pas d'affinités mais juste de l'évitement de conflit. Le code facilite la circulation des sentiments sans heurt, comme le code de la route facilite celle des véhicules sans accident, pour peu que chacun le respecte. Les sentiments n'ont pas nécessité d'y être éprouvés. Dommage, les ressentir facilite l'usage du code.

Dans les sentiments c'est tout le corps qui cherche à s'adapter à l'entourage tel qu'il est, en triant les informations selon les sensations éprouvées, qui seront reconnues comme des sentiments : bien pour vivre avec cet entourage, pas bien pour vivre avec cet entourage. Là encore une lecture binaire que les apprentissages modèrent, cherchant à favoriser le « vivre ensemble » pour le bien de tous.

L'individu attentif

Nous avons vu combien est important le rapport entre les yeux et le mouvement du corps. La vie en groupe a développé un autre lien entre perceptions et expressions : l'ouïe et le son émis, c'est-à-dire la parole, nommée aussi le verbe. Notre identité est profondément liée à l'expression de sa parole et à la nature de la parole donnée. Un lien intime existe entre les oreilles et les possibilités de mouvoir sa langue, aussi bien le muscle que l'organisation des sons en syntaxe et en sens.

L'expression verbale est le mouvement qui donne de l'identité à partir de ce que l'individu entend, comme le mouvement donne de la sécurité à partir de ce qu'il voit. Idéalement, notre posture se sent identifiée lorsque existe une adéquation entre mouvement de la bouche qui émet des sons et les informations sonores perçues par les oreilles. À ce stade de notre propos, rien n'est dit sur la qualité des paroles prononcées, leur pertinence, voire leur intelligence. C'est qu'en effet le développement de la culture a tant privilégié le langage chargé de signification, dans sa dimension scolaire notamment, que nous en avons oublié le caractère fondamental : la sonorité. Plus archaïque, c'est par elle que passe l'enfant dans son apprentissage à créer sa place dans le groupe. Si l'on accorde au tout-petit le droit de babillage, celui-ci doit vite cesser au profit d'un parler pour dire quelque chose d'intelligible, voire d'intelligent. Parler pour ne rien dire ou dire des bêtises devient vite interdit, surtout à l'école.

Or l'attention, la capacité d'être attentif, cette vertu tant réclamée en classe, est liée à l'entente (les deux mots viennent de la même racine, *tenir*), et à la répétition de ce qui a été entendu. Cette attention fait évidemment partie intégrante des besoins fondamentaux d'appartenance au groupe, l'expression verbale de l'enfant commençant par la répétition des mots chargés de sens que prononce l'entourage. Cette aptitude à entendre et à répéter permet ainsi de faire le tri entre ce qui concerne le sujet et ce qui concerne l'autre qui parle. Faute de pouvoir effectuer cette *distinction*, l'enfant risque de prendre pour lui l'émotion qui appartient à l'autre et, un jour, de tout rejeter en bloc.

L'attention n'est ni une répétition mot à mot, ni une réponse automatique. Elle est l'intégration de l'information qui signe l'appartenance relationnelle – ce que nous avons entendu – à partir de laquelle il devient possible de définir sa posture personnelle – sa propre réponse. C'est tout naturellement alors que nous jugeons la personne attentionnée.

Quand l'oreille de l'enfant entend des sons violents, comme des disputes ou des coups, mais aussi des mots incohérents, comme des mensonges, des non-dits, ou encore des paroles déformées par l'émotion, il ne peut les saisir et ne peut trouver, à partir d'elles, de réponses respectueuses de lui comme de l'autre. Alors son oreille filtre le son pour ne conserver que ce qui est compatible avec sa réponse. Il ne peut être attentif aux sons émis ni capable de répéter ce qu'il entend sans être lui-même en conflit. Il peut alors réagir par la colère, comme s'il mettait au défi les adultes de dire autre chose, de dire plus juste pour entendre mieux et pouvoir (se) répéter ce qui a été dit, dans le besoin urgent de se positionner et de prendre sa place avec ce discours. Une façon de prendre le pouvoir qu'on lui refuse. Si cette colère est rejetée, alors il rejette sa parole et se tait. Plus tard, il dira qu'il a « fermé sa gueule ».

L'individu crié

Quand la nature de la relation menace la vie de l'individu ou du groupe, c'est une posture d'affrontement et de combat qui est adoptée, dans son corps et sa voix. Il s'agit de s'imposer et d'intimider l'autre. Pour comprendre cette posture aisément, il suffit de s'imaginer un gorille faisant face, soit à un autre gorille, soit à un intrus qui vient menacer le groupe : il se dresse, s'avance, se frappe la poitrine et grogne, crie, hurle pour faire reculer l'autre. Il devient menaçant parce qu'il se sent menacé. Il a déclenché ce que Henri Laborit a nommé une réaction de LUTTE[1]. Le mot « crier » était à l'origine utilisé comme un appel des citoyens !

Dans une réaction de fuite, c'est l'évitement qui induit le mouvement du corps dans un souci d'autoconservation. Mais quand fuir se révèle impossible ou insuffisant, l'individu se retourne et cherche à (s')imposer. Dans une réaction de lutte, le corps est, comme dans la fuite, investi avec intensité, mais autrement. La posture est celle de l'affrontement. La colère et les cris expriment combien l'être humain ne se sent pas pris en compte, accueilli, et combien cela menace son intégrité.

La colère est d'abord une sensation, un message envoyé par notre structure d'une menace sur notre capacité à avoir une place. La posture se modifie face à l'offense : on est « gonflé à bloc » et prêt à en découdre pour gagner, pour s'imposer comme « valable ». Avant la « bagarre », on va utiliser la

1. Henri Laborit, *La Nouvelle Grille*, *op. cit.*

parole qui tient alors plus du cri que des phrases. Celles-ci ne s'articulent plus dans une syntaxe qui les structure, elles sont agressives pour restaurer le besoin identitaire blessé. On peut avoir l'envie de tuer, voire aller jusqu'au meurtre. Tuer l'autre pour vivre soi. Et quand cela n'est pas possible, c'est contre soi que l'on va retourner cette violence.

Le crocodile prend le pouvoir, réagissant contre ce qui fait obstacle à sa place et son individualité. Le conflit entre soi et l'autre qui se dresse face à soi, et donc contre soi, est le reflet d'un conflit intérieur à ne pouvoir conserver son intégrité autrement que dans cette posture. Pour gagner face à cet autre, la peur se transforme en tension. Cette tension du corps se traduit dans celle des muscles, la dureté du regard, la fermeture des mâchoires. Prêt à l'attaque. La lutte ferait battre des montagnes. De l'agacement à l'agressivité, verbale ou gestuelle, les manifestations varient en intensité, mais pas en intention défensive. Et quand il y a interdit à s'affirmer, alors la tension monte en soi, la colère se retourne contre soi et nous transforme en cocotte-minute. C'est la honte, l'autoaccusation et la mésestime de soi qui prend le dessus. Les symptômes relationnels, cognitifs et comportementaux tendent tous vers le même objectif défensif : gagner contre ce qui fait menace, prouver coûte que coûte sa force, sa valeur, son identité. Soit vers plus de reconnaissance, plus de signes d'appartenance dans la relation, plus d'amour des autres. Soit vers plus de distinction, plus d'autonomie, plus d'indépendance, plus d'estime de soi. Là aussi, le lecteur trouvera de nombreuses précisions dans l'ouvrage *Comment apprivoiser son crocodile*.

La blessure identitaire naît quand l'appartenance au groupe n'a pu être éprouvée grâce à une valorisation de sa différence. À la moindre alerte qui vient résonner sur cette blessure, on adopte une posture offensive, car on se sent offensé. Mais à qui s'adresse-t-on ? Apparemment à l'autre qui a offensé, même si ce dernier n'en est pas conscient et n'a pas l'intention de nuire. Cependant, les apparences sont trompeuses car ce cri de réclamation, de colère, s'adresse d'abord à soi pour entendre sa propre blessure d'une identité en manque de poids face à l'autre. Le cri donne la sensation de peser plus lourd et d'être plus consistant, et le comportement de lutte est destiné à obtenir le droit de vivre dans sa singularité. C'est parfois la réponse de l'enfant face à la remontrance du parent : *Mais, j'ai bien le droit...*

Ce droit est réclamé par opposition à un devoir. Ce contre quoi l'enfant lutte à cet instant, c'est contre ce qu'il se dit DEVOIR à l'autre, pour garantir sa place auprès de lui, dans le respect de sa spécificité. Quand dire n'est pas suffisant, l'individu le crie.

Enfant, pour obtenir la reconnaissance et l'amour de nos parents, et plus largement de nos éducateurs, nous avons dû nous conformer à leurs attentes. Et nous pouvons avoir eu la sensation de ne jamais faire assez bien pour les contenter. « Je dois dire bonjour, merci, je dois être sage et bien travailler à l'école, je dois être gentil ; je dois faire... mes devoirs. » Si, malgré les efforts de l'enfant, seul est pointé « ce qu'il aurait dû et qu'il n'a pas donné », il n'en finit jamais avec ce qu'il doit. Après l'injonction « il faut » décrite dans le chapitre sur la structure, c'est l'injonction « je dois » qui cherche à garantir la place dans le groupe et pallier ainsi la sensation de rejet. Ce besoin identitaire d'un droit à la vie se transforme en devoir, au sens de dette, de dû envers ceux qui nous l'ont donné, la vie ! Alors, pour gagner sa place, il a fallu soit nier sa différence, soit la faire valoir dans une affirmation « musclée », au détriment du lien. En réaction de lutte, cette dette semble ne jamais s'éteindre vis-à-vis de ceux qui nous ont permis d'avoir une identité. On a beau s'éloigner de ceux-là qui nous ont reconnus, en bien ou en mal, on peut passer sa vie à payer, dans une évidence d'un devoir, d'une mission à accomplir, plutôt que d'accomplir sa vie selon ses possibilités, ses capacités, ses goûts et son potentiel propres. Tant que l'injonction « je dois » est orpheline de sa question « à qui ? pour qui ? », tant que la seule identité que l'on s'accorde tient d'un autre que soi, on risque de consacrer beaucoup de temps et d'énergie à se prouver et à prouver aux autres que l'on est

« quelqu'un ». Cette preuve n'est acquise que dans un éternel court terme, et fonction uniquement du résultat.

À défaut de cette estime de soi en tant que personne, la notion d'« avoir » risque de prendre une tournure défensive : accumulation de biens, peur de perdre, compétition, pression à posséder le plus possible expriment cette dérive sous l'effet de la lutte activiste pour gagner une identité. La quantité de biens, sous la forme d'argent, de diplômes, d'objets, de travail, de conquêtes féminines ou masculines, ou autres, maquille la difficulté à exercer son autorité en son nom propre et pour soi-même. L'*habit,* qui partage la même racine étymologique que le mot « avoir », a alors tendance à vouloir « faire le moine », n'en déplaise au proverbe, mais dans une imposture qui révèle notre incapacité à trouver notre posture, celle qui est bonne pour nous et intègre notre différence. Et quand l'entourage vient juger, en retour, cette attitude possessive, cela ne fait qu'aggraver le mécanisme défensif. Avoir la parole revient alors à la garder. La parole n'est plus au profit de la personne dans sa relation avec l'autre, elle est mise à profit pour continuer à exister. Dans le cri on perd le goût du lien qui permet à l'un ET à l'autre de s'identifier et de créer ensemble un partenariat et une solidarité qui favorisent la vie.

L'individu parlé

L'usage serait d'écrire : l'individu parlant. Car la parole qui prolonge la pensée exprime la différence et procure à celui qui parle en son nom une identité. Or la personne est parlée par son propre langage, mots du corps et mots prononcés qui la racontent, elle, dans sa spécificité. C'est grâce à notre posture que la voix peut s'épanouir. Que notre diaphragme soit bloqué, ou que les muscles de notre mâchoire et de notre gorge soient contractés, et c'est la voix qui s'altère. La parole est un prolongement de la langue des signes corporels initiaux. Elle est destinée, elle aussi, à favoriser la qualité du lien relationnel, la vie. Le groupe n'est pas univoque : plusieurs voix distinctes peuvent s'y faire entendre, comme un orchestre a besoin de plusieurs instruments et plusieurs partitions pour jouer la symphonie.

Les sons émis par le corps coexistent avec la vie de l'homme. Seule leur organisation s'est modifiée depuis la nuit des temps jusqu'à nous, et continue à se modifier. Les sons sont associés au besoin d'intégrité. « Les besoins fondamentaux biologiques motivent les mots[1] », disait le philosophe Henri Bergson. Du grognement de l'homme de Cro-Magnon à la syntaxe des phrases employées de nos jours, le langage a une fonction d'échange. L'enfant suit, dans l'apprentissage de sa langue maternelle, l'évolution du langage : du premier cri poussé à sa naissance, cri de libération des voies pulmonaires, aux sons qui traduisent ses émotions et donc ses besoins, puis des sons aux mots qui longtemps conservent une activité signifiante de désignation des choses, aux phrases complexes. L'individu, dans son apprentissage du langage par mimétisme des sons, par essais, erreurs et corrections, devient parlé, c'est-à-dire « jeté » dans l'échange relationnel, avec sa pensée mise en mots. Avant d'être un pont qui favorise l'échange, la parole est, pour la personne, une marque de distinction à l'intérieur du groupe, avec sa capacité propre à explorer des possibles que le groupe ne connaissait pas encore. Au risque de créer des dissonances qui s'opposent aux savoirs officiels, reconnus par les aînés, ou simplement l'autre. C'est l'expérience que fit Galilée quand il renonça « officiellement » à son savoir, sans pour autant renoncer à transmettre ses connaissances à un autre groupe, officieux celui-là.

La personne parlée exprime son libre arbitre, manifeste sa liberté à dire selon sa pensée face à l'autre. C'est la possibilité d'avoir une identité individuelle et non seulement collective, une identité unique dans un ensemble identifié : une identité qui « fait autorité » face aux autres.

1. Henri Bergson, *L'Évolution créatrice*, Paris, PUF, « Quadrige », 2007.

> Nous demandons à une participante du stage de venir faire face au groupe et d'exprimer la phrase : « Je suis différente. » Depuis le début du stage elle avait du mal à prendre la parole, cherchait l'assentiment des autres par des regards, des rires, s'excusait de ses émotions. Impressionnée, la voilà qui se dandine d'un pied sur l'autre, se tortille les mains, et la poitrine rentrée souffle un petit « je suis différente ». Le groupe, pas plus que nous animatrices, n'est convaincu de cette affirmation. Nous l'invitons à changer de posture, à se redresser, à lâcher ses mains et à respirer amplement pour dire la phrase. Après plusieurs essais aussi infructueux, et sous les encouragements de ses camarades, elle prononce la phrase plusieurs fois dans une attitude d'affirmation ferme, ni arrogante, ni soumise ou gênée. À la fin de l'exercice, c'est avec un large sourire, des yeux rieurs, et une allure fière qu'elle regagne sa place.

L'enfant, étonnamment, prononce ses premières paroles peu après avoir acquis la marche. Il assimile son environnement par le verbe comme il l'appréhende, manuellement et visuellement, par l'expérience autonome. Il va où il veut, porte son regard comme il veut, et parle comme il veut, faisant preuve d'autorité vis-à-vis de ses goûts. L'expérience et les épreuves lui donneront de multiples occasions d'exercer cette autorité face à l'autre, d'en découvrir les limites et les possibles. Il apprend à apprécier ce qu'il découvre, à l'estimer et à décider pour lui de ce qui est bien. Dans le jeu, activité sans risque d'une quelconque conséquence nuisible pour lui, l'enfant peut s'autoriser. Nous pourrions même dire « s'auteuriser », c'est-à-dire se définir comme l'auteur de son jugement qui fait suite à sa pensée. C'est en explorant les conséquences de cette autorisation qu'il peut apprendre à se responsabiliser, autrement dit à répondre de ses choix et de son attitude, de sa posture face aux autres. Répondre par la parole, et parfois par des actes.

Mais qu'en est-il de la parole quand la colère a envahi l'espace sensoriel et que la réaction de lutte traduit le conflit vécu ? L'expression n'est plus alors fondée sur soi mais sur ceux qui sont « hors de soi ». L'autre qui nous a mis en colère, l'autre dont on attend une attention qui ne vient pas, l'autre à qui l'on en veut de n'être que ce qu'il est. Accusations, reproches, attaques verbales, voire physiques, délation, blâmes, autant de postures d'affrontement traduites en mots qui font mal aux deux partenaires de la relation, qui n'en finissent pas de déchirer leur lien. Et qui trouvent, parfois, leur seul lien dans ce conflit dans lequel ils ne peuvent s'entendre.

La parole, habituellement utilisée comme instrument d'échanges entre soi et l'autre, de reconnaissance mutuelle et, au mieux, d'entente, devient alors un monologue pour se saisir de sa pensée, se (re)connaître soi-même. Car la fonction de la parole, qui est de s'exprimer pour se faire entendre, sert aussi à entendre sa propre pensée. Bien sûr, il y a un risque à prendre la parole face à l'autre. Risque d'être incompris, jugé et rejeté. Risque qui, pris en pleine conscience de son jugement, de sa place et de sa valeur, permet à la personne de se donner une légitimité au sein du groupe. Au-delà du cri de survie, la parole place la personne sans recours à la violence.

La posture, issue de l'interdépendance entre les individus et destinée à favoriser la vie du groupe et des êtres, peut avoir à défendre l'identité. Située après la bonne santé de la structure qui assure la vie, l'identité n'en est pas séparée pour autant. Structure et posture définissent ainsi ce que nous sommes et qui nous sommes. Par un souci de clarté, nous avons distingué en deux chapitres leur étude. Or, l'être vivant est une seule entité : structure et posture s'allient en nous pour nous permettre de faire « quelque chose » de notre vie. La réalisation naît de cette alliance.

4

Pour quoi faire ? Une existence

C'est une belle harmonie quand le dire et le faire vont ensemble.

MICHEL DE MONTAIGNE

Être une structure et avoir des postures s'allient pour nous permettre d'exister. Grâce à son intelligence, l'homme en est conscient. Une dimension supplémentaire qui fait le propre de l'homme, et qui ajoute une question : quoi faire de mon existence ? Exister suppose de « sortir de soi », de réaliser. La réalisation devient un besoin nouveau, et qu'elle soit la réalisation d'une mission, d'un talent ou d'une œuvre, elle est chaque fois intimement liée à une réalisation de soi. L'existence comporte du sens : l'acte est fait de pensées et de mots, de désir et d'initiatives qui caractérisent l'espèce humaine. L'homme cherche à comprendre sa nature. Ainsi la boucle spécifique du feed-back biologique serait à l'œuvre, la créativité allant de l'avant dans un futur à inventer et revenant nourrir la sécurité et l'identité. Cette existence n'est pas un mouvement automatique qui répéterait du connu. Elle crée de la conscience. Celle-ci sera personnelle et universelle, union de la pensée et de la parole émises en conscience. Et toujours ancrée dans le corps.

L'intention en chair et en os

Le « premier » mouvement spécifique de l'humain a été de se mettre debout. Non occasionnellement, mais en permanence, permettant à ses membres supérieurs d'être disponibles à tout moment pour utiliser ses mains et *fabriquer*. Il peut ainsi multiplier les expériences, faire preuve d'initiatives et de créativité. Ce mouvement a aussi généré un bouleversement de son regard sur le monde environnant et sur ses congénères. Il voit et ils se voient ; il entend et ils s'entendent, il parle et ils se parlent. Ces possibilités ont changé la vie des hommes, les ouvrant à l'intention et à l'initiative, sur un chemin qui se prolonge de nos jours.

Ce changement de posture a favorisé le développement du néocortex et de la zone préfontale, contribuant ainsi à l'organisation tissulaire qui multiplie les possibilités d'adaptation. C'est avec ces nouvelles fonctions qu'émerge la notion du temps, le passé, le présent et l'à... venir, avec la prise en compte de la mort et de son individualité. L'homme n'a plus seulement des sensations et des sentiments qui l'inspirent, des émotions comme système de défense, il n'a plus seulement des appétits, il éprouve aussi des intentions qui ont du sens. Avec cette nouvelle aptitude, et grâce aux formidables possibilités de ses cerveaux, il peut comprendre, conceptualiser, analyser, créer et il est capable d'anticiper les conséquences de ses actes. L'homme acquiert un libre arbitre, et il peut donner *sa* réponse face aux situations et aux difficultés qu'il rencontre. Être en vie parmi les siens ne suffit plus, il veut que sa vie ait du sens et qu'elle soit utile. Voilà la spécificité de l'être humain.

La sûreté affective crée l'harmonie

Être sûr dans sa structure et avoir sa place dans le groupe permet de se sentir en harmonie, d'autres diraient en cohérence, ou serein.

Sûreté + Appartenance = Harmonie

Le mot *harmonie* évoque l'accord, l'équilibre, la justesse. En effet, plus la personne se fie à ce qu'elle sent, mieux elle agit et mieux elle se sent avec son environnement et son entourage. Plus elle affirme sa place dans son entourage et plus elle gagne en confiance en elle. Se développe la sécurité affective, souvent considérée comme la possibilité de se fier à son entourage comme source d'affection. Mais, nature psychocorporelle oblige, elle est surtout synonyme d'affection vis-à-vis de sa structure ou de confiance dans son identité. L'harmonie règne qui alors peut s'exprimer dans des intentions justes autour de soi. *Aime ton prochain comme toi-même* résulte de cet accord.

La sûreté affective engendre un état interne ouvert sur l'extérieur et stable à l'intérieur. Elle donne du sens à nos attitudes et à nos choix. C'est ce que nous nommons l'intention, vécue comme une « en-vie ». Envie qui n'est pas encore visible, pas encore passée dans la réalité extérieure mais déjà existante dans sa réalité intérieure.

Un professeur, agrégé de musique, raconte comment il était parvenu à réaliser son rêve.

> À huit ans, pour mon anniversaire et pour Noël, je demandai un piano à mes parents. Nous étions d'un milieu modeste et mon père m'écouta en souriant... avant de m'offrir un ballon de foot. Même demande à neuf, dix et onze ans. Là, mes parents ont entendu. Ils m'ont offert des leçons de piano chez la voisine. À douze ans j'intégrais une école et, à quatorze, j'avais mon piano à la maison.

L'enfant a pu exprimer son désir, né de son goût certain pour la musique, dans une famille qui lui accordait la liberté de penser et pouvait entendre ses paroles. L'enfant était donc dans une sûreté affective, en lui et dans son environnement.

Quand la sécurité affective n'est pas présente, c'est le manque d'envie que nous ressentons :

— Mes parents trouvent que je ne suis pas assez motivé et que c'est pour ça que je ne réussis pas en classe, que je ne termine jamais ce que j'entreprends, que je ne vais pas au bout. Ils ont raison, au bout d'un moment, tout m'ennuie.
— Qu'est-ce que ça changerait pour toi si tu te sentais motivé ?
— Je ne sais pas ! Peut-être que j'aurais envie pour moi.
— Pour toi ? Tu veux dire que, pour le moment, ce n'est pas pour toi que tu es motivé ?
— Je n'avais pas vu ça comme ça, mais oui, aujourd'hui, je crois que je fais ça pour eux et pas pour moi. Vous croyez que c'est la raison pour laquelle je ne suis pas motivé ? Mes parents n'arrêtent pas de me dire que je dois travailler pour moi.
— C'est eux qui le disent pour toi. Et toi, qu'en dis-tu ?
— Justement, je ne dis rien ! Il faut que j'aille en classe et mes parents attendent des résultats. Je ne me pose pas la question !

Rien, pas d'intention, pas d'envie chez cet adolescent qui cherche à résister à ce que les autres attendent de lui, pensant qu'il *faut*, ou qu'il *doit* faire. Il se sent sidéré, dominé par une force qu'il subit, sans trouver d'implication dans ses études. Cette sidération est précisément l'opposé du désir. Il ne voit pas pour quoi il fait des études.

Faire plaisir, faire le bien, faire utile

Dans la notion même d'harmonie, et afin de garantir la sécurité affective dans cette relation à la fois matérielle et relationnelle, est introduite la nécessité de faire plaisir, le bien, l'utile.

À la caisse d'un supermarché, là où sont disposés les bonbons à la hauteur des yeux des enfants, un petit garçon s'exclame : « *Je veux des bonbons !* » Sa mère regarde avec lui l'étalage et engage la conversation.

— Qu'est-ce que tu aimes comme bonbons ?
— Ceux au chocolat, avec de la couleur autour. Ils fondent dans la bouche. C'est ceux-là que je veux acheter...
— Tu veux acheter ceux qui fondent dans la bouche avec de la

couleur ? Tu en as très envie visiblement ! Tes yeux brillent quand tu en parles, ça fait plaisir à voir.
L'enfant sourit et se sent entendu dans son envie.
— Et te souviens-tu de la règle sur les bonbons ?
— Oui, je sais qu'ils sont réservés à des occasions spéciales. Mais j'en veux, s'il te plaît, maman.
— Alors pourquoi ne les ferais-tu pas toi-même ?
— Mais je ne sais pas...
— Nous pourrions chercher une recette, qu'en penses-tu ?
— Tu crois ? Ils ne seront pas aussi bons...
— Qu'en sais-tu ? Ils ne sont pas encore faits. Et puis ils auront un goût unique, puisque ce seront les tiens !
— Bon, tu achètes du chocolat alors...

L'enfant est tout à son projet. Son désir a été respecté et orienté vers un acte. Le bonbon n'est ni interdit, ni diabolisé, ni utilisé comme un moyen de satisfaire, à court terme, l'enfant. Et la maman, elle, a respecté le cadre de son autorité. Elle a favorisé le faire par l'enfant qui devient actif dans son envie de bonbons. Elle est dans une intention éducative de son enfant en ne répondant pas à l'immédiateté de la satisfaction. Elle lui permet de s'approprier son désir et, à partir de cette responsabilité de se poser lui-même la question de l'utilité, ou non, d'y consacrer du temps. S'il le décide, le plaisir suivra l'effort qu'il aura fourni.

Le désir est charnel. Il s'expérimente aussi dans le groupe, face aux autres qui peuvent, ou non, l'écouter, le reconnaître ou le rejeter. Faire plaisir, faire le bien, faire utile pose la question de la finalité du geste et de l'intention contenue. Pour quoi faire ? Semer pour récolter, cuisiner pour manger, ranger pour organiser l'espace, laver et se laver pour garantir l'hygiène... sont des actes incontournables de notre réalité quotidienne, chargés d'intention au présent dans une appréhension du temps et de nos besoins.

« Qui a envie de travailler, de faire à manger tous les jours, de prendre les transports bondés ? » La réponse risque de tomber, lourde de conséquences : « Pas moi ! » Ce cri correspond-il à un désir ou au rejet émotionnel des contraintes ?

C'est une réponse automatique, sortie du contexte global des choix que nous faisons face à la réalité. Car si la question devient : « Qui a envie d'être au chômage, de se serrer la ceinture, et de rester confiné chez lui ? » La réponse là encore va être : « Pas moi ! » L'envie procède d'être en vie. Et la réalité d'être ne peut être dégagée de la nécessité de nourrir ses besoins, à commencer par les plus fondamentaux. La lecture de la logique émotionnelle nous fait comprendre que vouloir sortir de la réalité de notre nature psychocorporelle ne fait qu'activer les défenses reptiliennes, nous prive de notre libre arbitre et nous enferme.

De la même manière, s'impliquer au présent dans des actes constructifs du futur nourrit la sensation d'existence. C'est ainsi que nous plantons des arbres que nous ne verrons pas à maturité, et que nous donnons de l'argent à des ONG qui favorisent la construction de puits dans des zones désertiques ou l'éducation d'enfants défavorisés. Autant de gestes utiles qui nous donnent la sensation de faire le bien.

La conscience personnelle

À quoi sert d'être conscient d'exister si ce n'est à déployer la vie dans des domaines encore inexplorés ? La conscience personnelle ouvre la personne à un projet porteur de sens pour elle. Elle est éprouvée et parfois racontée comme un souffle. Ne se dit-on pas alors « inspiré » ? En répondant au *pour quoi* ou au *pour qui* de ses actes, la personne ouvre devant elle un nouveau champ d'exploration. Elle cherche à comprendre la nature et comment faire pour satisfaire ses besoins. Pas uniquement les siens mais aussi ceux des autres et ceux de la planète Terre.

Expression de la singularité humaine, la conscience personnelle signifie qu'anatomiquement l'homme a su s'extraire des automatismes dictés par le crocodile et des préférences cérébrales de la mémoire pour accéder au libre arbitre. Celui-ci n'est alors pas réactif au passé, mais un acte posé en conscience dans le sens de la vie. L'homme libre est celui qui peut choisir entre *faire ce que je veux faire*, *ne pas faire ce que je ne veux pas faire*, *faire ce que je ne veux pas faire* et *ne pas faire ce que je veux faire*. L'ensemble aboutit à la capacité d'arbitrer, au pouvoir de décider et donc d'entreprendre. Le désir en est l'expression intime.

Le mot « désir » signifie la sortie de la sidération, c'est-à-dire la sortie de cet état de passivité qui nous fait subir la fatalité des astres sur notre destin. Il se distingue bien sûr de la pulsion émotionnelle qui, elle, tente de pallier le manque et exprime la peur d'être privé de l'objet de son désir. Le désir est un geste harmonieux, né de l'alliance entre ses sensations et ses sentiments, alors que la pulsion émotionnelle est un processus défensif d'urgence qui répond à la frustration du besoin d'être. Le premier réalise la personne quand elle réalise son projet alors que la seconde réalise l'objet, le devoir, ou comble le manque, sans réaliser la personne. Le désir est une histoire intime à soi, mais aussi commune au groupe. Il n'est qu'à observer les désirs que nous partageons ensemble, dans lesquels nous nous retrouvons et que nous baptisons culture. Celle-ci est comme une source d'harmonie, de valeurs et d'objectifs communs. Nous désirons individuellement et ensemble les mêmes choses, dans un tout harmonieux, ou presque. Les us et coutumes qui se succèdent sont l'expression de nos désirs harmonisés. Elles orientent nos choix et répondent aux besoins de sécurité et d'identité, tant personnels que collectifs.

Prendre l'initiative

La notion d'existence conduit à une prise d'initiative personnelle, au sens littéral du terme, c'est-à-dire que la personne est l'« initiale », à l'origine de son acte. Difficile de prendre une initiative si celle-ci ne trouve pas l'origine en soi, ou encore ne contient que la peur de perdre ou de décevoir. Nous avons vu que l'harmonie est l'alliance de la sûreté et de l'appartenance au groupe. De même :

Liberté + Différence = Initiative personnelle

L'initiative personnelle ne rentre pas en opposition avec l'harmonie. Au contraire. Avec la prise de risque qu'elle induit, elle dépend autant des points de repère qui assurent (sûreté) que de nos facultés d'imagination, de déduction, d'anticipation et de mobilité (liberté) ; autant des échanges que nous entretenons avec nos semblables (appartenance) que de l'estime que nous avons de nous-même et de notre singularité (différence) ; et autant des rapports que nous avons avec notre environnement (harmonie), que de la capacité à se projeter pour créer son futur (initiative).

L'initiative réalise l'être dans la réalité matérielle, face aux autres, au risque du jugement des autres, au risque de la matière et de son imprévisibilité. Là encore, le couple structure/posture est à l'œuvre. L'initiative exprime le désir de son auteur. Le mot même d'initiative puise son sens dans une racine étonnante, puisqu'il s'agit du verbe *aller* conjugué au futur, « j'irai », indiquant ainsi le mouvement vers quelque chose de non encore accompli mais dont on a la cible en ligne de mire, et qui peut advenir, si... Car demain est inconnu et l'initiative se prend aujourd'hui. Aujourd'hui les semailles, demain la moisson. C'est au présent qu'il est possible de penser, de parler et de poser un premier geste vers un projet désiré, l'ensemble en soi créant le passage à l'acte. Sous l'impact de l'émotion, le désir s'impatiente d'obtenir le résultat qui rassure, qui valorise et qui nous réalise. Car cette garantie de sûreté et d'appartenance isole l'initiative des deux autres piliers indispensables, liberté et différence, la privant ainsi d'informations essentielles à ce passage (à l'acte) pour n'être plus qu'une notion abstraite pour soi, privée de sens et de vie. L'initiative devient désincarnée, et la personne fait pour faire, pour que ce soit fait. Pour en être débarrassée... et irréprochable !

Le geste personnel se réalise et nous réalise. L'initiative pose comme possible et juste l'idée d'accomplir sa vie. Comme la liberté et la différence, l'initiative marque l'arrêt de la soumission à la matière, aux autres, voire à la mort, même si la fin est là comme une évidence. Avec l'initiative, la mort, sans cesser d'exister, acquiert une réalité vivante puisque, au-delà de la *fin,* la vie accède à une *finalité*, une signification et une utilité.

Initiative et responsabilité

Le désir qui se réalise dans l'initiative crée la responsabilité. C'est une réponse libre et individuelle à une situation donnée. *Res-pondere* en latin signifie répondre d'un engagement pris solennellement, surtout ayant un caractère religieux. Les mots époux et épousailles ont la même origine étymologique. La personne est librement engagée dans son choix et se distingue par la nature de celui-ci. Elle ne peut plus dire d'elle qu'elle n'a pas le choix. Nos actes prennent sens.

L'initiative responsable, consciente et chargée de sens, se distingue bien sûr des actions automatiques qui se mettent en marche pour assurer la survie dans l'urgence. Elle rend responsable celui qui fait œuvre. En retour, la personne gagne en reconnaissance de son savoir, en confiance dans ses compétences et en sens donné à ce mouvement de vie. « Science sans conscience n'est que ruine de l'âme », disait Rabelais, dénonçant le risque de la personne à ne pas impliquer sa responsabilité dans son savoir et ses recherches.

L'initiative responsable favorise le vivant par une spirale vertueuse. Si la structure est la voiture et que la posture en est le conducteur, alors l'initiative est la mobilisation de ce tout réuni dans un voyage librement décidé.

Initiative et démission

Les *il faut* pour être sûr, et les *je dois* pour avoir sa place pèsent lourd dans ce processus d'envie quand il s'agit de s'impliquer, animé de désirs et d'intentions pour réaliser son projet. Il n'est pas rare que la vision que nous avons de l'harmonie tienne plus alors de l'absence de faute, ou de conflit, que d'une cohérence en soi.

— *À quoi te sert d'être aussi tolérante dans cette situation que tu en oublies tes propres besoins ?*

— *À avoir la paix ! Pas de dispute, pas d'histoires !*

Mais pas d'envie non plus... chez cette jeune fille *parfaite* au regard de ses parents quand elle est souriante et qu'elle travaille bien, *inquiétante et malade* quand elle déroge à cette attente. L'idéalisation d'une réalisation sans erreur dans une aspiration à la perfection est directement issue des mécanismes de fuite et de lutte : évitement de la faute et pression à faire bien pour être reconnu, aimé.

Quand on ne se sent jamais assez sûr pour être libre, quand pour garantir le lien avec le groupe on se prive de sa différence, on finit par se sentir impuissant. Il n'y a plus de désir en soi, et toute initiative semble inutile et vaine. Or il est impossible de divorcer de soi... Force est alors de se supporter et là encore la structure défensive du système reptilien, alliée à la mémoire du système limbique, va prendre le commandement. Le crocodile déclenche alors la déprime avec sensation de fatigue dans la version soft, et, dans la version dure, la dépression avec sensation de tristesse. De la réalité de son existence, la personne passe à une sensation d'inexistence. Elles est triste et lasse, tiraillée entre son besoin d'être en harmonie dans le monde et le groupe, et son désir de se réaliser en tant qu'individu, de créer en elle une harmonie. « Les autres ne me comprendraient pas. »

Quand les piliers structure-posture sont en souffrance, c'est tout le désir qui est en mal de vie. La personne se replie sur elle-même et perd son initiative. Le désir fait de la figuration, c'est-à-dire cesse de prendre le risque d'exister pour s'abriter derrière ce qui se fait, ce qu'il faut faire et ce qui doit être fait. Elle n'est plus « dedans ». Au théâtre on dirait que la personne n'a pas d'interprétation personnelle. Il n'y a pas de jeu, de JE ni de joie dans cette figuration, pas de traduction par la personne qui joue le rôle. Son comportement tient plus de la reproduction du connu que de l'innovation, comme une personne qui accomplirait une fonction pour la fonction, et non pour le sens de cet acte. On parle d'ailleurs d'emplois de fonctionnaires pour désigner des postes différenciés, mais pouvant être occupés par des personnes indifférenciées : seul l'emploi est à pourvoir. La fonction devient le porte-parole de la personne qui va dire aux autres : « Regarde ce que je fais », privilégiant sûreté et appartenance dans son impuissance à dire : « Me voilà, moi et mon désir. » Au risque de se sentir vide, déconnecté de son essence d'être, de sa liberté et de sa différence.

Pourquoi est-il dit, faisant suite à Pascal, que « la Nature a horreur du vide » ? Bien sûr le vide est une perception qui déclenche automatiquement la peur chez l'homme. Pourtant, sans lui, pas de mouvement possible. Pour pouvoir avancer, nous avons besoin d'un espace ouvert devant nous. Le vide est un espace de liberté pour la créativité. Il n'est pas à combler mais à préserver pour porter le temps et le sens d'un projet à venir. Alors qu'avons-nous en horreur ?

Il peut arriver qu'une sensation étrange de vide, d'absence à soi-même s'empare de nous. Comme un détachement vis-à-vis de son corps, de ce que nous éprouvons et de toutes les relations que nous avons avec le monde. Nos pensées tournent à vide sans qu'elles soient reliées à un quelconque point de repère, ou à un geste. On se sent coupé, détaché de tout lien, aliéné, au sens premier d'abandonné mais aussi dans son sens dérivé de fou. Seul parce que vide de soi. Et vide de soi parce que trop plein de ce que l'on doit aux autres. Cet état est vécu par le système reptilien comme très menaçant et enclenche une réaction de *repli sur soi* pour stopper le trop-plein de pression qu'induit la faille, la faute ou la dette. Trop de non-soi prive de soi. Le repli permet dans l'urgence de pallier ce vide en ne pensant plus qu'« à soi » et à son mal-être. À défaut de dépression, le système serait en surchauffe avec de lourdes conséquences sur l'organisme, et notamment le cœur. Le veilleur est à l'œuvre à nouveau pour préserver la vie.

C'est donc bien notre nature psychocorporelle qui a horreur

du vide, non du vide à l'extérieur de soi ou même dans sa structure, mais bien ce vide de conscience d'être vivant, autonome et libre. Quand l'alliance de la sécurité et de l'identité ne porte pas vers l'action, quand nous laissons vide notre place, alors la réaction de défense s'impose à nous, occupant le vide que nous laissons. La place est prise par la dépression, qui permet une absence de pression mais aussi de motivation, d'envie, de sens et d'intérêt, pour l'avenir comme pour le présent. « Bof, à quoi bon ! » viennent justifier la panne intérieure. Le véhicule et son conducteur ne comprennent plus grand-chose à leur voyage... au risque de se rajouter une pression supplémentaire avec des questions pièges : « Mais qu'est-ce que je dois faire ? » Dommage, il aurait été bien utile de se poser réellement la question : « À quoi est bon ce que je fais ? » et de tenter des réponses.

Au cours d'un stage, pendant l'exercice graphique déjà évoqué, une participante est recroquevillée sur sa chaise. On peut voir des cheveux, un dos et des soubresauts. Je m'approche, mets ma main sur ce dos et demande :

— Ça ne va pas ?

— ...

Silence, la tête se lève vers moi, le nez pointe et je vois les pleurs couler. Je regarde sa feuille, sur laquelle il y a un trait, et quelques traces de larmes qui sont tombées.

— Tu peux me dire ce qui ne va pas ? Ou aurais-tu besoin d'aide ?

— Je...

Sur une nouvelle demande de ma part elle répond, en hoquetant :

— C'est pas la peine. Merci, vous êtes gentille.

Tiens, elle est repassée au vouvoiement...

— C'est pas la peine de s'intéresser à ton chagrin ?

— Non, de toute façon, je suis nulle.

Et les larmes redoublent, se transforment en sanglots.

— Tu veux bien qu'on essaye de voir ensemble ce qui se passe ?

— Ça sert à rien. Je comprends rien ! Les autres comprennent, eux, pas moi.

— Je te propose de te redresser, de te caler au fond de ta chaise. Ok. Peux-tu me dire ce que tu as déjà compris de ce qui a été demandé ?

Le mouchoir dans une main, le crayon dans l'autre, elle se redresse, et m'explique ce qu'elle a compris.

— Tu sembles avoir compris la consigne. Je te propose de retracer l'exemple qui est au tableau sur ta propre feuille.

Ce qu'elle fait. Les larmes ont cessé. Puis je lui demande de commencer l'exercice à partir de ce qu'elle a compris. Elle trace un trait, deux traits, trois traits... Au quatrième elle hésite, les larmes reprennent :

— Que se passe-t-il ? Ce que tu fais semble juste...

— Bah non, ça donne rien.

— Tu penses que ça devrait donner quelque chose au bout de trois traits ?

— Je ne sais pas...

— Et si tu en restais à ce que tu sais et à ce que tu as compris pour faire l'exercice ? Ce que tu as fait est juste. En continuant, trait après trait, peut-être la forme apparaîtra-t-elle ?

Elle reprend son exercice. Quand je la regarde, je la vois parfois hésiter encore. Dans ces cas-là, elle regarde le tableau, retrace l'exemple et reprend son exercice. Au fur et à mesure, la forme apparaît. Ce ne sont plus des larmes mais un sourire que je vois se dessiner sur son visage. En acceptant de se redresser, de prendre appui sur son savoir et sur ce qu'elle voyait, de donner du sens à ce qu'elle faisait, pas après pas, elle a pu réaliser l'exercice.

Dans cet exemple, le désir est venu en faisant. La personne se sentait sidérée, c'est-à-dire accablée et immobile. En mobilisant son regard sur ce qu'elle voyait, sa main sur ce qu'elle copiait, elle contribue à stopper la radio mentale qui lui disait que les autres comprenaient et pas elle, que les autres y arrivaient et pas elle. Elle s'est mise en mouvement vers une réalisation et se réalise elle dans ce geste choisi. Quelque chose naît de son travail et elle se sent mieux. L'initiative devient motivation qui devient désir. Nous voilà à l'opposé de nos habitudes occidentales qui considèrent que le désir est indispensable au passage à l'acte, au point de considérer qu'*il faut* désirer et que l'absence d'envie annule l'initiative.

La démission de l'initiative témoigne d'une difficulté à sortir de l'état de sidération, à sortir de la soumission aux contingences matérielles ou encore du désir et de l'attente d'un autre que soi. L'initiative n'a peut-être pas été éduquée, et le mariage entre structure et posture est dysharmonieux en soi. Les deux « parents » ne s'entendent pas à l'intérieur de son être vivant et cela gène la marche en avant vers son futur à accomplir. Le repli sur soi signe ce désaccord. La personne repliée sur elle-même réduit son expansion *a minima*. Et quand elle fait beaucoup de choses, c'est dans le respect de son devoir, sans prendre le risque d'une quelconque dysharmonie qui serait alors synonyme d'abandon et de solitude douloureuse. Même cet activisme peut encore être trop compliqué et trop lourd : un changement imprévisible et voilà une rupture d'équilibre qui révèle le vide intérieur et l'absence de désir d'être.

Le crocodile prend le pouvoir, réagissant sous le poids de ce qui retient l'initiative individuelle. Notre regard est fixé sur notre impuissance, notre limite, et nos mots reflètent, par l'usage du négatif de tout ce qui n'est pas et devrait être, notre propre inexistence. Le corps est las, épuisé par l'effort fait pour correspondre à ce que nous devons être. Cette fatigue se lit sur le visage et dans le corps comme une tristesse, un poids. Les yeux semblent prêts à pleurer pour un rien. La sensibilité devient sensiblerie. La journée est épuisante et l'énergie semble revenir le soir, quand il n'y a plus rien à faire, au point de gêner le sommeil. Nous nous considérons nul, tel le bulletin de vote qui ne compte pas dans les choix citoyens. La peur de gêner, de dire des bêtises, de mal faire, de faire mal empoisonne le quotidien. Surtout, l'avenir est vide de sens et d'intérêt : la finalité est devenue la fin de l'existence, ajoutant une culpabilité supplémentaire à ne pas sortir de cet état sans intérêt. Le corps est comme au ralenti dans ses fonctions vitales : le crocodile impose le repos coûte que coûte. On rêve de vacances éternelles, de loto gagnant qui nous autorise à réaliser ce que nous ne nous risquons pas à désirer.

Le repli sur soi, c'est notre démission, signal de notre refus d'accomplir une mission qui n'est peut être pas la nôtre, ou que nous n'avons pas choisie en conscience.

L'initiative en solitaire

Comme le navigateur sur son bateau, l'homme navigue en solitaire en relation avec les autres et le monde environnant. Avec la conscience personnelle, le voilà acteur de sa vie, c'est-à-dire conscient d'être lui-même, auteur, compositeur et interprète. Il marie alors sa structure et sa posture en un acte conscient et personnel. Il recherche un accord en lui-même, faisant seul le chemin qui le mène à la réalisation de son projet. Qu'il collabore ensuite avec d'autres qui sont dans la même voie de réalisation ne change rien au fait que cette initiative se prend en solitaire. Il prend le risque de déranger un ordre préétabli, moins dans une posture de résistance ou d'opposition que dans la vision et l'expérimentation de son action. Certes, en restant fidèle à sa route, il peut dérouter son entourage. S'il s'appuie sur ses sensations et demeure en lien, à l'écoute des autres, il pourra entendre ceux que son attitude gène, sans se laisser dérouter. Il pourra même tirer parti des résistances, des critiques, des peurs que son acte suscite. Il est à la fois innocent dans la candeur d'un nouveau-né et vieux sage dans la clarté de ses choix. Stable sans raideur, souple sans mollesse, il marche vers son projet sans s'en sentir aucunement prisonnier.

Chacun à la lecture de ces quelques mots reconnaît qui un maître spirituel, qui un personnage connu pour sa droiture ou sa sagesse. On peut même parler d'art. De l'art martial à l'artiste en passant par l'artisan, on parle bien d'une manière d'être autant que d'une manière de faire. L'art martial, s'il contient bien l'intention de défendre la sécurité en adoptant des postures qui ont vocation d'être fortes et efficaces, est aussi une recherche personnelle, philosophique et spirituelle, qui utilise notre plaque sensible qu'est le corps. L'art, au sens artisanal du terme, est venu ajouter à la fonction de l'objet une dimension nouvelle, celle du beau, jusqu'à parvenir à la notion d'artiste. Il s'agit pour chacun de faire de son existence une œuvre.

« Ce que tu fais est peut-être sans importance, mais c'est important que tu le fasses », aurait dit Mère Teresa. Une création allie l'imaginaire du désir contenu dans la structure du cerveau avec l'acte lui-même dans des postures adaptées. L'union se fait en soi entre être et avoir, entre être à l'œuvre et avoir les moyens de son projet. Les deux piliers sont en mouvement, indispensables l'un à l'autre, comme deux jambes qui permettent la marche. On s'appuie tantôt sur l'une, tantôt sur l'autre, prenant le risque du déséquilibre, pour à nouveau éprouver l'équilibre en ayant fait un pas. Et si la structure n'est pas libre, l'angoisse saura nous rappeler à nous-même pour nous inviter à nous poser la question des moyens dont on dispose pour agir ! Et si la posture n'est pas différenciée, la colère saura se manifester pour nous rappeler au respect de nous-même et nous sortir de ce qu'« on » doit faire.

La solitude de l'initiative n'est pas celle du repli sur soi qui confine à l'abandon par l'autre. C'est celle qui accorde de la présence à ce qui est en soi et de l'ouverture à ce qui est extérieur à soi. Dans un libre arbitre, les « il faut » et les « je dois » peuvent même faire partie de l'arsenal de nos pensées sans altérer notre conscience. On peut se dire qu'« il faut faire la vaisselle » pour manger dans des assiettes propres la prochaine fois.

Toutefois, la traversée en solitaire peut se révéler longue et éprouvante. Nous ne possédons la notion du futur que dans l'évaluation des résultats probables, ceux appris de ses actions passées. En effet la capacité d'anticiper est directement liée à la mémoire des expériences vécues. Avant de prendre la décision d'agir, d'initier un acte, le cerveau va les confronter aux différentes options en évaluant les résultats. Si les réponses sont jugées impossibles parce que source de frustration ou de douleur en terme de sécurité ou d'identité, la décision sera interrompue et l'acte ne pourra se faire. Autrement dit, l'anticipation des résultats futurs risque de se « cogner » contre la mémoire des résultats passés de nos actes.

Car comme tous les mariages, ce mariage structure/posture dépend de l'histoire de chacun des membres du couple. La façon dont nous avons pu et su assurer notre sécurité et notre identité dans notre environnement influe lourdement sur la qualité de l'union des deux forces. Il s'agit en effet d'associer les possibilités de sa structure, dans une posture au sein de sa communauté, non plus pour seulement vivre, mais pour y réaliser sa vie. À défaut d'*entente mutuelle*, nous entrons en dysharmonie intérieure et donc en dysharmonie avec l'extérieur. Avec le risque d'entraîner les réactions reptiliennes. Ne pas s'écouter est aussi menaçant pour le crocodile que n'écouter que soi.

L'initiative en solitaire est un cheminement de type pas à pas, car nous avançons dans un monde encore inconnu de soi, un monde intérieur et extérieur à créer. Rien ne peut nous prédire l'avenir de nos projets...

Carrefour d'informations entre dedans et dehors, entre hier et aujourd'hui, nous sommes irrémédiablement situés au présent, en contact par notre peau avec le non-soi. Nous ne pouvons qu'être ici et maintenant !

Arrivées à ce stade de notre propos, il nous est apparu utile de symboliser ce qui se joue en nous.

5

Les forces en je(u)

Agir librement, c'est reprendre possession de soi.

HENRI BERGSON

Notre équilibre est fonction de forces qui jouent en nous, dans notre structure, notre posture, et dans l'alliance entre elles. Notre nature vibre entre des polarités : elle s'adapte en permanence, crée et se crée selon les informations perçues de l'extérieur, de l'environnement et des autres, et aussi de l'intérieur par les sensations. Les besoins agissent, eux, comme rappel à la loi de vie et de survie.

En schématisant ces mécanismes en jeu, nous souhaitons donner au lecteur des points de repère pour poursuivre son voyage. En premier lieu nous symboliserons notre nature corporelle et notre nature psychique. Le sablier mettra en évidence la correspondance entre besoins et réactions de défense, ainsi qu'entre les polarités statiques et dynamiques. L'étoile illustrera l'alliance des besoins de sécurité et d'identité, créant un équilibre parfait permettant d'accéder à l'existence, selon l'accès à son libre arbitre, c'est-à-dire selon sa capacité à s'adapter dans la conscience de ses besoins.

De la terre au ciel

Notre nature psychocorporelle peut être symbolisée par deux triangles :

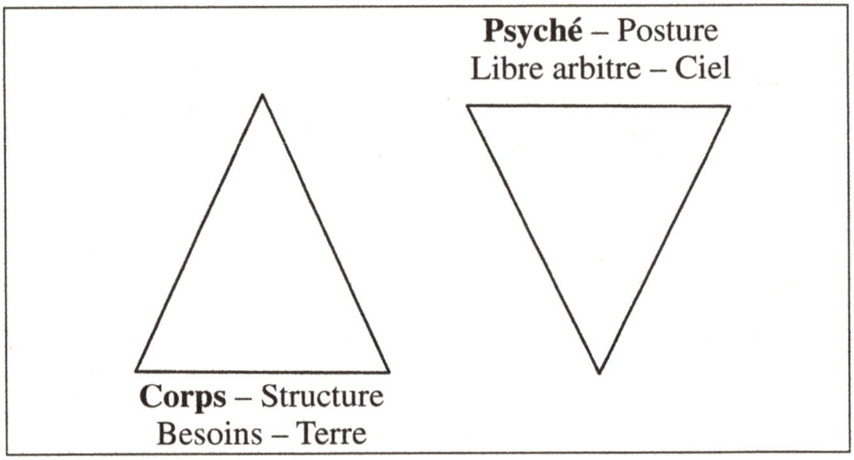

Le triangle de la structure corporelle est d'égal volume, parce que d'égale valeur, au triangle de la psyché. La prégnance de nos besoins est aussi essentielle que celle de notre libre arbitre dans les postures adoptées, le lien avec la Terre aussi fondamental que le lien avec le Ciel. Cette équité favorise réellement la cohérence intérieure avec le monde environnant, la structure étant incontournable comme base fiable et la posture indispensable pour nous adapter dans l'espace-temps, en fonction de notre environnement et des autres. Ainsi développons-nous notre besoin de nous réaliser, de nous sentir réel et d'initier des gestes, comme nous l'avons évoqué dans le chapitre précédent. Il s'agit ici de visualiser cette alliance dans ce qu'elle implique pour chacun d'entre nous au quotidien. La cohérence n'est pas, en effet, un état « débranché » de notre réalité corporelle pour voguer dans des univers abstraits, pas plus qu'un état « débranché » de notre potentiel à créer dans le monde environnant. Elle procure un effet immédiat dans le corps et l'esprit : les organes, cerveaux compris,

« respirent » de leur nature intime. Cette respiration, comme celle des poumons, est l'aptitude à vibrer dans un aller-retour de l'intérieur vers l'extérieur, à donner et recevoir, dans un va-et-vient tranquille. La pensée est à la fois concentrée et ouverte, la parole est précise et fluide, le geste est juste et élégant. Cet état, souvent évoqué comme un état de cohérence ou de congruence, décrit l'alliance entre le corps et l'esprit, entre la structure et la posture, entre la sûreté de la première et la liberté de la seconde.

Le sablier

Il est d'usage récent, depuis les travaux du psychologue Abraham Maslow dans les années 1940, de représenter nos besoins, individuels et collectifs, par une pyramide dont la partie large, à la base, témoigne du caractère inéluctable des besoins primaires (respirer, dormir, boire, manger, se reproduire...), la prégnance des besoins secondaires, eux, diminuant au fur et à mesure que la pyramide se rétrécit. Grâce à cette représentation chacun visualise que le besoin de s'accomplir, situé au sommet de la pyramide est moins pressant que celui d'estime de soi, lui-même derrière le besoin d'appartenance au groupe (les deux fondant le besoin d'identité), et enfin que la sécurité est au plus près des besoins vitaux, et ce en toutes circonstances, surtout quand la vie individuelle et collective est menacée. Pourtant, si cette représentation est juste s'agissant du caractère primordial des besoins, visuellement elle laisse peu de place à l'intelligence de notre nature, montrant une réduction au fur et à mesure de l'évolution, alors qu'il s'agit d'enrichissement et de complexification. En effet, chaque niveau de conscience se nourrit du précédent : la conscience relationnelle se nourrit de la conscience sensorielle à être en sécurité, et la conscience personnelle se nourrit de la conscience relationnelle à être en lien avec le monde et les autres. Il en va de même pour les émotions qui s'empilent. Côté structure, il existe de la peur dans la colère, et il existe de la peur et de la colère dans la tristesse. Côté posture la pression se fait de plus en plus forte pour obtenir satisfaction, chaque comportement défensif contenant la frustration du besoin précédent non nourri. Même si la peur n'apparaît pas dans le comportement visible de la personne sous le coup de la colère, elle existe dans son ressenti, ne serait-ce que sous la forme de la peur à perdre la lutte.

Pour représenter ces mécanismes, nous avons choisi de mettre nos deux pyramides, corporelle et psychique, en symétrie, chaque besoin signalé par son expression sensorielle ayant en face sa version comportementale en cas de non-satisfaction. Au-dessous, le triangle des besoins et ressentis émotionnels, avec la pointe en haut, et au-dessus en miroir inversé celui des réactions de défense. Entre les deux triangles, la base neurovégétative. C'est ce que notre cerveau gère sans que nous ayons à nous en préoccuper, qui se fait au-dedans de la peau, dans notre intimité. Ce qui donne visuellement l'allure d'un sablier : l'incapacité à trouver le geste juste pour préserver son intégrité au niveau de la pyramide des besoins de notre structure laisse apparaître la pyramide de nos postures réactives.

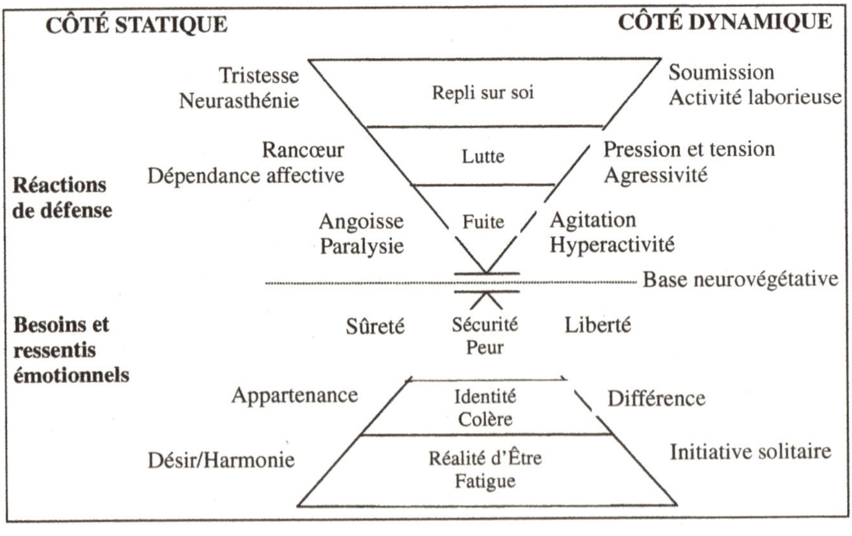

Le sablier des besoins et ressentis émotionnels face aux réactions de défense.

La forme pyramidale qui se lit chaque fois de la pointe à la base, permet de visualiser qu'au fur et à mesure de l'évolution des besoins, la conscience du besoin précédent a été conservée. Le besoin de sécurité avec la sensation de peur, et en miroir sur la pyramide d'en face sa réaction de défense, la fuite, est symbolisé à la pointe de la pyramide car il est à la racine des besoins vitaux. Il est donc presque indispensable de le satisfaire. Viennent ensuite, ainsi que nous l'avons vu, les besoins d'identité puis de réalité d'être.

Tout se passe comme si notre nature, via le reptilien garant de notre intégrité et néanmoins bienveillant, nous infligeait à chaque étage de la pyramide un surcroît de pression pour nous obliger à nous réveiller, à user de notre libre arbitre, à créer de la vie. Le crocodile nous fait mal alors que nous préférerions, telle la Belle au bois dormant, être réveillé de notre engourdissement par le baiser du prince charmant. Enfin, il nous secoue et nous empêche de choisir entre nous réveiller ou rester endormi. Notre structure, avec sa liberté de pensée, nous ôte notre libre arbitre quand nous n'inventons pas de posture adaptée à l'événement déstabilisant. Cette posture fait le lien entre liberté et libre arbitre.

Nous avons tous l'intuition de ce processus quand nous utilisons la métaphore de la piscine au fond de laquelle nous coulons... avant de remonter vers la surface d'un coup de pied sur le sol. L'angoisse, la rancœur et la dépression sont le fond de la piscine. L'agitation, l'agressivité et l'activité laborieuse sont nos tentatives pour ne pas mourir noyés. D'un côté comme de l'autre, il y a urgence à se donner les moyens de survivre, dans la mesure où nous sommes persuadés sur l'instant de ne pas savoir ni pouvoir nager. *Reviens à toi, réveille-toi à tes propres ressources, celles que tu as négligées, pas encore entraînées !* Revenir à soi est le discours obsessionnel du crocodile, soi et son potentiel, et non uniquement ce que les autres voient en nous, attendent de nous et que nous devons être. Soi, avec ses sensations et ses besoins. Le système ne nous laisse pas le choix pour, oui ou non, nous responsabiliser vis-à-vis de notre potentiel. Il nous impose de nous réveiller, et c'est pour cela que nous perdons notre libre arbitre. Nous le perdons sur la question de savoir s'il est ou non opportun de s'occuper de soi et de ses besoins, comme par exemple de respirer quand on est au fond de l'eau. Notre raison connaît la conséquence, celle de boire la tasse. Le crocodile lui, dans sa vision à court terme, tente le coup car rester privé d'air plus longtemps serait suicidaire. En revanche nous conservons notre libre arbitre quand nous nous posons la question du geste qui nous permettrait de nous sentir mieux, comme de nager ou de donner un coup de pied pour remonter vers la surface... et l'air !

Le sablier nous permet aussi de situer ce qui se rapporte aux besoins du côté stable et statique – la sûreté, l'appartenance au groupe, et l'harmonie, à gauche du schéma – et ce qui se rapporte aux besoins du côté dynamique – la liberté, la différence, et l'initiative solitaire, à droite. Chacun est en polarité de part et d'autre et se manifeste, comme nous l'avons vu, au cœur du même besoin. La réaction de fuite s'exprimera selon deux polarités : la peur donne des ailes, mais elle peut aussi paralyser. De même pour la lutte : si la colère permet de trancher et d'imposer, elle peut aussi ronger le cœur des hommes. Enfin, s'agissant du repli sur soi, si la tristesse rend tolérant et disponible, elle fait sous-estimer et sacrifier ses ressources propres. La polarité statique rassure, mais fige ; la polarité dynamique libère le potentiel mais prive de points de repère. La satisfaction juste existe quand les deux polarités coexistent au sein du même geste.

Des hauts et des bas

Chacun a éprouvé, sous une forme ou une autre, le cheminement typique du système défensif. D'abord nous avons peur, alors nous cherchons à éviter et à fuir. Si cette fuite est empêchée, la peur toujours au ventre, nous faisons face et nous nous confrontons à ce qui fait peur. Nous passons en réaction de lutte pour « abattre » l'adversaire et gagner. Mais si l'adversaire se révèle trop gros, trop fort pour nous, le crocodile lâche la pression. Toujours la peur au ventre, et avec une colère rentrée, nous passons en mode repli en nous soumettant et en cherchant à nous faire oublier de ce qui nous effraie. Pression et dépression se côtoient.

Le passage d'une réaction de défense à une autre peut se faire dans l'immédiateté d'une situation vécue comme dangereuse. À peine avons-nous le temps d'éprouver la peur que nous ressentons de l'irritabilité vis-à-vis de ce qui nous a déstabilisé et, si nous ne mobilisons toujours pas de mouvement adapté, voilà la fatigue qui nous tombe dessus. Et ce à une rapidité telle que nous avons besoin de toute notre attention pour en percevoir le déroulé !

La peur, à la racine de nos émotions, se transforme en colère en cas d'inefficacité, mais demeure sous forme déguisée de ressentis. De même la colère se transforme en tristesse en cas d'inefficacité et demeure sous forme de ressentiments. Notre nature cherche plutôt l'économie des moyens et ne se décide à taper fort par la lutte que si l'évitement par la fuite se révèle impossible ou interdit. Car le combat coûte plus cher et

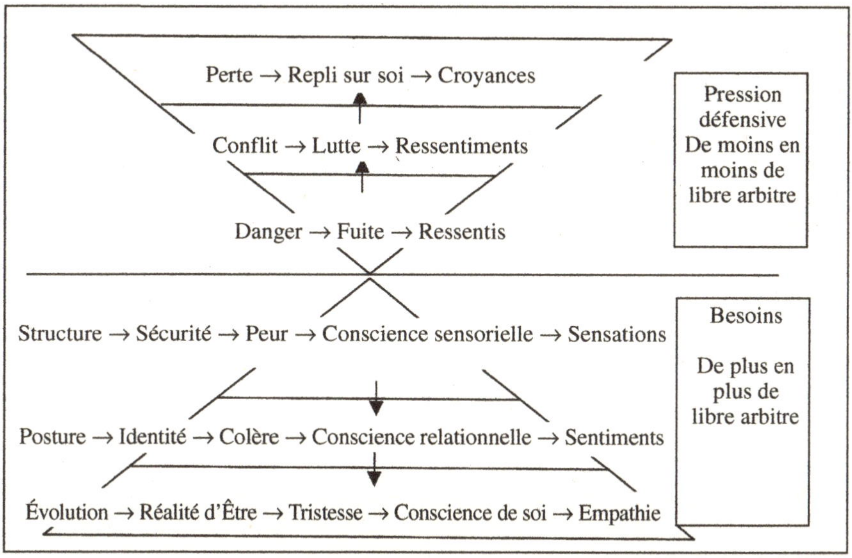

est plus incertain. De même, le repli sur soi suit la colère quand celle-ci s'avère impuissante à venir à bout du danger. Mais le repli coûte encore plus cher par l'absence de vie personnelle qu'il impose.

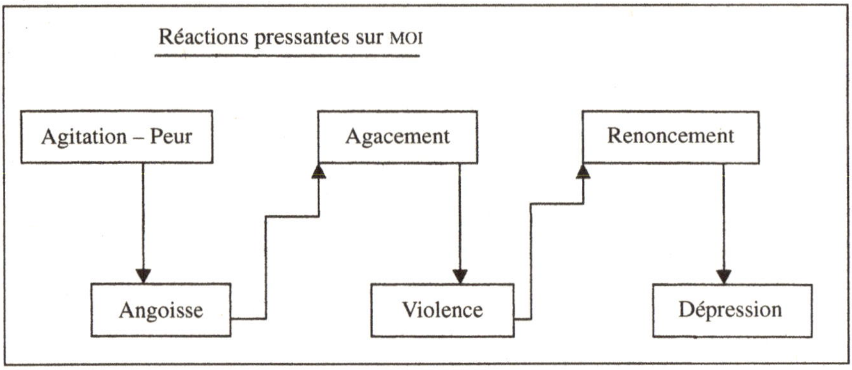

Nos maux émotionnels ne sont plus en vrac mais répondent à une intention vivante, graduée dans le sens de la survie avec, selon les termes consacrés, des « hauts et des bas ». Si les besoins développent la conscience, les réactions de défense augmentent la douleur pour peu que nous négligions leur signification réelle.

Le processus naturel va dans le sens de l'aggravation pour nous obliger à prendre conscience de l'information vivante. Le crocodile n'a aucune « raison » de lâcher et le temps ne fait rien à l'affaire. En effet l'idée que le temps va « arranger » tout ça et permettre aux bosses traumatiques de se résorber est à la fois vraie et fausse. Vraie car les bosses vont apparemment disparaître, la personne n'a plus mal et peut passer à autre chose. Et fausse car la mémoire du choc et du système de défense demeure enfouie, laissant ainsi la personne réactive aux mêmes types de situations. Elle vérifie sans cesse ce qu'elle craint, comme si elle le faisait exprès ! C'est ainsi que la personne raconte ses tentatives pour aller mieux, avec parfois la certitude d'avoir tout essayé.

On ne peut que reconnaître et admirer cette force de résistance, parfois longue et endurante, multipliant les ressources défensives pour s'adapter quand même et malgré tout. Cette résistance est étayée de moments de fragilité quand la personne n'obtient pas le bénéfice de sa réaction défensive et qu'elle ne peut ni éviter, ni gagner, ni passer inaperçue. Dans la logique de la vie, ces moments douloureux, car inefficaces, sont aussi des temps de pause, presque de repos puisqu'ils aident à lâcher la pression. Cependant ces répits, qui prennent la forme d'états dépressifs, sont le plus souvent incompris, voire fustigés comme mauvais, source de culpabilité. Ces jugements sévères ne manquent pas d'entraîner un surcroît de pression et relancent les réactions efficaces... Jusqu'à la prochaine panne, sous la forme de dépression plus grave, qui annihile toute tentative de relance « comme avant ». Le système de survie exige un changement pour continuer à exister. Il y a une limite aux possibilités d'adaptations défensives de notre nature psychocorporelle. Quand le crocodile n'en peut plus de pallier nos manques de cohérence, de conscience de soi, il le dit sans ambages, et notamment par des maladies organiques qui ne trompent pas. Lacan illustrait ainsi le processus en suggérant que la maladie correspond à « du mal à dire ».

Ces manifestations émotionnelles n'ont pas d'autre intention que de nous permettre de reprendre possession de soi et de revenir à notre centre. C'est à partir de lui que se crée l'équilibre entre les différentes polarités, entre la structure qui exige et la posture qui permet, entre les différents besoins.

L'étoile de l'alliance psychocorporelle

Il serait bien ambitieux de vouloir représenter la cohérence de notre nature psychocorporelle si nous cherchions à figer dans un état de stabilité ce qui est en changement et en adaptation constante. C'est donc en représentant la façon dont les forces en jeu se combinent que nous pouvons au mieux saisir ce qui se joue en nous. La cohérence devient une interaction entre les besoins de notre structure et notre libre arbitre, rendue possible selon la posture que nous adoptons. Ces deux forces sont à égalité de valeur. Vouloir les opposer, en réduire l'une au profit de l'autre, déclenche immédiatement la peur : la structure reprend le contrôle pour garantir la vie. Les accueillir comme l'expression de notre vitalité, agissant en nous et pour nous, revient à favoriser cette sensation de cohérence si difficile à décrire et impossible à contrôler. Quelque chose comme le Tao, cette voie spirituelle qui nous échappe dès que nous cherchons à nous en saisir...

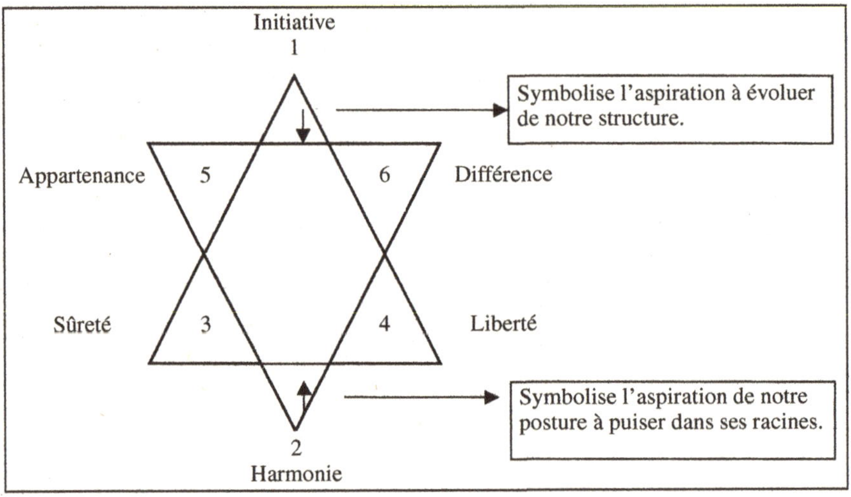

— ↑ Quand on remonte de la pointe de la pyramide de l'esprit, on rencontre la base de la pyramide du corps, c'est-à-dire les besoins de notre nature corporelle pour être et vivre.

— ↓ Quand on redescend de la pointe de la pyramide du corps, on rencontre la base de la pyramide de l'esprit, c'est-à-dire le besoin de réaliser sa vie en tant qu'être. Il est dans la nature de l'homme une aspiration plus haute que simplement être.

Cette réalité nous permet d'être et d'évoluer.

L'étoile fait mieux qu'unir les dimensions d'espace-temps qui caractérisent notre existence : elle les imbrique l'une dans l'autre, faisant apparaître une réalité indéniable. Cette imbrication permet de voir que la psyché ne peut se passer de la structure et de ses besoins, autant que le corps ne peut se passer de la posture et du libre arbitre. Le corps ne nous impose la posture en réduisant le libre arbitre qu'en cas de danger, ce qui nous fait revenir au sablier.

Six triangles sont ainsi déterminés par cette étoile, qui nous permettent de visualiser encore les forces et trajectoires qui nous animent, avec les polarités des besoins déjà évoqués plus haut.

1 – On a beau avoir la tête plus près des étoiles et du ciel, mieux vaut la conserver sur les épaules ! Ce qui peut atteindre les étoiles, c'est notre imagination, notre capacité à créer des images.

2 – On a beau être de cette vie-là, nous sommes aussi enracinés dans des ancêtres biologiques qui nous ont transmis, via leurs gènes et leurs postures, leurs richesses et leurs manques. Mieux vaut le savoir.

3/5 – La mémoire de notre sûreté conditionne notre appartenance, et vice versa. Cela s'appelle la sécurité affective, association de confiance et d'amour entre l'extérieur et son intimité, mais aussi confusion quand l'émotion s'en mêle...

4/6 – La liberté de mouvement et de pensée conditionne notre différence au sein du groupe. Cela s'appelle la liberté de s'affirmer, d'exprimer sa personnalité, d'être soi... quand la sûreté et l'appartenance sont garanties !

L'étoile est un astre brillant. Quand le ciel est limpide, nous avons la sensation de retrouver nos constellations fidèles au poste et y prenons plaisir. Il n'en reste pas moins vrai que celles-ci ne cessent de varier. Et nous aussi nous brillons quand nous sommes dans cet état de cohérence intérieure, animés par des forces qui se potentialisent les unes les autres. Concrètement cette réjouissance se lit dans nos yeux, dans notre regard qui semble illuminé de l'intérieur, prolongé par un sourire, signe de détente et d'entente. Mais que nous cessions d'accueillir nos sensations et nos perceptions, que nous les niions, et voici la « magie » qui s'interrompt. Avons-nous tiré sur le fil de l'une des polarités ? Avons-nous pensé à ce qu'il fallait faire, à cette vague douleur qui inquiète, avons-nous entendu un bruit étranger ? Avons-nous voulu retenir cet état de cohérence ? Et le voilà qui s'échappe...

Le crocodile, au cœur de notre vieux cerveau, est la zone la plus sensible aux variations et au déséquilibre. La peur, qui commence par une simple fébrilité, signale la rupture de l'équilibre. Que celle-ci soit due à un excès répondant à un manque, ou un manque répondant à un excès, le veilleur nous alerte, avant de tenter de restaurer l'équilibre par nos réactions.

À partir de cette étoile, nous voyons apparaître la forme symbolisée d'un être humain avec deux jambes, un sexe, deux bras, et une tête, dans son espace-temps.

Au centre, la taille et le ventre rappellent la forme du sablier. La tradition japonaise appelle cette zone le *hara*, qui symbolise l'instinct, les sensations, l'animalité. Le terme est souvent employé aussi pour parler du centre de gravité, le point d'équilibre du corps où sont concentrées les forces vitales. Et c'est précisément là que nous plaçons le signal d'alarme en cas de non-satisfaction des besoins vitaux et de manquement à notre intégrité. Là aussi que nous vivons au présent. Les deux petits triangles de la structure sont à l'intérieur, montrant encore une fois la prégnance des besoins, alors qu'en haut ce sont les deux petits triangles de la posture qui sont à l'extérieur, indiquant le libre arbitre dans notre comportement.

L'alliance psychocorporelle n'est pas figée mais en mouvement permanent sur la ligne du temps et de l'espace. En intégrant les deux lignes de l'espace-temps, les quatre territoires se distinguent. Dans chacun d'eux existent de la structure et de la posture, du corps et de l'esprit, comme le rappellent en filigrane les deux triangles du corps et de la psyché. Perceptions, sensations, créations et besoins trouvent naturellement leur place dans cette forme symbolisée.

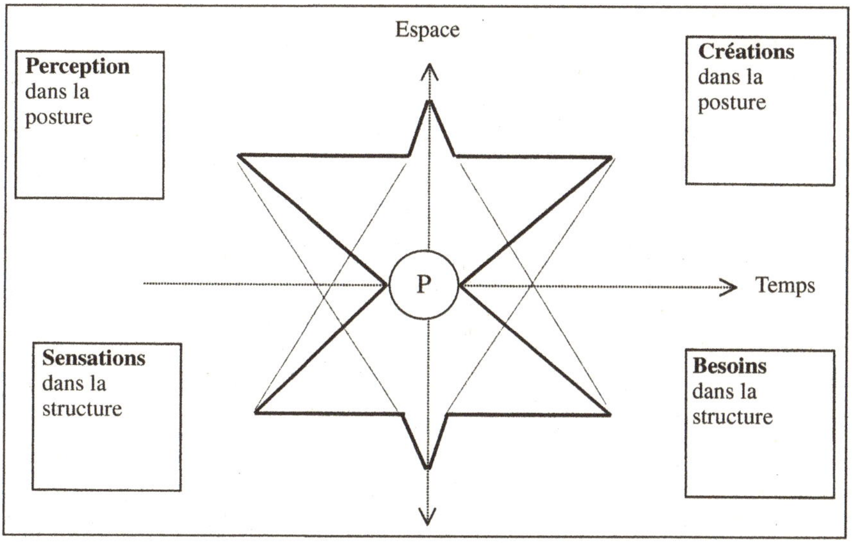

Ces forces en JE(U) sont à l'œuvre dès le début de la vie. La rencontre avec les mondes de la matière et des relations humaines n'est donc pas sans conséquences sur notre nature. Des traces se créent, sous forme de plaies, de bosses, de manques et d'excès, autant de ruptures dans le mouvement que nous venons de décrire. Nous avons appris à nous y adapter, à survivre, au prix d'évidences qui nous sont chères puisque nous y tenons comme à la prunelle de nos yeux, et qui nous coûtent cher en dépenses d'énergie et de stress. Voyage au pays d'Achille, transformé en funambule pour survivre...

6

Nos talons d'Achille

La mémoire nous fait revivre le passé, mais la mémoire se manifeste au présent.

KEN WILBER

L'émotion ne survient pas à n'importe quel moment ni à propos de n'importe quoi, même quand la réaction de défense semble disproportionnée par rapport à l'événement qui l'a déclenchée. Quand l'épouse, habituellement calme et disponible, s'exaspère brutalement pour une réflexion « anodine » de son mari, du type « ça manque de sel ! », et qu'elle lui reproche son égoïsme avant de partir pleurer dans la chambre, quel sens donner à l'ampleur de l'émotion face à ces mots maladroits ? L'épouse, elle, sait combien elle s'est sentie blessée et n'en a aucun doute. Elle le traduit par le rejet de son mari : *Comment peut-il me dire ça ! Je travaille comme lui, je fais à dîner le soir et Môssieur n'est pas content et trouve à redire en plus ! Il me prend pour sa bonne ou quoi ?*

La logique émotionnelle nous fait comprendre que l'événement est venu révéler une blessure qui préexistait. Sans le manque, sans la faille structurelle et posturale initiale dans la vie de cette épouse, il ne peut y avoir de réaction de défense. Il a fallu qu'elle ait eu à souffrir préalablement de se sentir mal considérée tout en étant incapable de se considérer pour se défendre ainsi face à son mari.

L'émotion relève de l'histoire de chacun, et nos failles sont nos talons d'Achille. Il est plus aisé de voir la paille dans l'œil de son voisin que la poutre dans le sien ! Nos émotions relèvent de notre histoire passée, et elles sont révélées par un événement présent, que cet événement soit notoirement hostile ou totalement banal. La logique émotionnelle nous propose de faire avec notre passé. Avec et non sans, contre ou soumis à lui. À défaut, la logique émotionnelle nous impose sa loi défensive.

Achille et son talon

Après Psyché voilà Achille, héros de la guerre de Troie, qui par la fragilité de son talon est venu incarner nos propres fragilités, tant physiques que psychologiques. Mais les deux sont-elles dissociables ?

Un héros amer

Achille est fils de la déesse Thétis et de Pelée, roi de Pythie en Thessalie. Ce valeureux héros grec qui permit la victoire sur les Troyens est bien connu pour la faiblesse de son talon. Sa mère, humiliée d'avoir dû épouser un simple mortel, fût-il roi, avait cherché vainement à rendre son fils immortel. Elle ne put que le rendre invulnérable en le trempant dans les eaux du fleuve Styx, à l'exception du talon par lequel elle l'avait tenu. Quand ce fut l'heure de se mettre en route vers Troie pour reprendre la belle Hélène, Thétis le déguisa en fille et le cacha parmi d'autres fillettes afin qu'il n'aille pas guerroyer. Mais Ulysse le fit se découvrir par une ruse : il présenta aux enfants divers jouets et le petit Achille se précipita sur les armes en bois alors que ses compagnes prenaient les poupées. Il fut contraint de partir. Il devint alors le héros solitaire et fougueux de la guerre contre les Troyens, avec comme seul compagnon Patrocle. Quand Agamemnon exigea de lui qu'il cède Briséis, la belle prisonnière dont il était tombé amoureux, Achille se sentit insulté. De colère et de dépit il abandonna la lutte et sa défection amena défaite sur défaite aux Grecs. Patrocle se rendit alors au combat avec les armes du héros, mais il fut tué par le Troyen Hector. Hors de lui, fou de douleur et de culpabilité, Achille provoqua Hector, le tua et, suprême humiliation, traîna sa dépouille autour de la ville, sous le regard éploré de Priam et d'Andromaque, le père et la femme d'Hector. Après la mort du Troyen, les Grecs s'étaient réunis pour mettre en place une stratégie qui leur permettrait de se rendre maîtres de la ville. Achille avait préconisé la force directe et franche, mais Ulysse s'était prononcé pour la ruse et l'avait emporté, une fois de plus, une fois de trop. Le jeune homme repartit au combat, la rancune et le dépit au cœur, avec une fougue accrue, multipliant sur sa route les cadavres et laissant derrière lui la vindicte et la haine de ses ennemis qui le jugeaient féroce et cruel. Il finit par se faire tuer d'une flèche dans le talon, son point faible, sur le champ de bataille, à moins que ce ne soit dans le temple d'Apollon alors qu'il s'apprêtait à trahir les Grecs pour épouser Polyxène, fille de Priam, dont il était tombé amoureux. Avide de gloire et d'exploits, il avait dit préférer une vie courte et glorieuse plutôt qu'une vie longue et obscure quand sa mère lui avait proposé de choisir entre les deux destins.

Voilà pour l'histoire. Maintenant, imaginons ce qui se passe dans le corps esprit de notre héros.

Achille est épuisé, troublé et seul sous sa tente. Il se sent perdu et s'abandonne à de tristes pensées : son ami Patrocle a été tué au combat à sa place puisqu'il avait lui-même décidé de ne pas y aller pour montrer aux siens qu'ils n'avaient pas le droit de l'humilier, lui, le héros protégé des dieux ! Certes, depuis il a vengé son compagnon en infligeant à Hector, « l'assassin » de son ami, une mort honteuse, et affirmé qu'il est toujours le plus fort. Mais cet acte ne l'a pas libéré. Il se sent agité de pensées obsédantes : le manque de son ami, la honte d'avoir été caché parmi des femmes, l'obligation à faire cette guerre contre Troie, et Agamemnon jaloux de lui... La colère l'envahit, à l'égard de tout le monde. De sa mère qui, de façon ambiguë, lui a donné l'invincibilité en le trempant dans l'eau de Styx, mais qui a peur pour lui et veut l'empêcher de combattre. De son père, un roi certes, mais mortel et qui ne lui a pas transmis la fierté d'être seulement son fils. Du roi Agamemnon, qui en le traitant à l'égal d'un simple mortel l'a profondément humilié, lui a fait perdre son honneur ainsi que la preuve de sa divinité, et l'a privé de la femme qu'il aimait. Et pour finir à l'égard du monde entier qui ne le comprend pas.

En nous racontant son histoire, Achille pourrait affirmer : *Parce que ma mère m'a tenu par le talon, je suis mort !* Et ce serait vrai. Le héros portait dans son corps, réellement, cette zone fragile et vulnérable qui lui fut fatale. Il conservait en lui la trace du geste de sa mère et, avec lui, la certitude de son manque. Certitude qui fait résonner l'insécurité, mais, sans déclencher d'acte pour satisfaire le besoin d'assurance, elle vient justifier sa rancœur. Et l'empêche de se poser la question : « Que faire de cette réalité qui est la mienne ? »

La vie d'Achille fut probablement amère. Héritier d'une structure imposée par sa mère, rendu presque invulnérable par le bain divin, et d'une identité d'homme mortel transmise par son père, il n'est ni tout à fait un dieu puisque mortel, ni complètement un homme du fait de sa quasi-invincibilité. Thétis, sa mère, avait failli à son fantasme d'invulnérabilité pour son fils du fait de sa matière corporelle humaine, et la fragilité du talon d'Achille le lui rappelait comme une faute. Alors que la majeure partie du corps de son fils était invincible, elle ne pouvait détacher son regard de sa fragilité. Elle avait même cherché à lui éviter la guerre quand Ulysse était venu prendre son fils chéri. Puis, quand il avait dû partir au combat, elle lui avait procuré une armure impénétrable. Voilà Achille surprotégé du danger par sa mère, et incapable de se fier à ses sensations : il ne peut ni avoir peur, pour répondre au fantasme de Thétis qui le veut sans faille, ni se sentir invincible puisqu'il sait son corps faillible. Le voilà tiraillé entre la réalité de sa structure, mortelle et vulnérable, et l'inquiétude de sa mère qui en outre n'a pas confiance en son potentiel. Ce qui est « vrai et pas vrai ». À quoi peut-il se fier alors : à l'inquiétude de sa mère qui lui signale qu'il est faillible, ou à ce qu'il doit être pour elle, c'est-à-dire infaillible ? Faire un choix est impossible, bien sûr, tant qu'il ne se fonde que sur ses perceptions au déni de ses propres sensations.

Construire son être

Achille n'a pas coupé le lien, ne s'est pas libéré de l'attente et de la vision que sa mère avait de lui et pour lui. Une mère déesse qui veut son fils à son image, dieu, immortel et capable d'exploits hors du commun, plutôt que l'accueillir comme il est, homme, avec son potentiel et ses capacités propres. Elle n'a pas su l'aider à se trouver, trop chargée elle-même de ses propres contradictions et n'ayant jamais été en paix avec la décision qui lui avait été imposée d'épouser un mortel, fût-il roi... Le voilà une seconde fois tiraillé entre la posture qu'il pourrait prendre du fait de sa filiation paternelle qui lui a donné des capacités hors du commun, et l'attente de sa mère, d'Ulysse et des autres qu'il soit un héros grâce auquel les Grecs seraient victorieux des Troyens. Pour devenir ce héros qu'il doit être, il doit se montrer invulnérable et intransigeant. La faiblesse de sa structure n'est pas compatible avec ses désirs de grandeur. Ce qui est « ni vrai, ni pas vrai ». Ce déni prendra la forme d'une fuite en avant dans une témérité et une fougue à prouver son courage et sa valeur, pour avoir une place honorable parmi les siens, sans prendre en compte la sensation fondamentale d'insécurité – puisqu'il garde inscrit dans sa mémoire la vulnérabilité de son talon – ni sa différence due à sa force, à sa rapidité et à son courage. Pauvre Achille, ce comportement ne fait lâcher la pression qu'à court terme car ses réactions impulsives ne lui permettent pas de trouver sa place, ni parmi les mortels, ni parmi les immortels. Il ne sait quelle posture adopter : impossible de définir son identité, n'appartenant ni aux uns ni aux autres, réclamant de tous d'être considéré comme à part et différent, sans s'octroyer lui-même cette distinction. Ainsi, reconnu comme un – presque – dieu en même temps que rendu mortel par son talon, la véritable identité d'Achille est criée dans la lutte. Son ardeur au combat contraste avec son refus de combattre par vexation et dépit, en réaction de lutte quand on le prive de ce qu'il considère comme un dû. Faut-il trouver là l'origine de ses colères, témoin de sa blessure identitaire à devoir être un vrai héros ? La violence avec laquelle il combat le Troyen Hector est au prorata de sa culpabilité envers son ami Patrocle et ressemble plus à une vengeance sous l'effet de la rancœur qu'à l'exploit d'un héros.

Sa position est plus qu'inconfortable : se comporter en fils de déesse lui imposait d'être irréprochable et de se conduire tel un dieu quand son talon le rappelait à sa condition vulnérable d'homme. Il lui était impossible de tenir compte de sa fragilité sans « déchoir » de son invincibilité, cet état si désiré pour lui par sa mère. Ce qui n'est « pas vrai ». Interdiction de n'être « que » lui-même, au point de préférer une courte vie pleine de dangers. Le court terme plutôt que le long terme, vision du système reptilien à sauver sa peau coûte que coûte.

Un autre héros, Siegfried, avait lui aussi cherché l'invulnérabilité en se baignant dans le sang du dragon qu'il avait tué. Pourtant une feuille était tombée sur son épaule pendant qu'il était immergé, créant chez le guerrier une zone fragile. Un ami, en fait jaloux et traître, lui proposa de marquer cet endroit afin de tuer tout ceux qui chercheraient à le blesser en visant l'épaule. Siegfried accepta de protéger sa faiblesse... et le faux ami n'eut plus qu'à bien viser !

Ces héros réagissent émotionnellement à leur condition d'homme qui leur impose une structure de mortel. Quand Achille juge indigne de lui cette fragilité et part à la conquête de son identité, Siegfried la craint et cherche à s'en protéger. Chacun sent en lui une menace sur son intégrité et se veut parfait. Ni l'un ni l'autre ne se responsabilise vis-à-vis de sa nature psychocorporelle, *telle qu'elle est*, au profit de ce qu'elle *devrait être* dans une image idéalisée.

Nous sommes tous des Achille : soit nous cherchons à éviter nos points faibles en fuyant ce qui pourrait les réveiller, soit nous les jugeons et luttons contre ceux qui nous blessent, soit nous les subissons comme des maux inévitables. Nos talons, comme celui d'Achille, risquent de nous aveugler. Au nom de sa vulnérabilité, Achille cesse de croire en son potentiel et subit son destin de héros à la courte vie. Il ne répond pas à la réalité de sa structure telle qu'elle est. En effet son talon l'interpelle et le place dans une responsabilité : la question n'est pas d'avoir ou de ne pas avoir de zone fragile, mais plutôt : « Quoi penser, quoi dire et quoi faire à partir de ce que, et de qui je suis ? »

La peur survient quand un événement révèle notre évidence à ne pas pouvoir nous adapter à la situation présente dans le respect de nos besoins. Cette impossibilité, qui peut aussi se révéler être un interdit ou une impuissance, menace l'intégrité de l'être vivant que nous sommes et déclenche la réaction reptilienne de fuite, de lutte ou de repli sur soi. L'information est ressentie au présent comme un manque qui contient en même temps l'injonction à combler la faille. Dans le cas d'Achille, une urgence à nier son talon vécu comme son point faible, et donc source d'infériorité. Nous jugeons le plus souvent nos points faibles comme des manques mortifères. Donc à éviter ! Telle est notre mémoire du passé : un mélange de sensations de « bon, pas bon, bien, pas bien » pour garantir notre intégrité. Pour mieux saisir de quoi sont constitués nos talons d'Achille, nous avons besoin de (nous) préciser ce qui, dans son corps, est tiraillé dans des paradoxes qui nous font faire le grand écart pour trouver notre équilibre.

Le corps sait

Nos talons d'Achille sont plus qu'une zone fragile. Ils sont l'expression d'un conflit en soi. Ce mot « conflit » vient du verbe *affliger,* au sens de battre mais aussi d'abattre. Le conflit n'est pas seulement un combat de soi contre soi ou l'autre, il est aussi un coup. Un coup de semonce pour nous avertir ? Nous voilà affligés de l'information perçue. Le conflit fait alors suite au choc en soi de deux savoirs qui s'opposent : l'un génétique, incarné, du besoin d'être en vie avec la connaissance de son potentiel pour le demeurer, et l'autre, mémorisé, de nos expériences passées qui nous ont choqués en ne nous permettant pas de l'exprimer. Et chaque savoir est vrai, incarné en soi, psycho et corporel. Heureusement, le corps possède ces savoirs ET les moyens de nous aider à survivre à ce choc : soit de façon automatique dans l'urgence, en y mettant le prix par la réaction de défense du stress ; soit par la réflexion, en décodant le message émotionnel et en retrouvant le mouvement adapté à la situation.

Le besoin d'être

S'il est quelque chose de difficile à définir, c'est bien ce fameux être ! Ce savoir-là est vivant. On ne peut que le constater, avec ses effets que l'on nomme notre réalité. Si l'on n'a pas découvert de gène spécifique du besoin d'être, c'est que l'ensemble du processus génétique et adaptatif concourt à cet état. Être vivant, évoluer, est une aspiration universelle et constante chez l'homme. Quand il déroge à cette intention dans des comportements suicidaires, c'est que le choc intérieur est à son paroxysme et ne lui laisse plus d'issue.

Car notre structure est, bel et bien, autoprotectrice grâce aux zones sensorielles, celles de la faim, de la soif, de la peur, de la colère et du repli sur soi, qui défendent ses besoins. Le corps est tenace dans sa finalité d'être et le symptôme de stress ne lâche pas tant que ce qui est fait, ou dit, ou pensé pour satisfaire sécurité ou identité n'est pas « incarné ». On ne peut abuser le veilleur reptilien aisément ! Il sait reconnaître l'authenticité d'un comportement et, tant que nous n'éprouvons pas sincèrement dans notre corps ce que nous sommes, le crocodile ne nous lâche pas. En ce sens le symptôme émotionnel est notre plus fidèle allié. Qu'elles soient vécues en conscience du besoin, ou en défense, nos sensations sont l'expression première et vraie de notre être vivant.

Qui n'a pas expérimenté l'inadéquation d'un comportement ? Qui n'a pas fait mine d'écouter en ayant adopté une attitude apparemment disponible, alors que préoccupé soit à éviter l'échange, soit à avoir raison, et s'est alors entendu reprocher cette pseudo-écoute ? Les enfants sont très forts pour repérer l'inadéquation entre ce qu'émet le corps et l'apparence officielle. Même la capacité à répéter les phrases qui ont été prononcées, comme une bande enregistreuse, ne trompe pas... Nous ne sommes pas là tout en étant apparemment présents. Cette expérience, nous l'avons tous vécue, que ce soit du côté de l'écoutant ou de l'écouté. Il existe en nous un savoir inné qui est capable de décoder notre authenticité aussi bien que celle de l'autre, et personne n'est dupe. L'émotion est un langage qui parle aussi bien à soi qu'aux autres.

On pourrait croire que la satisfaction de nos besoins fondamentaux sous l'effet de la pression émotionnelle suffit à restaurer l'équilibre au long court. Il n'en est rien. Car si manger calme la faim, ne pas donner au corps ce qui est « bon » pour lui finit par altérer l'équilibre physiologique, jusqu'à le rendre malade. Le corps vivant ne peut se contenter de remplissage. Il a une connaissance intime et instinctive de ce qui favorise la vie, connaissance affinée par nos expériences et celles des générations qui nous ont précédés. Nous avons tellement intégré le besoin de manger que la société s'est organisée pour y répondre : marchés, magasins, restaurants, recettes de cuisine... Nous nous mettons à table trois fois par jour sans nous poser d'autres questions que la variété de nos aliments, du moins dans les pays favorisés. Nous héritons aussi de ce savoir-là, transmis dans nos gènes, comme la couleur de nos yeux. Ce savoir ne définit pas nos menus. Il délimite plutôt un champ de possibles à l'intérieur duquel nous avons toute liberté de choisir, selon nos goûts, les saisons et les circonstances.

Si les expériences nous parlent du passé, le besoin d'être nous parle au présent : c'est tous les jours que nous respirons, dormons, mangeons... et éprouvons le besoin de sécurité, d'identité et de réalité d'être. Ce savoir inné est au-delà du temps, impulsant le souffle qui nous maintient en vie grâce à l'adaptation constante de notre structure et de notre posture à la réalité des événements rencontrés, depuis la première cellule jusqu'à notre dernier soupir, pour autant que nous arrêtions là notre vision. On ne peut que constater la capacité de l'être vivant à s'autoorganiser pour exister, sans jamais avoir appris ce savoir, simplement en le reconnaissant agir en soi au quotidien.

L'expérience, un savoir dans notre mémoire

Si le corps a appris ce qui est bon pour lui, il garde aussi en mémoire ce qui lui a été néfaste, qui est alors appréhendé comme dangereux, dangereux pour la vie même. Si mon corps a expérimenté une intoxication alimentaire, avec une moule avariée par exemple, l'idée même d'en manger me soulève le cœur et il me reste un dégoût pour cet aliment. En revanche quand l'expérience a été satisfaisante, c'est avec confiance et sérénité que j'aborde la même réalité qui me pousse à agir pour vivre à nouveau le même plaisir. C'est Éros, dieu grec, symbole de désir et créateur de vie, souvent représenté de nos jours comme le dieu de l'Amour – et de la sexualité –, siège du désir et de l'aspiration à être. Il assemble, mélange, unit et engage les choses à se joindre et à créer la vie.

Ces souvenirs sont enregistrés dans le cerveau limbique qui recueille les informations perçues par l'ensemble du corps, rangés dans la case des PERCEPTIONS pour celles qui le sont par nos cinq sens, et dans la case des SENSATIONS selon qu'ils ont ou non, bien ou mal, nourri nos besoins dans l'événement vécu.

En effet nous savons maintenant que la mémoire ne retient pas « tout » d'un événement, et que ce qui est conservé est en lien direct avec les besoins fondamentaux. Le cerveau limbique, chargé de la mémorisation, est situé au « deuxième » étage, au-dessus du crocodile, et a de très nombreuses connexions avec lui. Ces liens expliquent pourquoi l'enregistrement est sélectif. Il enregistre ainsi les événements selon cette règle d'or : conserver le bon et le bien qui favorisent la vie, le pas bon et le pas bien qui altèrent la vie, et oublier ce qui est indifférent. Ce qui a fait mal demeure en effet enregistré, même si nous faisons le détour mentalement pour éviter l'épreuve de la douleur. L'application directe d'un tel mécanisme est l'apprentissage d'une langue étrangère : plus nous l'expérimentons dans des situations de jeux et de rires, plus nous retenons la langue. A contrario, plus nous l'acquérons dans la contrainte, et moins nous la fixons, alors que nous retenons la contrainte éprouvante. Et si nous ne l'utilisons pas, nous l'oublions. L'aptitude à oublier est indispensable à la vie. Mais pourquoi conserver des souvenirs pénibles et douloureux ? Parce que ces informations sont tout autant indispensables à la vie, comme un talon d'Achille, pour reconnaître et éviter ce qui est nuisible à l'être vivant. Sur le plan gustatif, l'amertume d'un aliment est reconnue comme un signe de toxicité, ce qui permet de recracher certains produits, potentiellement dangereux. Il en est de même des événements anxiogènes. Ils contiennent un risque.

La forme du souvenir varie en fonction de la tolérance vis-à-vis de la douleur éprouvée au moment des faits. En psychanalyse, le phénomène est nommé inconscient. Ce qui est retenu n'est pas toujours l'événement à l'origine de l'émotion mortifère, mais toujours la coloration émotionnelle et la réaction qui a permis d'y survivre. Cette attitude défensive, de fuite, de lutte ou de repli, émerge et s'impose comme une évidence, masquant l'origine de la souffrance. Elle apparaît comme isolée, non fondée et incompréhensible, d'où la recherche souvent du « pourquoi ». La logique émotionnelle veut que tout comportement réactif soit doué de sens et comporte une intention de vie intelligente, même le comportement le plus irrationnel aux yeux de la raison. Et plutôt que les négliger, ou juger ces attitudes de « croyances » infondées ou limitantes, il est plus productif de s'intéresser au « pour quoi », c'est-à-dire à la recherche du besoin qu'elles tentent de nourrir : ces évidences sont, ou pour être plus précis ont été garantes de survie. C'est dire si nous y sommes attachés. Si l'épouse ne peut raconter les souvenirs qui lui font appréhender d'être considérée comme une bonne (à rien ?) par son mari, sa colère est, dans l'urgence émotionnelle, la seule voie qu'elle connaît pour restaurer son identité. Sur le moment, elle ne saura peut-être donner du sens à son attitude qu'en accusant son mari, et non en se fondant sur son savoir. Pour autant, celui-ci est là, mémorisé en toile de fond, dans les sensations éprouvées, les évidences, les justifications, tous ces commentaires qui étayent les systèmes de défense. La mémoire contient, dans un même « bloc mémoire », la douleur, le message émotionnel et la réaction du crocodile qui a permis d'y « survivre », et donc de satisfaire le besoin d'exister. Un bloc qui crée une sensation de blocage et de confusion tant que la personne ne vient pas distinguer les différents ingrédients : « Quoi appartient à qui ? »

Ainsi le corps sait-il aussi ce qui n'est pas bon pour lui. Quand l'expérience a été source de frustration ou de douleur, nous redoutons de la revivre. Pour ne pas revivre la douleur ressentie en mettant le doigt sur la flamme, on évite le feu et on s'organise pour ne pas le rencontrer. On va même éduquer ses enfants dans la peur du feu, sans même avoir à évoquer son épreuve, comme une évidence. Cette expérience, c'est Thanatos, dieu de la Mort chez les Grecs et ennemi implacable du genre humain, l'opposé d'Éros. Quand l'enfant, engagé dans les voies maternelles au moment de la naissance, pousse sur ses pieds afin de s'extraire de ce canal si étroit et que le corps médical intervient, pensant bien faire, soit en appuyant sur ses jambes pour l'aider à sortir, ou au contraire en le repoussant dans la crainte que les tissus de la mère ne soient déchirés, il ressent ces informations comme contraires à son impulsion. Son cerveau les enregistre comme une opposition, contraire à ses possibilités de vie, voire une impossibilité à s'appuyer sur ses membres inférieurs. Si la vie et son entourage lui donnent à revivre ces mêmes sensations, l'enfant en gardera la trace, s'appuyant sur son expérience passée pour justifier, par exemple, son attente d'être soutenu, son impossibilité à se fier à ses propres forces, ou, dans une autre version défensive, l'évidence à ne devoir compter que sur lui-même, de soutenir plutôt qu'être soutenu, histoire d'éprouver sa force, envers et contre tout.

Dès qu'une situation est reconnue comme dangereuse, elle déclenche la réaction de survie. Comme dans le passé, de façon automatique. Le risque de revivre la douleur et la frustration de son besoin, quel qu'il soit, va déclencher le système d'alarme et les réactions émotionnelles. La réalité sera à éviter par la fuite, à combattre par la lutte ou à subir dans le repli sur soi. Ce sera une façon pour notre corps de choisir la vie, mais avec de la pression dans la fuite et la lutte, et de la dépression dans le repli, en attendant des jours meilleurs où pourra s'exprimer la vie. Finie la joie, finie la possibilité de s'adapter dans le respect de ses besoins. Notre corps va en garder des traces dans ses muscles, dans ses organes, et il va se rigidifier. Petit à petit, presque à notre insu, nous perdons de notre belle élasticité, qu'elle soit mentale ou physique.

C'est ainsi que nous sommes dotés à la fois d'une formidable force de vie qui nous pousse en avant, et d'expériences douloureuses mémorisées qui nous retiennent en retrait (de soi). Comme cette femme qui, enfant, était astreinte à donner une réponse aux questions de ses parents. Dans la pression à répondre coûte que coûte, elle répondait n'importe quoi, se faisait réprimander et punir, ce qu'elle avait ressenti comme une humiliation et la preuve de sa non-intelligence. Depuis, elle était paralysée dès qu'on lui posait une question et éludait toute réponse avec des « je ne sais pas » ou des larmes qui signifiaient « tant que je ne dis rien, je ne dis pas de bêtise ». Elle avait, petit à petit, perdu le potentiel d'affirmer son savoir, et même de s'affirmer tout court.

Ainsi, quand l'expérience a été douloureuse, quand le passé s'oppose au présent, alors...

Du corps qui sait au corset

La mémoire de nos expériences peut devenir un corset si nos choix se limitent aux acquis et au connu comme seule source de vie. Le corset, c'est l'enfermement dans la mémoire, traduit dans nos habitudes et nos évidences au mieux, et dans une limitation étouffante, au pis. C'est un état de confusion interne dans lequel les sensations de la personne au présent sont mêlées aux sensations connues du passé, au point de devenir indiscernables.

Quelle est l'origine du conflit qui se forme en soi ? Est-ce que ce sont, comme l'a prétendu longtemps une certaine vision psychologique, tous ces interdits infligés à l'enfant, les non-dits, les mensonges, les violences ? Comment se fait-il alors que cela choque certains et laisse d'autres actifs, comme s'ils avaient été épargnés ? L'élément traumatique ne suffit pas en effet pour comprendre la réaction émotionnelle ; il faut lui ajouter la résistance à la douleur, propre à chacun, et la réactivité de l'enfant lui-même selon son aptitude à penser, parler et agir avec la pression qu'il subit. Le conflit en soi est d'abord, comme nous l'avons évoqué, une impossibilité à trouver une cohérence en soi entre nos perceptions, nos sensations, nos actions et nos besoins. Entre ce que nos yeux ont vu et le mouvement possible, entre ce que nos oreilles ont entendu et les mots que nous nous répétons, entre ce que nous aimons et ce que nous avons le droit d'aimer... Incohérence lue comme une menace pour l'intégrité de l'être.

On aura beau faire la liste de TOUT ce qu'il ne faut pas infliger aux enfants et y ajouter TOUT ce dont celui-ci a besoin, cela ne laisse en rien présager de ce qu'il saura faire de ce tout. Le comportement parental aura bel et bien une incidence sur le comportement de l'enfant, mais n'oublions pas de prendre en compte la réactivité de ce dernier.

Le règne de la confusion

Le conflit est donc à comprendre comme une opposition, ou un choc, entre les possibilités d'adaptation de l'enfant dans le respect de sa nature psychocorporelle et les postures existentielles et défensives de son entourage éducatif. Existentielles car défensives. Quand l'enfant perçoit ces deux informations contradictoires, l'une concernant sa capacité innée à traiter l'information, quelle qu'elle soit, et l'autre concernant ce qu'on attend de lui, et ce qu'il doit être sous peine d'être privé de sécurité affective et de reconnaissance, c'est l'émotion qui vient traduire ce conflit. Sa capacité à bouger AVEC l'événement est limitée à ce qu'il se dit de lui selon ce que les autres attendent de lui. En s'adaptant avec son libre arbitre il perdrait l'assurance et l'appartenance qui le rassurent et nourrissent son besoin de stabilité, ce qu'il ne peut se permettre. S'il prenait en compte sa capacité à traiter l'information, venue du plus profond de son système archaïque de survie, elle l'aiderait à se recentrer sur ses propres aptitudes, à « revenir à lui, chez lui », à ne pas se reconnaître uniquement dans le regard de ses éducateurs, dans l'attente parentale, mais bien dans ses propres aptitudes.

C'est ce qui arriva au petit Achille : l'enfant perçut l'attente de sa mère, voire son exigence. Et il perçut aussi son angoisse. Deux informations impossibles à traiter dans une posture cohérente. Or le cerveau reptilien prend les commandes automatiquement dès qu'il repère une incohérence. L'automatique est une histoire de survie : l'intention néocorticale est secondaire par rapport à l'urgence existentielle. La réponse n'a pas le temps d'être analysée que nous sommes déjà dans l'émotion.

L'activation des réactions de défense se fait au niveau du cerveau reptilien avant même que notre conscience mentale ait pu traiter l'information sur la nature de ce qui nous fait réagir. Nous disons que *nous manquons de recul.* La prise de contrôle du crocodile s'impose à nous par des sensations – cœur qui bat la chamade, mains qui tremblent, visage qui rougit, boule dans la gorge, malaise, oppression, poids sur l'estomac... – qui sont agrémentées de commentaires intérieurs : *c'est pas possible, je ne pourrai pas, il me prend pour qui, j'ai l'air de quoi, ça sert à rien, c'est trop compliqué.* Le corps parle... comme la parole s'incarne.

Ces savoirs sensoriels se traduisent par une information immédiate au niveau du plexus solaire – cet autre cerveau neurovégétatif selon certains auteurs – par une sensation de pression. D'où l'impression d'un corset qui réduit notre amplitude de respiration et nous étouffe. Cette sensation peut être fugace, comme une gêne qui nous fait automatiquement reprendre notre respiration, ou nous faire l'effet d'un coup de poignard ou d'un coup de poing. Toute notre attention se trouve alors mobilisée sur la douleur, ce qui est précisément la finalité du système : nous mettre en alerte sur l'existence d'une menace révélée par un événement, celui-ci pouvant être une pensée, une parole ou un fait extérieur. L'émotion existe en chacun de nous comme un programme inné indispensable à la survie. Elle se déclenche dès qu'il y a menace sur l'intégrité, pour favoriser la vie.

Cette sensation de corset, loin d'être à craindre comme une mauvaise nouvelle – *ça y est, je me sens stressé !* – mérite d'être accueillie comme une bonne nouvelle puisqu'elle nous invite à la vigilance. Vigilance ne signifie pas méfiance, ce qui consisterait à rester en deçà de toute situation qui pourrait déclencher le corset, attitude qui procède de l'évitement et risque d'augmenter les peurs. Vigilance signifie conscience et gratitude vis-à-vis du crocodile qui nous aide avec ses moyens, certes, souvent douloureux. Mais est-ce sa faute si nous restons si longtemps sourds à la sensation qui nous corsète ? Il serait pourtant de notre plus grand intérêt d'être à l'écoute de ces premiers signaux corporels de l'émotion, car le système reptilien ne lâche pas son étreinte tant que le besoin n'est pas pris en considération, et augmente même la pression et la douleur tant que n'est pas retrouvé l'état de cohérence. Les nier par quelques pilules, les rejeter comme agaçants, ou les subir comme une fatalité sont le meilleur moyen pour que surgissent d'autres signaux, de plus en plus prégnants dans le corps, jusqu'à la maladie.

> En travaillant avec son nouveau collègue, un homme avait noté éprouver souvent des migraines. Après avoir mis cela sur le compte de l'air conditionné mal réglé dans le bureau, sur le peu d'affinités qu'il avait pour la personnalité dudit collègue, après des efforts pour s'adapter quand même, il fut très étonné de ressentir un véritable choc intérieur, comme un spasme et une sorte de fermeture d'oreilles, virtuelle mais néanmoins sensible, au moment où l'autre prenait la parole. En s'interrogeant sur sa réaction il comprit qu'il se fermait automatiquement à un discours qui lui rappelait étonnamment la façon de parler de son père : des propos flous qui rejetaient la faute sur les autres, témoignant du besoin de se sentir irréprochable. Son collègue avait le même comportement et cet homme répétait automatiquement ce qu'il faisait avec son père ! « Cause toujours », se disait-il enfant en écoutant son père et en se bouchant mentalement les oreilles.

Le corps, par ses symptômes, est ainsi le lieu d'expression du dilemme interne qui nous prive de la liberté de choisir comment nous adapter à la réalité dans le respect de nos besoins. Ces symptômes, fonctionnels au début, peuvent à l'usage devenir des symptômes organiques. En d'autres termes, ce qui peut avoir commencé par des troubles de type boule au ventre de peur, ou gorge en feu de rage, se transformera peut-être un jour en une pathologie identifiée par la médecine après des examens appropriés. Le talon n'est pas qu'une métaphore, il est physiquement l'expression du conflit. Des travaux cherchent ainsi à décoder « tel symptôme, tel conflit ». Les livres qui révèlent cette cartographie émotionnelle ont du reste un immense succès auprès de tous ceux qui ne doutent pas, pour la subir, de la corrélation entre leur talon et leur histoire émotionnelle. Évidemment, ce savoir ne suffit pas à dénouer le conflit : si l'on avait dit à Achille que son talon révélait un conflit identitaire, s'il n'en avait pas douté, il aurait sans doute justifié ses colères par la réalité même de la fragilité de cette partie de son corps, ou par son impossibilité à être immortel, idée qui le mettait hors de lui... Alors, quel est le sens de ces correspondances ?

Le corps, lieu du conflit

Toute émotion se manifeste immédiatement dans le corps : avant de sentir que l'on éprouve de la peur, le corps est déjà en train de trembler, les messages des neurotransmetteurs sont déjà à l'œuvre. Dire de soi « j'ai peur » traduit mal ce qui est réellement éprouvé dans le corps. Pour avoir une idée plus précise, force est de demander ce qui est vraiment vécu. Les réponses font alors état d'un vocabulaire étonnant, imagé et au plus près de la sensation, qui semble n'avoir aucune réalité objective.

Voici quelques exemples de ce vocabulaire sensoriel : *Je me noie, j'étouffe, je tombe dans le vide, je suis écrabouillé, compressé, écrasé, lessivé, ça me tord le ventre, j'ai les jambes coupées, j'ai les boules, j'ai mes nerfs, les bras m'en tombent, je suis plombé, je suis vidé, ça me tue, je me fais de la bile, j'en ai plein le dos, j'ai les foies, j'en ai par-dessus la tête, j'ai les nerfs à fleur de peau...* Mais aussi vocabulaire de survie : *Je surnage, je fais front, je fonce, je verrouille, je suis blindé, je m'en cogne...* La personne n'est pas dupe de son abus de langage, et en même temps éprouve vraiment ce qu'elle raconte : elle se sent se noyer. La sensation reconnue et nommée est vraiment éprouvée. Elle est juste dans l'interpellation qu'elle crée en nous.

Si la personne en prononçant les mots comme *j'ai peur* peut garder le sourire et le teint clair, dans une distance confortable avec ce qu'elle éprouve, dès qu'il lui est demandé de nommer où elle ressent cette peur, quelle est la sensation précise ou l'image qui lui vient pour décrire ce qu'elle sent, on voit alors le visage s'altérer, et même le corps s'agiter sous l'effet du contact avec l'émotion. Les mots racontent le conflit, voire le drame qui se joue intérieurement. Comme si la mise en conscience de ces sensations éprouvées dans sa structure était la meilleure voie pour permettre à la personne de chercher des postures qui la sauveraient et lui permettraient ainsi de retrouver sa sécurité. Ou qui l'affirmeraient et lui permettraient de restaurer son identité.

Ainsi Achille pourrait nous affirmer, par exemple, sentir un vide à la place de son talon. Pour autant, il sait intellectuellement qu'il a un talon, mais cela ne change rien à ce qu'il ressent tant qu'il ne l'a pas retrouvé en conscience. Il lui était en effet impossible de le sentir car il aurait pris alors le risque de sentir sa faiblesse, ce qu'il ne pouvait se permettre. Son cerveau limbique avait bien enregistré l'information, mais celle-ci venait s'opposer à la réalité physiologique de son talon. Car Achille était réputé pour être un coureur remarquable, d'une rapidité impressionnante. On l'appelait même « Achille aux pieds légers » ou « Achille aux pieds rapides ». Ironie du sort, il s'appuyait forcément sur son talon, qu'il n'avait donc pas si faible, pour courir si vite !

Ainsi nous pouvons nous fier à ces expressions si spontanées qui racontent nos sensations, non comme la réalité objective, mais comme un message précieux qui nous servirait de guide pour sortir de l'émotion qui nous étreint.

J'en ai plein le dos ! Et voilà la personne énumérant tout ce qu'elle porte sur son dos. *Le travail et son lot de pressions, les enfants en difficulté scolaire parce qu'on ne s'occupe pas assez d'eux, les tensions avec le conjoint, la dernière grippe, la voisine qui marche avec ses talons aiguilles jusqu'à minuit...* Toute l'attention est dirigée sur la quantité à porter. Et si l'on questionnait plutôt le fait de porter tout cela sur son dos ? Comme s'il n'y avait qu'un seul dos pour porter un tel fardeau ! *Il faut bien que quelqu'un le fasse ! Si je ne le fais pas, j'ai peur que ça se passe mal, et je préfère tout contrôler !* Ainsi les maux du corps, lieu de nos conflits, se reflètentils dans les mots incarnés qui racontent notre histoire en quelques formules.

Le talon d'Achille symbolisé

Petit Achille devenu grand n'a pas bénéficié de la lecture éclairante de la logique émotionnelle. Toute sa vie il a été habité par la présence en lui d'un choc de savoirs, non intellectuels, mais intimes et sensoriels, un conflit subi comme insoluble. Coincé entre le destin auquel il était promis et ce qu'il percevait des craintes de sa mère, entre ce qu'il devait faire pour elle et ce qu'il devait se prouver pour lui échapper, Achille ne trouvera pas le moyen de marier sa structure et sa posture. Privé de libre arbitre, il ne peut véritablement réaliser sa vie qu'il « choisit » courte. Il a ainsi, tel les héros antiques, subi sa destinée, dictée par l'émotion qui le poussait à réagir, sans véritable prise sur ses choix.

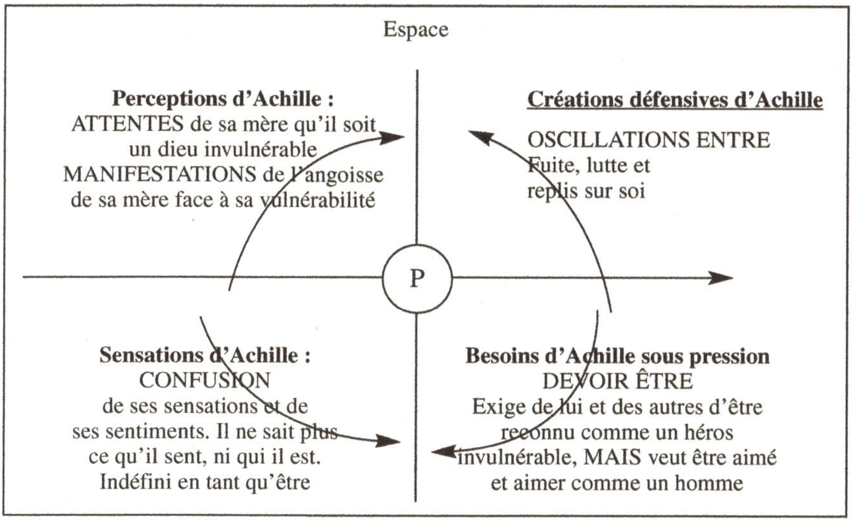

Achille est confus quand il perçoit le message paradoxal de sa mère. Il nie ses sensations pour répondre à ses attentes. Le mouvement de vie vertueux, celui de l'adaptation dans le respect de ses besoins, est rompu. Le voilà sous la pression du devoir être. Il réagit pour satisfaire l'autre et garantir ainsi son appartenance. Mais sa frustration à ne pas être reconnu pour lui-même est forte. Il réagit, cette fois en niant ses perceptions pour satisfaire son besoin de différence. Cependant, son besoin d'identité dans ses deux polarités, l'une d'appartenir au groupe et l'autre riche de sa différence, n'est toujours pas satisfait. Il ne trouve pas comment créer un acte qui lui permettrait de nourrir son besoin à partir de l'union de ses sensations et de ses perceptions. D'où ses mouvements de balancier où les flèches en face à face montent d'un côté et descendent de l'autre.

Chacun à notre façon, nous sommes tous des Achille. Nous avons tous enregistré des informations que nous n'avons pu traiter dans le respect de ce que nous avons senti ET perçu. Nous avons ainsi mémorisé des actes qui ont pu satisfaire une part de nos besoins, au détriment de l'autre part. Une fois dans un sens, une fois dans l'autre, nous réagissons dans l'urgence, pour nous sortir de ce dilemme sensoriel et relationnel. La traduction en est la pression intérieure à devoir fuir, lutter ou nous replier.

C'est de ce tiraillement, et de la façon dont nous « organisons » notre équilibre sous l'impact de nos réactions émotionnelles, dont nous allons maintenant parler.

7

Le funambule

Aucun mortel ne peut garder un secret.
Si les lèvres restent silencieuses,
ce sont les doigts qui parlent.

SIGMUND FREUD

Le funambule se déplace sur une corde tendue au-dessus du vide, le corps en mouvement à la recherche de sa stabilité, dans une situation quelque peu périlleuse. Il marche sur sa corde, mais qu'il vienne à être surpris par une oscillation imprévue, déconcentré par un bruit, ou encore préoccupé par des pensées parasites... et le voilà qui penche dangereusement d'un côté, une jambe dans le vide. Il lui FAUT VITE s'adapter s'il veut conserver l'équilibre. Pour cela il fait osciller son balancier, le levant d'un côté et l'abaissant de l'autre, dans un mouvement de compensation du poids de son corps pour éviter la chute. Il trouve dans ce mouvement d'équilibriste le moyen de poursuivre sa route. Sa sécurité dépend de son aptitude à retrouver, au plus vite, son équilibre. Pour survivre, il court le risque de chercher son aplomb dans les mouvements de son balancier. Comme Achille, plutôt que de nous fier au centre P de notre espace-temps, dans la conscience des quatre territoires, nous plaçons notre confiance dans les extrémités du balancier...

C'est dans cette dangereuse posture que nous nous retrouvons quand nous sommes happés par l'émotion, pour retrouver l'équilibre que nous avons perdu, et ce chaque fois que nous sommes touchés par un événement venu révéler un conflit intérieur. Nous sommes tenaillés par le corset, car l'émotion nous enjoint – et nous permet – de nous adapter, mais au prix fort. Nous voilà à faire le funambule sur la corde raide de ce qui nous est connu, de nos interdits, croyances, limites, évidences, limitant le champ des possibles puisque nous sommes convaincus de ne pouvoir avancer qu'à l'intérieur de ces limites. Marcher sur la terre ferme du présent qui permettrait d'explorer nos possibilités d'adaptation dans la situation est vécu comme impossible, impensable, inexprimable, inenvisageable, ou encore défendu. Nous jouons l'équilibriste pour éviter notre chute, pour rétablir l'homéostasie.

La compréhension de cette loi naturelle peut-elle nous permettre de cesser d'être dupes de nos amplitudes émotionnelles, de cesser d'en payer la facture, et surtout, de changer nos comportements ?

Sur le fil !

Chacun naît et grandit dans un environnement spécifique : géographique, social, culturel et parental. De lui dépendront les événements auxquels nous serons confrontés, et la panoplie de postures que nous adopterons. Nous mémoriserons prioritairement celles qui sont source de sûreté, d'appartenance et d'harmonie, que la satisfaction ait été obtenue dans un libre arbitre ou sous la pression et l'urgence émotionnelles. Petit, nous favorisons la sécurité affective, car là réside la priorité qui nous assure la vie. Mais souvent au détriment de notre liberté, de notre différence et de nos initiatives, qui alors seront peu éduquées. En grandissant, notamment à l'adolescence, nous cherchons à devenir libres, autonomes, à nous différencier et nous réaliser. Quand la matière nous a surpris et éprouvés, quand les comportements défensifs de l'entourage nous ont heurtés – ce qui est vraiment le lot de chacun –, nous sommes confrontés à un choix impossible : si je me libère, je ne suis plus en sûreté, si je me différencie, je peux être rejeté, et si je prends des initiatives, je me désolidarise, je me sens seul et ne suis plus en harmonie. C'est ainsi qu'en réponse aux attentes parentales et sociales, nous avons surdéveloppé des aptitudes et des attitudes qui étaient reconnues par nos éducateurs, et cela a été bon pour nous. Et nous en avons aussi gommé, atrophié, ignoré d'autres, et cela l'était moins. Alors quand un événement vient faire écho à ce passé, nous voilà réactifs à chercher notre équilibre sur le fil...

Des informations incompréhensibles en nous

Nous avons vu que la cohérence entre perceptions et sensations est nécessaire pour permettre à cette alliance de favoriser l'initiative tout en restant en harmonie avec l'environnement. Or quand l'enfant est confronté à un double langage, comme celui de la mère d'Achille, que ce soit par l'écoute ou le regard, il ne sait répondre que par un filtre protecteur, niant ainsi une part de lui-même qui a vu et entendu plus qu'il ne peut et ne sait gérer. L'information incohérente de l'extérieur est devenue incohérence à l'intérieur de sa structure intime, ce qui alerte le système reptilien.

> « Le mercredi, c'était un rituel, j'allais jouer dans la chambre de ma mère. Je rentrais et elle m'accueillait avec le sourire, me laissant amener mes jouets pendant qu'elle faisait son lit, ou s'occupait de je ne sais quoi. Un mercredi comme un autre je suis rentré alors qu'elle était au téléphone, tout sourire. En me voyant entrer elle s'est tournée vers moi rouge de colère, en m'accusant de n'avoir pas frappé avant d'entrer, que c'était très malpoli. Elle m'a mis une gifle et m'a fait sortir. Je ne me souviens que de ma terreur après. Les femmes sont vraiment imprévisibles ! »

Toutes ? Oui. Cet homme le vérifiait avec sa femme et ses filles. Privé de cohérence intérieure face à l'attitude paradoxale de sa mère, il n'a pu se fier à ce qu'il voyait et entendait d'elle, les deux informations étant en désaccord. Pour garder ce qui le rassure, il filtra l'information et ne conservera que la tendresse de sa mère à son égard. La gifle resta en suspens dans sa mémoire, comme une injustice incompréhensible, revisitée par ses difficiles relations avec les femmes.

La piqûre au talon qui réveille dans le corps toute une mémoire de sensations, de limites et de pressions, nous informe d'une menace que nous attribuons à ce qui nous a piqués plutôt qu'à la bienveillance du crocodile. L'émotion qui nous pousse à réagir, quitte à nous envahir et à nous submerger, est un palliatif indispensable : elle exacerbe nos sensations, au point d'éprouver des re...sentis et des re...sentiments, comme un réchauffement de sentis et sentiments qui n'ont pas trouvé leur expression. Notre corps a mémorisé notre impossibilité ET notre réaction émotionnelle comme seule solution possible. Or celle-ci a privilégié la sûreté avec l'entourage, matérielle et/ou affective. Reste une sensation de frustration du côté liberté et différence. La mémoire enregistre alors l'absence de fiabilité en ses facultés à trouver des solutions, sources de sécurité et d'identité. Autrement dit, l'impossibilité à se fier à ses sensations intimes pour avancer. Le talon est devenu une zone incertaine, confuse, soumise aux aléas extérieurs garants de l'adaptation aux dépens de ses possibilités. Nous voilà tiraillés entre deux injonctions paradoxales : *je dois éviter ou contrôler les situations qui solliciteraient mon talon* et *je dois être parfait et faire comme si j'avais le meilleur talon du monde.*

Un apprentissage éprouvant

Les apprentissages familiaux, scolaires et sociaux exigent de nous, le plus souvent, de répondre aux attentes de l'entourage. S'ensuivent des pressions à devoir être, ou à devoir faire. Dès qu'un événement vient réactiver cette mémoire du « il faut, je dois », en positif ou en négatif, la mémoire du manque s'active, avec la pression de la faille à combler et de la dette à payer. La réaction défensive pèse sur un côté du balancier, à l'encontre de l'autre. Que nous privilégiions notre sûreté, et nous voilà en panne de liberté. Que nous privilégiions notre liberté, et nous voilà en panne de points de repère qui assurent et donnent la sensation de sûreté. Le même mouvement de balancier concerne les polarités de l'identité, comme celle de notre réalité d'être.

Je n'ai pas... confiance, pas d'énergie, pas d'idées, pas de force..., et me voilà à compter sur ce qui m'entoure pour pallier mon manque et gagner en sûreté et en appartenance.

Je dois être le meilleur... je dois y arriver, il ne faut pas que je me trompe, je n'ai pas le choix..., et me voilà à ne compter que sur moi, infaillible et irréprochable.

Nous oscillons entre nous appuyer sur les autres pour qu'ils nous rassurent, ou fuir pour retrouver la liberté. Entre dépendre des autres pour nous sentir reconnus et estimés, ou les agresser pour retrouver l'affirmation de soi et se distinguer d'eux. Soit les autres sans moi, soit moi sans les autres, nous n'avons pas appris à faire AVEC la réalité environnementale. Vivant dans l'évidence éprouvée de l'impossibilité ou de l'interdit à satisfaire les deux polarités de chacun des besoins, nous avons naturellement cherché à suppléer ce manque et provoqué un déséquilibre dans un sens, puis dans l'autre, puis retour au premier... Le crocodile s'agite jusqu'à trouver un équilibre, souvent instable et inconfortable dans la torsion que cela nous demande, puisque nous restons sur la corde. Mais c'est quand même mieux que la mort.

Du tout au rien, de la surpuissance à l'impuissance... le jeu du funambule est enclenché. L'adaptation est empreinte de la peur de ne pas arriver à rester sur la corde. Ces attitudes réactives et défensives pour survivre et conserver l'aplomb ont certes un coût physiologique et émotionnel... mais, ça a marché ! Nous avons su trouver un équilibre en dépit des messages paradoxaux, des secrets de polichinelle, des non-dits criants, des fantasmes pleins de bonnes raisons, des colères culpabilisantes, des angoisses irrationnelles ou des abus de pouvoir de notre entourage. La nature psychocorporelle est admirable. Mais le prix de la torsion peut être élevé. Ce qui a été vrai et bon pour nous hier devient le piège d'aujourd'hui. Le connu, inscrit dans la mémoire, nous enjoint à conserver l'équilibre, l'homéostasie existentielle, comme nous l'avons fait hier, grâce à la fuite, la lutte ou le repli sur soi. Le vide d'apprentissages et d'expérimentations d'autres façons de nous adapter explique notre attachement aux attitudes défensives qui nous ont permis de ne pas nous écrouler : le balancier du funambule n'est pas à l'horizontal, les amplitudes pour conserver l'équilibre sont grandes. Et attention à quiconque oserait les remettre en question, ou pis, vouloir nous en priver.

Je suis tordu, mais rescapé d'une famille de fous ! disait un homme qui portait sur son histoire un regard attendri. Il ne s'agit pas de juger les comportements parentaux, pour ne parler que d'eux. Il s'agit simplement de constater que tout parent, tout enseignant, toute culture imprime sa vision, et même qu'il ne peut en être autrement, ce qui a entraîné en réaction des adaptations forcées de la part de l'enfant que chacun a été. Ce n'est, toutefois, pas une raison pour en demeurer prisonnier.

Adaptation oblige

Si nos mouvements de balancier n'en finissent pas, c'est la « faute à » l'adaptation homéostatique ! Voyons comment le processus fonctionne physiologiquement, avec l'histoire d'une épine dans le pied dont nous allons imaginer les conséquences... En marchant sur le parquet nu-pied, une épine entre inopinément sous la peau. Ce jour-là, vous sentez à peine la piqûre et vous êtes occupé par des choses plus importantes que l'intégrité de votre peau. L'épine s'enfonce sous le derme. Ce corps étranger ne peut être accepté et le système neurovégétatif déclenche une inflammation pour l'éjecter. *Aïe, ça fait mal.* Le système signale qu'il y a là quelque chose qui ne va pas. Et, soit que vous soyez toujours pris par des urgences à traiter, ou encore impuissant à faire quoi que ce soit, pour ne plus ressentir la douleur vous évitez instinctivement d'appuyer la zone sensible du pied sur le sol... et vous pouvez ainsi continuer à avancer. Certes, vous boitez un peu. Le pied que vous posez mal entraîne une contraction des muscles qui sont davantage sollicités, avec un relâchement des muscles qui le sont moins, qui eux-mêmes provoquent une bascule du bassin, une courbure de la colonne vertébrale, une tension des dorsaux, des trapèzes, des épaules... qui se prolonge par des maux de tête. L'épine a des conséquences inattendues et chères ! On pourrait lui en vouloir d'être venue se ficher dans la peau, s'en vouloir d'avoir marché pieds nus, en vouloir à son corps de déclencher ces douleurs... Sans être reconnaissant à celui-ci de s'être adapté au manque d'attention que nous lui avons fait subir. Car le corps n'a fait que s'adapter à la réalité pendant que nous la négligions au profit d'activités plus urgentes et importantes que nous-même. Si l'épine avait de plus été infectée, le même besoin d'intégrité aurait pu prendre un tout autre chemin pour nous alerter et déclencher une plus grosse inflammation, suivie si nous continuions à ne pas nous prendre en considération, par un abcès et pourquoi pas une infection généralisée... Le corps est généreux et ne lésine pas sur les moyens à employer pour rétablir l'homéostasie, accompagnée de douleur pour nous alerter sur notre besoin d'intégrité. Tordu, sur le fil, mais vivant. Nous faisons avec cet ensemble et adoptons des postures compatibles avec la survie de la structure qui nous caractérise, faute de mieux.

L'épine, ce sont les événements d'hier, ceux qui ont construit nos évidences, en l'occurrence qu'on ne peut poser le pied par terre, et qu'il ne nous reste que le balancier des réactions de défense pour trouver l'équilibre. Nous voilà funambules, comme si c'était à jamais ! Nous continuons aujourd'hui à ne pas poser le pied par terre et justifions ce comportement au nom de l'épine d'hier. La mémoire traumatique nous piège et, dans l'urgence à nous protéger, nous ne pouvons *rien* et évitons *tout* dans la fuite, nous ne prenons *rien* et rejetons *tout* dans la lutte, n'initions *rien* et subissons *tout* dans le repli. Nous nous forçons à assimiler, quand même ! Reste que le *faute de mieux* ou le *pas le choix* sont quelque peu indigestes. D'ailleurs, c'est ce que nous disons d'un événement qui nous a contrariés, *je n'arrive pas à le digérer* alors qu'il n'y a aucun rapport apparent avec la nourriture. Pourtant, le stress peut se traduire par des maux et des ulcères d'estomac, des crises de foie, des intestins en souffrance... L'adaptation naturelle favorise un équilibre de survie. Et ça marche, au prix de constitutions ostéo-tendineuses déviées parce que contractées d'un côté et relâchées de l'autre, et d'organes surchargés alors que d'autres sont en insuffisance.

Ce que nous savons du fonctionnement de notre corps, et que chacun comprend, se retrouve dans nos comportements émotionnels dans le cadre de nos pensées, de nos relations et de nos projets de vie. Quand un événement n'est pas assimilable, les réactions de défense prennent le relais, faute de mieux, pour tenter de le digérer et d'éliminer le trop-plein de pression. Le funambule, avec son balancier mal équilibré, nous permet de survivre mais nous laisse fébriles ou épuisés, faute d'une plus grande liberté d'expression de vie. Sur le fil, mais vivants ! Avec le risque de nous rendre malades ou de nous empoisonner l'existence !

Écartelé par un choix... impossible !

À l'annonce d'une nouvelle venue ébranler les points de repère nécessaires à l'équilibre jusque-là établi, tout l'ensemble de notre nature est concerné. On parle de chocs, de traumatismes, on se sent touché, bouleversé, impacté, traduisant ainsi physiquement l'effet en soi de cette information. La poitrine se serre, le ventre se noue, le cœur bat plus vite, la tête tourne, les jambes flanchent... Les sensations sont fortes, et si nous ne les prenons pas en considération le crocodile impose sa réaction pour répondre au besoin d'intégrité. Notre nature est ainsi faite car l'objectif est de nous sauver dans des circonstances dangereuses. Pas le temps de réfléchir si c'est réellement vrai, ou faux, et encore moins si c'est vrai ET faux. Et ce système est précieux quand il nous fait freiner dès que nous apercevons les feux stop de la voiture qui nous précède s'allumer. Nous freinons avant même que cette information ne soit analysée par le cerveau néocortical. Les neurotransmetteurs sont trop lents pour diffuser l'information là-haut, produire le choix, puis transmettre la décision aux muscles. Notre voiture risquerait de rentrer dans la précédente. Nous avons mémorisé que dans un tel cas il *faut* freiner. Quitte, si nous nous sommes laissé surprendre, à stopper trop brutalement au risque de nous faire emboutir par la voiture qui vient derrière. Mais le crocodile vise l'efficacité à court terme et ne voit pas si loin. Pour notre survie même, il ne nous laisse pas choisir entre freiner ou non. Le cerveau neurovégétatif veille pour nous et impose sa logique, hors de la conscience du choix. Or nous avons souvent le choix face aux circonstances, choix que nous ne faisons pas, soumis que nous sommes à nos évidences. Reste alors le système d'urgence !

Deux polarités opposées

Le clignotant danger s'allume dès qu'il y a doute sur notre capacité à nous adapter en prenant appui sur l'ensemble des possibilités de notre nature. Nous voilà tiraillés entre le statique et la stabilité d'un côté, et le dynamique et le mouvement de l'autre. La sensation se traduit verbalement par un « OU... OU... », fatal à la cohésion de notre nature psychocorporelle, créant ainsi le mouvement de balancier dont nous avons parlé.

STABILITÉ ↑ ← Le curseur se déplace → ↓ DYNAMISME
d'un côté, ou de l'autre

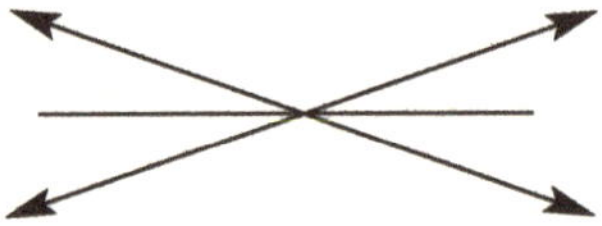

Entre :
Monde de la matière – SÉCURITÉ
Sûreté ←——|——→ **Liberté**

Pencher le balancier du côté de la sûreté nous rassure et nous permet de conserver des points de repère, *mais* nous retient et risque d'étouffer toute liberté à penser et agir autrement. À l'inverse, pencher du côté de la liberté nous permet d'agir sans contrainte, *mais* nous entraîne à prendre des risques inconsidérés.

Entre :
Monde relationnel – IDENTITÉ
Appartenance ←——|——→ **Différence**

Pencher le balancier du côté de l'appartenance nous permet d'être identifié en recevant la reconnaissance du groupe, *mais* nous enferme dans un devoir et risque de nous frustrer d'une autonomie qui nous distingue. À l'inverse pencher du côté de la différence nous permet d'affirmer notre point de vue, *mais* peut nous exclure du groupe.

Entre :
Monde personnel – INITIATIVE, ACTION
Désir/ Harmonie ←——|——→ **Initiative/Solitaire**

Pencher le balancier du côté de l'harmonie est garant de paix, *mais* nous prive de poser des actes nouveaux et créatifs car ils pourraient déranger. À l'inverse, pencher du côté de l'initiative nous permet de réaliser notre projet de vie, *mais* peut briser l'harmonie avec le monde et le groupe, rompant du même coup l'équilibre matériel, affectif et relationnel.

Autant de MAIS qui séparent et éloignent les deux polarités des besoins, comme si elles étaient, a priori, incompatibles et inconcevables à vivre. On se sent écartelé. Dès que le balancier penche d'un côté, on se sent frustré de l'autre, et ça fait mal :

— entre ce qui me rassure OU me libère ; entre ce que je sens OU ce qu'il faut penser pour être en sécurité ;

— entre ce qui me donne de la reconnaissance OU ce qui me distingue des autres ; entre ce qu'on attend de moi et ce que je dois être OU ce que je suis et voudrais être ; entre ce que je me dis OU ce que je dois dire pour appartenir au groupe ;

— entre ce qui m'accorde de l'harmonie tranquille OU qui me pousse à me réaliser ; entre ce qu'« il faut que je doive » OU ce que je désire tout au fond de moi...

D'où cette sensation de malaise qui nous informe du déséquilibre. La cohérence se trouve dans l'unité qui intègre les deux pôles de nos besoins. Notre nature est complexe. Dans le langage courant on dirait *qu'elle veut le beurre et l'argent du beurre, avec, pourquoi pas, le sourire de la crémière.* Au fond, nous voulons être en sûreté ET libre, intégré au groupe ET différent, en harmonie ET avoir les coudées franches pour initier nos actes. Et ce désir profond est à considérer comme une bonne nouvelle.

Mais quand nous n'avons pas accès à la liberté, il ne peut y avoir d'unité, direz-vous. Ce serait considérer que la liberté ne nous est donnée *que* par l'extérieur, ou l'autre. Or existe à chaque instant la liberté de choisir à partir de là où nous sommes, à partir de notre centre P (présent-peau). Notre nature aspire à réaliser l'alliance. Notre besoin de réalité d'être, qui fait le propre de l'humain, nous demande d'être sûrs et intégrés au groupe pour être en harmonie ; libres et différents pour réaliser notre projet personnel. Et chaque fois que le mariage s'éloigne de cette alliance, le crocodile se manifeste et nous continuons à pencher d'un côté à l'autre, tel le funambule. Choix impossible, et donc pas de cohérence.

Ce tiraillement va se traduire par des sensations contradictoires qui donnent des ailes ou paralysent selon la réaction de défense, des solutions extrémistes ou idéalisées, des affirmations péremptoires fondées sur les évidences vécues et vraies pour soi. Des solutions idéalisées inatteignables font écho aux solutions subies mais moins compliquées.

Voir ou regarder, entendre ou écouter

Chacun fait usage de ces termes comme s'ils étaient (presque) équivalents. Sous l'impact de l'émotion, c'est comme si voir s'opposait à regarder, entendre à écouter. On connaît ces dialogues de sourds durant lesquels chacun attend de l'autre qui un regard, qui une écoute, cet autre étant convaincu de voir et d'entendre.

Voir et entendre concernent une appréhension plus globale, plus large de l'information. Regarder et écouter concernent une attention plus étroite et plus précise. Si on voit et on entend largement, on regarde et on écoute précisément. L'œil et l'oreille possèdent bien sûr ces deux possibilités et, idéalement, ces organes sensoriels sont capables d'aller de l'une à l'autre pour s'adapter au mieux aux événements extérieurs. Il n'est pas indispensable d'entendre pour écouter, mais le contraire l'est. De même, il n'est pas indispensable de voir pour regarder, mais le contraire l'est. Même un aveugle est capable de nous regarder, de tourner vers nous son regard, sans pour autant nous voir.

L'émotion vient fixer la vision ou l'ouïe sur l'une OU l'autre de ces facultés, comme si les possibilités de mobiliser l'ensemble étaient perturbées, bloquées. Plus de choix, seul l'automatisme du système reptilien demeure. En effet, regarder et écouter nécessitent une attention, au sens de « faire attention », expression utilisée en cas de danger. L'œil est fixé sur ce qu'il craint de voir, ou bien sur ce qu'il doit absolument voir. Il n'est plus libre de voir autre chose et de façon plus large. De même, l'oreille est fixée sur ce qu'elle craint d'entendre ou sur ce qu'elle doit entendre. Elle n'est plus autorisée à entendre autre chose et de façon plus large. Ce clivage en soi prive de l'information globale. Pas étonnant alors que la personne prenne pour elle ou contre elle ce qu'elle voit ou ce qu'elle entend.

C'est moi ou eux

« Le Moi est haïssable. » « L'Enfer, c'est les autres[1]. » Voilà, tout est dit des polarités qui s'opposent. Soit je fais fi de moi pour répondre à l'attente des autres, soit je fais fi des autres pour m'exprimer moi. Le crocodile prend les commandes et le balancier oscille entre les deux polarités, celle d'EUX et celle de MOI. Prenons donc le temps de repérer ces polarités.

EUX : Ce qui est autre que soi, la matière qui nous environne, l'air, le bruit, la matière, les autres, tout ce que nous percevons au-delà de notre peau. Tout ce dans quoi nous avons baigné dès notre venue au monde, qui nous a nourris de soins, d'informations. EUX, c'est ce sur quoi et ceux sur qui nous cherchons à nous appuyer, naturellement, quand nous perdons l'équilibre. Puisque MOI s'efface au profit d'EUX qui sont notre source de sûreté, d'appartenance et d'harmonie, nous leur demandons au moins qu'ils ne nous inquiètent pas et, au mieux, qu'ils nous rassurent. Ils doivent être totalement fiables, nous n'admettons aucune faille de leur part, quitte à devenir totalitaires avec EUX. Alors MOI réapparaît pour influencer, contrôler ou imposer à EUX, dans un mouvement de balancier inverse.

1. On aura bien sûr reconnu que la première citation est de Blaise Pascal (*Pensées*, Paris, Gallimard, « Folio », 2004) et la seconde de Jean-Paul Sartre (*Huis clos*, Paris, Gallimard, « Folio », 1976).

À défaut, soit parce que notre mémoire nous dit combien ce qui n'est pas soi n'est pas fiable et que nous ne pouvons jamais faire confiance aux autres, soit parce que les autres rejettent cette attente qu'ils jugent trop lourde, soit par besoin d'homéostasie, parce que cette dépendance vis-à-vis de l'extérieur nous étouffe et nous limite, le balancier fait apparaître MOI comme seule source de fiabilité.

MOI : *Pas le choix, il faut que je m'en sorte tout seul, je dois y arriver !* Le moi domine, contrôle la situation, veut (se) prouver sa capacité à se débrouiller sans les autres pour garantir sa liberté, sa différence et son initiative. EUX disparaissent et MOI impose sa vision. L'émotion lui sert alors de justification à la prise de pouvoir : au nom de ses peurs, MOI interdit aux autres de lui infliger la moindre contrariété et s'en donne les moyens. Mais MOI se sent seul, sans appartenance et sans points d'appui sûrs en dehors de ses propres croyances et devoirs auxquels il s'accroche comme à une bouée de sauvetage et qui lui dictent son comportement sans qu'il en ait conscience, le plus souvent. Alors le balancier repart dans l'autre sens, cherchant chez EUX de quoi le rassurer...

MOI ou EUX.

Dialogue de sourds, absence de communication tant que l'appui se fait soit sur EUX, soit sur MOI, et pas MOI avec EUX. Tant que l'appréhension de la réalité n'est pas fondée sur ses perceptions et ses propres sensations comme source d'informations fiables pour nous adapter à l'environnement et vivre avec lui, nous restons dans nos projections et nos interprétations sur ce que nous voyons et entendons, et qui nous font croire que nous sommes visés par l'événement.

Les amplitudes du balancier

Nous voilà à commenter le danger et nos manques, aveugles aux mouvements de balancier devenus notre source de survie.

Trop et trop peu

Le balancier du funambule illustre la façon de retrouver l'équilibre quand nous avons favorisé un pôle aux dépens de l'autre. Du côté le plus bas le manque et, du côté le plus haut, le palliatif au manque. Les deux font partie intégrante de l'expression de nos émotions. Alors que le manque rend compte de notre impossibilité à nous adapter dans le respect de notre nature, le palliatif raconte la réaction de défense pour y arriver quand même, poussé par l'urgence de la survie.

Autrement dit, quand il y a du *trop* dans un comportement, c'est qu'il y a un *trop peu* qui tente de se cacher, qu'on évite de contacter tant il a fait mal. Trop d'empressement à s'imposer ou prouver son savoir serait alors une tentative pour équilibrer le trop peu de reconnaissance de sa valeur, de ses goûts, de son intelligence, de ses aptitudes, de son savoir-faire ou de sa force. Cette équation est parfois difficile à entendre tant le comportement est habile à ce camouflage. Cette expression en *trop*, qu'on pourrait nommer hypertrophiée ou, pour prendre un vocabulaire populaire mais tellement imagé, « gonflée », n'est que le reflet du *trop peu*. Rejeter une situation comme liberticide est une réaction gonflée, mais salvatrice sur le moment et source d'identité dans l'urgence. Porte-t-on réellement atteinte à la parole ? Peut-être que non, mais il est certain que la personne a vécu des situations antérieures qui ressemblaient fort à celle-ci, et qui elles, la privaient de toute parole. La personne a donc réellement une mémoire qui lui fait éprouver et croire qu'elle est réellement en danger et qu'elle n'a pas le droit à la parole. Alors le cri est la réaction la plus efficace pour se sentir respirer et exister face à l'autre quand il y a eu manque de droit à la parole, et qu'il y a encore manque d'autorisation de celui qui la prononce à considérer sa parole comme légitime.

Et l'inverse va de soi. Quand la personne n'a pu expérimenter la version efficace de la réaction de défense, celle qui a atteint l'objectif défensif, ne lui reste que la version inefficace. Le sens du balancier s'inverse. La parole n'est plus gonflée, plus hypertrophiée, mais dégonflée, atrophiée. La personne ne crie pas, elle acquiesce à la demande de l'entourage, considérant décidément que EUX sont plus forts qu'elle. Elle ravale ses mots, les rumine à s'en faire brûler l'estomac, jusqu'à ce qu'à nouveau le sens du balancier s'inverse et qu'elle explose telle une cocotte-minute, quitte à faire exploser les liens avec son entourage. En attendant, la sous-estimation d'elle-même la fait plier, se soumettre dans une contorsion inconfortable. Et là voilà qui cherche comment rétablir un équilibre plus favorable pour elle, idéalisant tout ce qu'elle devrait être pour avoir, enfin, le droit de parler...

Trop d'un côté, pas assez de l'autre. Une part de soi est hypertrophiée quand l'autre est atrophiée. Et nous voilà à fantasmer ce que nous pourrions être, faire, si...

Avec des si...

— Ça changerait quoi dans ta vie d'être capable de faire des choix ?

— Eh bien, tout ! Je ne me tromperais pas, je saurais toujours quoi choisir au bon moment, choisir ce qu'il y a de mieux pour moi, j'arrêterais de douter, j'aurais une confiance totale, je dormirais normalement, sans me poser toutes ces questions qui ne me servent à rien, puisque ça ne m'aide pas à choisir !

— Cela te soulagerait ?

— Ah oui alors, d'un énorme poids sur la tête !

— Le poids de devoir faire toujours le bon choix, de devoir ne jamais te tromper ?

— Oui, c'est ça. Ne pas me tromper, c'est ce qu'il y a de plus important pour moi. Je ne le supporte pas.

— Et cela t'arrive ?

— En général, ce sont les autres ou les circonstances qui choisissent pour moi. Alors... Mais quand je dois quand même choisir, c'est l'horreur et l'idée de me tromper me paralyse.

Ah, s'il pouvait ne pas se tromper, avoir une confiance totale, ne pas se poser de questions... Le palliatif du manque est ici fantasmé. L'acte doit être irréprochable. Pour faire des choix, cet homme se demande d'être parfait et de dominer la situation pour ne *jamais* se tromper. Il regarde la solution du côté des autres ou des circonstances qui, eux, choisissent pour lui, ce qui occulte son regard sur sa capacité à choisir. Son choix ne peut se fonder sur lui et ce qu'il sent, mais sur EUX, et ce qu'ils attendent de lui. Ce qui revient à s'appuyer... sur son manque, sur ce qu'il n'a pas pour résoudre son problème, lui faisant vérifier ainsi ce qu'il ne peut pas faire. Alors la seule solution serait, selon lui, de ne pas se tromper de choix, jamais.

Plus nous faisons la sourde oreille à nos sensations, plus l'agitation des idées augmente. Et si les idées et les questions, apparemment si multiples, étaient produites par le cerveau pour favoriser l'accès à la liberté de choisir ? Beaucoup d'idées ne signifient-elles pas beaucoup de possibilités ? Beaucoup de questions ne favorisent-elles pas un potentiel de réponses diversifiées ? La pensée s'agite pour tenter de trouver des solutions avec une sensation de panique quand elles sont toutes annulées parce que considérées comme impossibles. Tel un prisonnier, nous sommes à l'affût de ce qui pourrait nous libérer, quitte à fantasmer l'irréalisable ou imaginer le pire ! Imagination qu'il serait dommage de négliger, car ces solutions jusqu'au-boutistes révèlent en fait l'aspiration intelligente de notre nature, celle d'être libre de choisir. Rester coincé dans la seule réponse connue n'est pas très confortable mais est sans surprise et soulage de la peur. C'est le cas de cet homme qui persiste à rêver de choix, mais sans risque d'erreur. Le discours parle bel et bien de liberté, mais sous une forme exacerbée, vite reconnue comme irréaliste, et donc aussi vite annulée... pour reprendre le cours de ses évidences, et faire comme d'habitude. Quitte à conserver un jardin secret, peuplé de nouveaux rêves qui l'aideront à survivre. Un peu tordu, mais vivant. Le besoin de liberté est tenace, il s'exprime comme et où il peut, jusque dans nos fantasmes les plus fous.

Tant que ça marche...

En cas de déstabilisation, le premier mouvement du balancier s'oriente vers ce qui est évidemment le plus efficace pour pallier le danger de perte d'équilibre. Le système palliatif défensif utilise donc une réaction qui a marché et fait ses preuves afin de préserver la vie, ne pas souffrir, une réaction efficace car l'objectif défensif est atteint. À force d'être utilisée, elle deviendra la part hypertrophiée, celle que l'on privilégie de façon automatique en cas de remous émotionnel, comme un autoroute neuronal venant vérifier que *pour se faire obéir des enfants, rien ne vaut une bonne fessée* par exemple. La part atrophiée, celle que l'on utilise peu ou pas, n'apparaît qu'en dernier recours, lorsque la part hypertrophiée se révèle inefficace dans la situation présente, ou s'est épuisée à force d'être utilisée. Le stress ne signifie-t-il pas « usure par frottement ou pression » ? Le balancier bascule alors de l'autre côté de la corde, mais dans une réactivité plus incertaine, et donc encore moins confortable. On ressent la peur mais aussi la peur d'avoir peur, la colère mais aussi la colère contre soi en colère, la tristesse mais aussi l'abattement à se sentir si triste, autrement nommé la dépression.

Un homme rentre à la maison le visage fermé et contrarié. Son épouse lui demande s'il va bien. « *Très bien* », entend-elle. Elle ressent, alors, une crispation au ventre, typique d'une crainte qu'elle connaît par cœur : elle se sent coincée dans une situation insupportable, avec une pression intérieure à échapper à la soirée qui s'annonce, dans une ambiance chargée. Finie, la sûreté des moments qui précédaient l'arrivée de son mari, à vaquer à ses occupations ; elle se sent sous surveillance, comme lorsqu'elle était enfant et que son père lui demandait le compte rendu de sa journée à l'école. Pas moyen de lui échapper. Impossible de se sentir libre de reprendre son activité sans avoir à se justifier. S'il était rentré détendu et satisfait de sa journée, elle eût été plus tranquille et n'aurait même pas pensé à son père. Mais là, c'est parti pour la soirée ! Elle fantasme sur des solutions extrêmes : partir, divorcer, oser enfin retrouver sa liberté ! Mais elle se heurte à une insécurité matérielle qui la paralyse. Elle se sent perdue.

Parfois, elle ne se contient plus tant le visage crispé de son mari l'exaspère. Il lui vient des envies de hurler, et elle a bien du mal à se calmer. Ces soirs-là, ce sont les enfants qui trinquent, ou la vaisselle. Elle sait d'avance que si elle râle après lui, elle va envenimer la relation et l'ambiance sera encore plus terrible. Elle se retrouverait encore plus triste et esseulée. Alors elle se tait, elle reste là dans une sûreté affective certes précaire, mais dans laquelle elle a ses repères. Aux dépens de son aspiration légitime à éprouver sa liberté et sa différence, non en fuyant ou en rejetant son mari, mais en osant se positionner face à lui comme une adulte, à égalité de valeur. Et peut-être en osant demander ce qui tracasse son mari ? « *Mais il va me répondre, agacé, que tout va bien, et alors, je fais quoi ?* »

En le quittant elle augmente sa liberté aux dépens de sa sûreté, elle augmente sa différence aux dépens de son appartenance. En se taisant, elle augmente sa sûreté aux dépens de sa liberté, elle augmente son appartenance aux dépens de sa distinction et de sa légitimité.

Le balancier part d'un côté à l'autre sans traverser le territoire des sensations auxquelles elle ne sait pas donner de sens. La mémoire de la sensation émotionnelle de peur et d'impuissance est vide de mouvement, de paroles possibles qui respecteraient la polarité des besoins. Le balancier tente de compenser le déséquilibre émotionnel avec des envies de tout rejeter, la situation, le mari, la sécurité, l'appartenance puis à l'inverse de ne rien lâcher. Elle se sent perdue et n'arrive pas à se positionner sur ce que serait pour elle être en sécurité et libre, en lien et différente, en harmonie tout en posant des actes. Elle tourne en rond avec des « si » censés régler son problème. « *Si mon père s'était montré plus humain, si mon mari pouvait comprendre, s'exprimer clairement, discuter gentiment avec moi...* » Pourtant, avant de TOUT ou de ne RIEN jeter, elle pourrait entendre le message intelligent contenu dans ses émotions, celui de ses sensations et de ses besoins. Tout est bon à prendre en compte pour acquérir plus d'assurance et d'estime de soi.

L'écartèlement est donc la traduction, dans son corps comme dans son mental, de la dualité entre statique ou dynamique, entre EUX sur lesquels je m'appuie ou MOI qui dois tout contrôler. Dualité qui prend les allures du diable par la séparation qu'elle impose à l'intérieur d'un même besoin. Tel le loup entré dans la tanière, le OU est entré dans notre appréhension de la situation et témoigne de la perte de notre unité. Un pôle et pas l'autre, fondé sur le savoir de la mémoire vécue, celle de l'enfant qui *a dû* choisir : *ou* la sûreté affective auprès des siens *ou* le risque de sa liberté à expérimenter ; *ou* la reconnaissance du groupe qui l'identifiait *ou* le risque de sa propre distinction ; *ou* l'harmonie affective et relationnelle *ou* le risque de la différence de son initiative. L'émotion est à ce titre diabolique, dans son sens étymologique, c'est-à-dire celle qui coupe en deux. Elle est aussi notre meilleure alliée quand nous en comprenons le sens. D'ailleurs, le diable n'est-il pas aussi nommé Lucifer, le porteur de lumière ?

Nos réactions de défense habituelles, celles qui créent cette « seconde nature » dont parle le proverbe, surdéveloppent certaines capacités neurosensorielles et comportementales. Elles participent alors à déterminer certains talents.

Ainsi la recherche de sécurité développe naturellement la pensée, l'imagination, la vigilance, le sens de l'anticipation, la curiosité, l'adaptabilité aux situations. Et dans sa version existentielle : la recherche réactive de solutions, l'observation, l'évitement, l'examen minutieux, l'anticipation, l'exploration, l'imagination, le repérage.

La recherche d'identité développe naturellement l'énergie d'affirmation, l'art de diriger, de l'argumentation et des reparties, la stratégie, l'aptitude à évaluer le rapport de force, l'acuité des rapports humains, la solidarité, le raisonnement, la coopération et la détermination. Et dans sa version existentielle : s'autoriser (être auteur), affirmer son savoir, obtenir des résultats, décider, trancher, parler, argumenter, se définir, ordonner, exercer l'autorité, prouver, faire honneur.

La recherche de réalité d'être développe naturellement

l'analyse, la concentration, la synthèse, l'offrande, le sens de l'adaptation, la compréhension, l'empathie, le toucher, la tolérance. Et dans sa version existentielle : l'action, la création, la conciliation, la détente et la relaxation, l'accueil, l'intériorisation, l'assistance, la participation, la recherche de sens et la spiritualité.

Mais, attention ! ces aptitudes poussées par la survie, existentielles et exacerbées, sont considérées comme des bouées de sauvetage. Si aucun doute ne subsiste sur les bénéfices acquis, aucun doute non plus à avoir sur le coût énergétique élevé que cela impose à notre nature.

Et quand nous sommes contraints à réagir avec notre part atrophiée, les choses s'aggravent ! Imaginez une personne paralysée des membres inférieurs qui ne pourrait plus utiliser ses bras pour se déplacer, soit dans sa chaise, soit avec ses béquilles. Le malaise s'accentue. Pour la personne dans l'émotion, le symptôme majeur qui l'envahit est alors la culpabilité. Coupable de ne pas savoir s'adapter, mais surtout coupable de n'avoir pas été capable de se défendre.

— Je sais parfaitement ce que je devrais faire pour aller mieux, je comprends toute la théorie, et pourtant je vois bien que je ne me donne pas les moyens ! Plutôt que de tomber dans mon placard à gâteaux, que j'achète soi-disant pour mes enfants, je devrais aller respirer, faire du sport, boire de l'eau. Mais je continue. Je m'en veux encore plus depuis que j'ai compris pourquoi je suis boulimique. C'est terrible pour moi de me voir faire. Parfois j'arrive à tenir une discipline de fer un jour ou deux en m'interdisant de manger tout sucre et tout farineux. Et là je peux enfin être fière de moi. Je me félicite même.
— Et les autres jours ?
— Je me traite d'incapable. Je me dis que je ne peux pas m'en sortir.

Quand une réaction de défense ne donne pas le résultat attendu pour résoudre le conflit intérieur et forcer l'adaptation, le système inscrit plus profondément, dans le corps et la mémoire, la nécessité de se protéger. C'est à cela que sert la culpabilité, à ajouter une information supplémentaire pour, enfin, considérer sa responsabilité à être qui nous sommes et lâcher ce que nous devons être pour correspondre à ce que notre entourage attend de nous. Le jour où une personne, paralysée par la peur de se tromper, ose faire un choix et... se trompe – sans oser penser qu'elle peut en faire un autre pour corriger – elle aura vérifié ce qu'elle craignait, à savoir que « décidément mieux vaut ne rien décider », et en éprouvera de la culpabilité. Et culpabilisera peut-être aussi son entourage de l'avoir pressée de choisir ! Le système défensif se rigidifie encore un peu plus.

Du balancier au mouvement de vie

Avec nos contorsions de funambule, nous parvenons à être debout et vivant. Commençons donc par célébrer cette formidable force intérieure, qui, en dépit des aléas subis, nous permet non seulement de poursuivre nos routes, mais aussi de développer des potentiels sous la pression. Cette puissance à s'adapter, coûte que coûte, pourrait nous réjouir si nous osions nous regarder avec le regard de Juliette pour Roméo. Quel dommage que nous soyons si timoré vis-à-vis de nous-même... !

Mais la survie n'est pas la vie. Nous avons les moyens, l'intelligence, la créativité, le libre arbitre pour satisfaire nos besoins. Et laisser le crocodile et le cerveau de la mémoire du passé faire leur loi équivaut à donner tout pouvoir à la croyance selon laquelle il n'est point de salut en dehors de la réaction de défense. Cette évidence nous enferme chaque fois un peu plus dans le système défensif, sans avoir accès à notre potentiel. La peur n'est pas la réaction de fuite, la colère n'est pas la réaction de lutte, la tristesse n'est pas la réaction du repli sur soi. Ces réactions qui nous font faire de grands moulinets avec notre balancier suivent les sensations éprouvées qui sont d'abord des messages à notre intention. *À toi de jouer* nous dit le crocodile ! Notre première responsabilité est d'entendre le message intelligent du système défensif. D'où l'importance d'éprouver et d'être à l'écoute des messages du corps qui nous informent d'une frustration à nos besoins. Dans un premier temps cela peut nous permettre de cesser d'être dupe de la réaction palliative d'urgence... en attendant de nous prendre en compte pour faire autrement. Les messages que nous nous adressons via le crocodile NOUS concernent, NOUS informent pour que NOUS les prenions en compte. L'intégrité est une chose trop sérieuse pour la confier à un autre que soi, semble nous dire le reptile de notre cerveau. À condition de se prendre, nous, notre nature et nos quatre territoires, dans le bon sens. À condition que le balancier réactif soit entendu comme une pression à revenir au mouvement de vie à l'infini.

L'infini en mouvement est traditionnellement représenté par la forme d'un 8 couché qui, une fois que l'on a intégré les quatre espaces-temps de notre nature psychocorporelle, « moi, l'autre, passé, présent, futur », donne la représentation suivante :

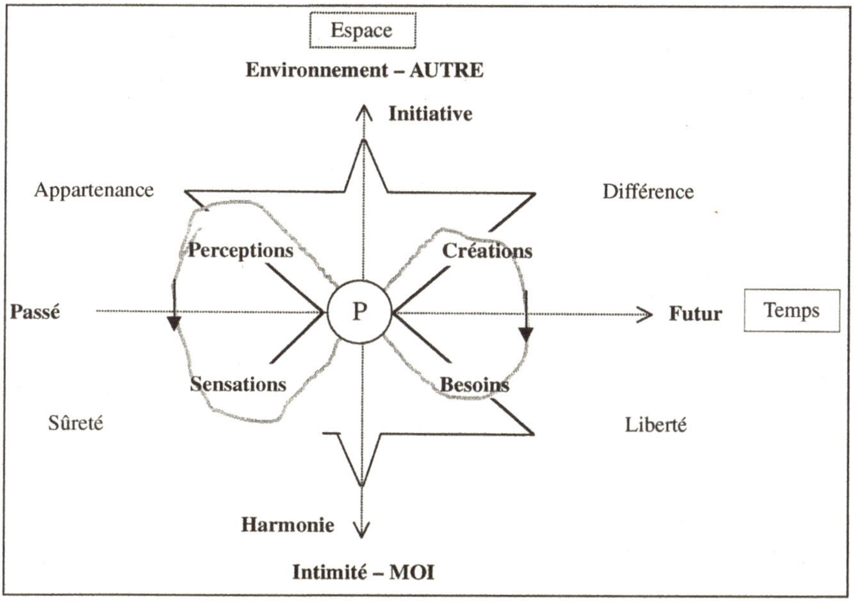

Un mouvement informatif se fait constamment en boucle entre les quatre territoires afin de trouver la meilleure réponse adaptative possible au présent. La dynamique de vie traverse ces territoires en montant par le centre de soi et en descendant par les extérieurs (selon les flèches sur le schéma). L'information commence forcément à gauche, c'est-à-dire dans le passé, même si celui-ci date de quelques millièmes de secondes. Elle peut démarrer d'une perception ou d'une sensation. Ainsi le « bon sens » adaptatif part du passé (perceptions ou sensations) pour remonter en soi vers la peau et le présent afin d'entrer dans l'espace créations avec notre libre arbitre pour nourrir nos besoins. L'essence de l'adaptation en conscience est dans cet échange en soi entre structure et posture, entre passé et futur, passant par le point P de la peau et du présent, le point de rencontre.

Ainsi sont séparés et unis les quatre territoires dans lesquels circule le mouvement de vie, permettant de garantir à la fois la stabilité et la dynamique. La recherche de cohérence impose que les quatre territoires se parlent et s'attirent les uns les autres. Soit dans un mouvement harmonieux, favorisant ainsi les capacités de la personne à s'adapter et à (se) créer. Soit dans l'émotion par un mouvement de balancier où les territoires cherchent à s'ajuster de façon désordonnée, tel que nous l'avons représenté pour Achille.

Ces territoires coexistent dans une équité de puissance, permettant à la personne de se fier au passé pour agir au présent et construire son futur, mais aussi à son potentiel d'adaptation pour créer un avenir distinct du passé. Ils ne sont pas dissociables dans l'unité psychocorporelle qui est la nôtre, et si la trajectoire est rompue sur l'un d'eux, le système défensif entre en action pour pallier le déficit afin de retrouver un semblant d'équilibre. Ils ne sont plus alors en lien les uns avec les autres dans ce mouvement vertueux où le passé sert le présent pour construire l'avenir, et les voilà qui se cherchent dans le mouvement de balancier réactif.

> Lou n'était pas désirée, bébé né tard, en trop dans une période déjà chargée pour ses parents, quand sa mère pensait être à jamais débarrassée des couches-culottes. Elle était la troisième de sa fratrie. Ses parents disaient l'aimer quand même, bien sûr ! Dans la peur de gêner, elle s'adapta en diminuant les besoins de soin de sa structure : elle ne pleurait que rarement, semblait satisfaite de peu, ne réclamait rien à ses parents. En contrepartie, elle était souvent malade, de santé fragile disait-on autour d'elle. Pour sa mère, elle était la gentille petite Lou et trouva sa place, destinée à être un « bâton de vieillesse », quand ses parents seraient plus âgés. « Une façon pour moi de me racheter d'être née, sans doute. Je me sentais fière d'avoir été désignée pour cette future tâche, quand ma sœur, elle, était considérée comme une égoïste. » La rentrée à l'école fut pour elle une occasion inespérée de sortir de cette limite et de cette image. Elle se souvenait de sa soif d'apprendre, mais aussi du désintérêt de sa mère qui semblait affectée qu'elle en sache bientôt plus qu'elle ! En plein conflit intérieur, elle n'ose plus avouer ses bonnes notes. À neuf ans elle craque, épuisée par une mononucléose qui la cloue à la maison pour trois mois et retrouve les bons soins de sa mère. Elle aura du mal à retrouver l'énergie de travailler et devient une élève moyenne. Le conflit a cédé au profit d'un état de repli, et la tristesse s'installe pour longtemps. Mais elle se sent comme un volcan près d'exploser. Elle éprouve toutes les peines (et les chagrins) du monde à se contenir...
>
> Quand elle parle d'elle, elle se décrit comme un paquet d'émotions, tout en vrac : « J'ai peur de tout et de rien, je m'énerve quand il ne faut pas et quand je devrais m'affirmer, je reste idiote et incapable de dire non, je me réveille épuisée de ma nuit et ne retrouve la pêche que le soir si des amis viennent me voir. Bref, je fais tout à l'envers. Et quand je lis un livre sur les émotions, je me reconnais à toutes les pages. L'horreur ! »

Comme Lou, notre histoire personnelle est une succession d'adaptations. Nous avons tous été funambules. Et ces adaptations sont ce que nous avons fait de mieux pour nous à ces moments-là.

Écartelé, tordu, malade, sur un fil précaire... mais toujours vivant ! La vie est au prix de cette adaptation forcée de funambule, tant que nous ne prenons pas en considération les signaux que nous transmet notre corps, en premier lieu les symptômes émotionnels. Paradoxalement, la liberté passe par la voie qui accepte d'éprouver dans son corps l'état interne, d'écouter les commentaires intérieurs, les pensées, en somme l'émotion et son bon sens pour faire bon usage de sa nature. Le passage par soi, par l'écoute de son corps et de ses sensations pour accéder à son potentiel et choisir son acte, est incontournable pour être en accord avec soi, les autres et le monde. Comme un accouchement ! L'analyse peut apporter des réponses précieuses pour comprendre la façon dont nous nous sommes construits, mais il se peut aussi que nous n'ayons pas accès à cette mémoire. Nous en vouloir, chercher à nier ou à maîtriser nos sensations, comme justifier nos comportements d'aujourd'hui au nom de nos souvenirs, est contre-productif. Le message concerne l'ici et maintenant. C'est aujourd'hui, ici, dans cet événement, que j'ai peur, que je suis en colère ou triste. Osons plutôt nous appuyer sur nos territoires Sensations Perceptions au plus près de l'événement rencontré, et en tirer profit au présent. Nous pouvons concilier besoins qui nous inspirent mais nous pressent, et mémoire de nos expériences qui nous limite, et nous enseigne aussi. Nous pouvons nous choisir comme source de savoir, y compris grâce à notre émotion. Certes, éprouver peut être éprouvant, voire constituer une épreuve dont on se passerait volontiers. Reste qu'être libre est un état dynamique dans lequel on ne saurait se contenter d'être sur la corde statique du funambule, quand bien même muni d'un balancier. Alors oui, « La liberté c'est bien par là », par la descente de la corde du connu et des évidences pour prendre le risque de l'exploration de terres inconnues. Car s'il est utile de comprendre l'intelligence de ces processus vivants dans leur hiérarchie et dans leur signification, il est préjudiciable de s'y enfermer. Le diagnostic est une aide au repérage, une aide pour mieux voir ce qui se joue dans le mouvement du funambule, dans l'intimité de l'être. Il est un point de départ qui permet d'aider le funambule à cheminer vers son potentiel. Il n'est pas une définition, mais une photo.

Mais que pourrait donc faire Achille AVEC son talon tel qu'il est, ses parents tels qu'ils sont, Ulysse, Agamemnon et tous les autres ? Comment les funambules que nous sommes peuvent-ils prendre le risque du mouvement de vie à l'infini ?

8

Une pédagogie du risque

Il est interdit d'être vieux.

RABBI NAHMAN DE BRASLAV

Être en vie, c'est déjà avoir pris le risque d'exister. Certes souvent pris de façon non consciente, mais cela ne change en rien l'observation. La notion de risque est intégrée dans la nature psychocorporelle comme facteur de vie et se traduit par une dynamique de vie. Si notre nature a bien intégré qu'il était nécessaire d'être en sécurité pour vivre, elle a aussi assimilé qu'il peut être plus risqué de rester figé dans une attitude, quelle qu'elle soit, que de bouger. La conception de la vie s'accompagne du risque de mort.

Dès la naissance nous intégrons ce mouvement de vie. Il est un moment où le bébé ne peut plus rester dans le confort du cocon dans lequel il était jusque-là sans courir le risque de mourir. On sait aujourd'hui que c'est aussi lui qui déclenche les contractions de l'utérus pour naître. Au-delà du risque que court son intégrité lorsqu'il traversera cette épreuve, il y a celui d'avoir mal et de faire mal. C'est tout son corps qu'il s'agit de faire naître, la plupart du temps la tête en avant, en poussant avec ses pieds afin d'ouvrir le passage du bassin de maman. Dehors, c'est un environnement complètement inconnu dans lequel le nourrisson va être plongé, le bruit, la lumière, la température. Ce premier passage est particulièrement difficile. Heureusement, notre structure est capable de changer son organisation en réponse à des stimuli extérieurs pour maintenir la constance de notre milieu intérieur. Cela ne se fait pas sans douleur, sans effort et sans risque.

Culturellement, la notion de risque reflète bien le tiraillement déjà évoqué. Si les parents apprécient que l'enfant prenne des risques – quel courage ! – ils apprécient tout autant qu'il ne les inquiète pas. Un peu mais pas trop. La liberté c'est bien, mais la sûreté, c'est très bien... Prendre un risque, c'est introduire d'emblée dans la conscience la notion de danger et donc de besoin de sécurité. Le mot « danger » possède la même origine étymologique que les mots « maison » et « domination ». S'il existe un danger dans sa maison, dans sa structure, il est fondamental de posséder la maîtrise nécessaire pour le dominer. Échapper au danger par la fuite, avoir raison de lui par la lutte, ou passer inaperçu par le repli sur soi constituent les mécanismes reptiliens de survie, un « sauve qui peut » énoncé dans l'urgence. En rester là serait la négation de notre belle nature comme de l'évolution inscrite en elle.

Comment comprendre alors le mouvement de vie dans le processus de la logique émotionnelle, qui consiste à oser penser, parler et agir avec le danger ?

À chaque « saut », à chaque passage, la nature prend un risque. Mais attention ! le risque n'est pas le danger, il est le moyen utilisé pour y faire face. Le mot risque vient d'un mot arabe « *riszk* » qui signifie la ration quotidienne, au plus près de notre structure pour nourrir nos besoins fondamentaux, à commencer par boire et manger. Risquer est donc cet intermédiaire entre nos besoins et le danger à ne pas les satisfaire, comme à les satisfaire. À l'homme, conscient de ce paradoxe apparent, d'apprendre à prendre des risques et de s'exercer à cette pratique. Car que nous le voulions ou non, il y a bien un risque à prendre pour sortir du connu. Heureusement nous pouvons entraîner cette fonction. C'est en effet à force de répétitions que l'information s'inscrit dans le corps. Une fonction entraînée est une fonction accessible facilement. Nous pouvons apprendre, comme nous avons appris à marcher, à lire, à écrire. Comme le musicien et le chanteur font leurs gammes. Et comme les sportifs répètent inlassablement les mêmes gestes pour gagner en efficacité et être prêts le jour de la compétition. Au fur et à mesure que nous apprenons à faire face à l'inconnu et à y répondre, nous sommes moins surpris et gagnons en confiance par la mémorisation de ce potentiel.

La vie, une entreprise à haut risque

Que répondre à un petit garçon de huit ans qui explique qu'il a du mal à s'endormir parce qu'il n'est pas certain de se réveiller le lendemain ? Que cela fait déjà plus de trois mille matins qu'il ouvre les yeux sur un jour nouveau ? *Cela ne prouve rien, ça peut s'arrêter.* Qu'il n'a rien à craindre ? *Si, que mon cœur ou mon cerveau cesse de marcher.* Aucune réponse ne le rassurera. Chaque sommeil le met en péril, une réalité qui, finalement, lui permettra de s'endormir, avec un pari à la clef : *Chiche que je me réveille demain !* Il prend alors le risque de se laisser aller dans le sommeil.

La conception humaine de la vie s'accompagne du risque de mort. En tout cas de ce que nous nommons mort, celle-ci étant la fin de notre vie d'être humain. Le mouvement biologique, lui, continue pour organiser la décomposition du corps qui se transforme et nourrit d'autres vies. Il y a bien passage d'un état à un autre. On parle même de « petites morts » qui correspondent à la fin d'une étape et au début d'une autre. C'est l'écrivain Georges Bataille[1] qui le premier qualifie l'orgasme de petite mort, le paroxysme de la jouissance qui suspend provisoirement le manque et le désir, puis le retour à un état normal où on ressent à nouveau ces deux sensations. On

1. Georges Bataille, *Madame Edwarda*, Paris, 10/18, 2002.

en parle aujourd'hui dans le cas d'étapes de sa vie lors de deuils, que ce soit de la perte d'un être cher, d'un emploi, d'une maison, de rupture ou de divorce... Quoi qu'il en soit, l'être humain redoute a priori ce passage d'un état à un autre, inconnu, dont il ne sait pas encore ce qu'il va être ni ce qu'il va découvrir. Est-ce que ce sera mieux ou moins bien ? On présume, on anticipe, on projette, on nous conseille de « ne pas lâcher la proie pour l'ombre », et dans l'incertitude on peut longtemps préférer tenir que courir... le risque.

Une histoire de passage

L'état très particulier de passage d'une situation de sûreté connue à une autre situation non encore expérimentée est évoqué dans différentes locutions comme *risquer le coup* (y aurait-il des coups à prendre ?), *courir le risque* (il s'agirait donc d'aller vite ?), *prendre le risque* (décidément il y a quelque chose à prendre !), et encore, *risquer le tout pour le tout* (là il s'agirait de s'exposer à tout perdre pour gagner le maximum).

Il s'agit donc d'un passage, mot qui évoque un mouvement, celui de passer d'une jambe sur l'autre et qui nous fait courir le risque d'un déséquilibre temporaire tant que nous sommes sur une seule jambe. Une alliance entre le lâcher prise et le prendre prise. Il ne s'agit pas de lâcher la proie pour l'ombre, mais de prendre conscience de son besoin, pour prendre prise sur sa structure et adopter une posture qui, ensemble, vont satisfaire le besoin. Le risque à prendre est donc celui de lâcher la solution émotionnelle qui rassure au profit d'un mouvement choisi. Comme le naufragé accepte de lâcher sa bouée de sauvetage pour prendre la main tendue du sauveteur. Il s'agit de passer d'une solution à court terme qui a été satisfaisante à une solution pensée dans laquelle il y a et risque, et plus de chance de vivre en accord avec soi et les autres.

C'est ce que fait la girafe quand elle a soif. Compte tenu de sa taille et surtout de celle de son cou, pour s'abreuver et vivre elle écarte les pattes, baisse la tête, posture qui la met en danger vis-à-vis de prédateurs éventuels auxquels elle « offre » temporairement son cou. Pour autant, ne pas boire équivaut à se laisser mourir à coup sûr. Elle prend donc un risque pour vivre en choisissant la posture que lui permet sa structure pour garantir sa vie. C'est ainsi qu'elle préserve le mieux sa vie.

Vous qui lisez ce livre, tout comme nous qui l'écrivons, vous êtes parvenus à résoudre ce paradoxe apparent. Car nous avons tous traversé des passages risqués dans notre vie au cours desquels nous avons *su* nous y prendre, avec plus ou moins d'agilité, d'émotions, de réactions de défense et d'aides extérieures. Outre la naissance, il y a eu les premiers pas, les premiers mots, l'école et les premières notes, les devoirs, les erreurs et les échecs, les réussites aussi, les crises familiales et scolaires, les premières amours, les premiers baisers, et les déceptions. Il y a eu beaucoup de « premières fois », et nous avons su prendre le risque. Même au prix fort des émotions, nous avons beaucoup de réussites à notre actif. Nous pouvons nous en féliciter, nous avons bien œuvré. Et nous pouvons faire confiance à notre nature qui a intégré la notion de risque comme facteur de vie. Nous avons donc d'étonnantes aptitudes et avons développé de belles capacités.

Ces passages risqués ont été vécus avec les trois niveaux de conscience que la nature utilise pour préserver la vie.

• Quand le passage est inscrit dans les gènes.

Qui n'a pas été fasciné par le formidable développement embryonnaire, par cette organisation innée qui aboutit au petit enfant en neuf mois ? Sous l'influence de l'expression génétique, l'organisme « sait » comment se structurer. Les cellules trouvent leur différenciation, leur place, migrent, s'associent. Certaines formations vont disparaître, d'autres se fixer. Nous ne pouvons qu'admirer la nature à l'œuvre. Tout est là, même le potentiel qui, « au sein des grandes lignes fixées par une enveloppe génétique, assurent des processus de plasticité qui génèrent de la variabilité[1] » selon les mots de Jean-Pierre Changeux. Structure et posture sont au travail.

Ce savoir-là est une savoureuse alliance entre structure innée, avec des aptitudes invariables qui déterminent le fonctionnement du corps, et postures acquises, modulées selon les perceptions du monde extérieur. Chaque étape constitue pourtant un risque, comme en témoignent les fausses couches ou les erreurs de traduction des gènes, autrement dit les maladies génétiques.

• Quand le passage est conditionné par le crocodile

Bien des événements ont stimulé nos réactions émotionnelles, celles-ci nous aidant, par la pression qu'elles déclenchaient, à traverser l'épreuve qui mettait à mal la satisfaction de nos besoins. Pourtant nous avons vu dans les chapitres précédents que ce système n'était pas sans risque, à commencer par l'épuisement de notre structure. Certaines personnes pleurent même de compassion vis-à-vis de cette personne qu'elles ont été et qui a su trouver des ressources jusqu'alors inconnues pour survivre à ces moments difficiles. Il est précieux de conscientiser le processus : certaines traversées de crises ont été très douloureuses. Savoir que nous avons été capables d'en sortir vivant, d'être là, même avec des bosses et des plaies, est déjà une bonne nouvelle.

« Cela avait commencé par la peur au ventre de voir ma mère prendre le calendrier de l'année scolaire à venir pour y noter les week-ends que je passerai chez elle, et ceux que je passerai chez mon père. Une angoisse irraisonnée qui m'a fait crier un "non", que j'imaginais impossible à prononcer. Je me souviens bien d'avoir mis le poing sur la table ce jour-là, et je n'en suis pas fière car j'ai vu le visage de ma mère atterré. Je faisais voler en éclats tout ce qui la rassurait dans l'organisation des week-ends partagés entre elle et mon père et qui avait permis une relative paix

1. Jean-Pierre Changeux, *L'Homme neuronal*, Paris, Hachette, « Pluriel », 2002.

familiale. Quand j'y pense, j'en ai honte. Et pourtant, c'est à partir de ce moment que je me suis sentie enfin délivrée d'eux et de leurs disputes », confiait une femme, tellement retenue par sa peur des conflits qu'elle était prête à accepter les exigences les plus préjudiciables à son équilibre. Elle avait même oublié cet épisode risqué de sa vie. « Je n'ai rien vraiment décidé. Comme si cette attitude libératrice s'était imposée à moi. Je n'en suis pas fière, et pourtant, sur le moment, quel soulagement ! »

Reconnaissons que nous pouvons nous fier à notre structure et à nos postures qui, pour exister, nous font adopter un comportement défensif dans l'urgence. Le risque a été pris par cette jeune fille de faire mal à sa mère pour se libérer du choix de ses parents. Car le passage par la réaction défensive est aussi risqué : la pression et l'urgence à survivre nous font oublier ce qui est également important pour nous, en l'occurrence le lien. La priorité est mise sur le bénéfice à court terme et cela peut faire mal. Ensuite nous chercherons à éviter de repasser par ce qui a fait mal. Car cette femme avait aussi souffert d'avoir, une fois de plus, été celle qui angoissait sa mère, situation qu'elle cherchait par-dessus tout à éviter, au point de voir sa mère en chaque personne inquiète... Personne inquiète qu'elle cherchera à ménager, jusqu'à ce qu'à nouveau la pression à se respecter, elle et ses besoins, la fasse basculer dans une affirmation musclée. Et voilà le funambule émotionnel en marche, au prix du déni de notre potentiel à trouver d'autres solutions !

• Le passage en conscience

En nous appuyant sur nos consciences – sensorielle, celle qui accueille les sensations, relationnelle, celle qui mesure l'importance du lien, et personnelle, celle de l'intérêt du fruit de nos actes – nous pouvons réfléchir, anticiper et faire un geste en conscience. C'est bien sûr là que la notion de pédagogie du risque prend son sens : apprendre à accueillir les sensations, même inconfortables, à évaluer le message, même conflictuel, et à mettre en lumière son désir personnel, même au résultat incertain, pour faire de son acte une initiative choisie. Le processus est vertueux : saisir ce qui nous met en marche, y compris nos émotions, pour cesser d'en être inconscient et d'agir comme tel ; devenir conscient des différents étages de notre cerveau, comment celui-ci nous pousse à nous mobiliser malgré nous, et presque malgré tout ; prendre l'itinéraire qui nous convient, choisir notre action, et non subir celle dictée par la réaction reptilienne. Le processus est aussi complexe car notre nature a à faire face à une double contrainte. D'un côté protéger la structure existante pour que la vie perdure, et d'un autre côté « pulser » pour que la vie grandisse, se transforme, évolue. À la sensation de manque, de frustration, de douleur et autres réactions qui incitent à protéger l'intégrité est associée une aspiration à grandir, s'élever et se développer harmonieusement, jusqu'à une quête de sens déclenchée par le désir et la joie.

Pour faire face à cette double contrainte, l'homme a un atout, la spécificité d'être capable de suspendre sa satisfaction ou son plaisir immédiat pour la promesse d'une satisfaction ou d'un plaisir à venir, plus respectueux dans le temps. Cela passe par prendre le risque de la frustration au profit, dans le temps, de la garantie de ses besoins. Comme éviter le grignotage en cas de fringale au profit d'un repas ultérieur plus équilibré et plus nourrissant pour l'organisme. Processus efficient, producteur de liberté qui tient compte du besoin. Par cette voie, il est possible de faire bon usage de sa structure et de sa posture, un usage « bon » pour soi et l'environnement, dans l'intelligence qui anticipe que ce « bon » aura des effets vertueux sur la suite. Au risque de se frustrer de la satisfaction reptilienne qui rassure dans le court terme, sans pour autant négliger les signaux d'alerte que sont la peur, la colère et le repli sur soi.

Nos trois cerveaux sont à l'œuvre, coexistant dans notre structure avec chacun sa particularité et sa fonction : entre le cerveau reptilien qui privilégie *à coup sûr* la survie, le limbique qui conserve la mémoire des événements passés et le néocortex qui a la capacité de fabriquer des solutions alternatives. Est-ce que celui-ci se serait développé en expérimentant que la vie est plus gagnante par la créativité qui garantit la vie à long terme, plutôt que la survie *à coup sûr, mais à court terme* ? Est-ce dans ce dialogue intérieur que nous pouvons découvrir la dynamique du bien et du mal ? Car nous risquons, en cheminant, de nous cogner aux « vieux démons » de notre enfance et à la mémoire des expériences passées. Autrement dit de réveiller nos talons d'Achille, et ainsi d'avoir mal.

La fatalité du mal

Bonne nouvelle ! Notre nature, grâce aux cerveaux reptilien et limbique, cherche à nous éviter de revivre ce qui a été douloureux. Une fois que l'enfant a intégré que la flamme brûle, il évite de s'en approcher et ne se brûlera que par accident.

Mauvaise nouvelle ! Notre nature, grâce aux mêmes cerveaux, nous écarte de l'expérimentation de nouvelles situations quand elles contiennent les mêmes ingrédients que d'autres qui ont été douloureuses. Au point de nous piéger dans des attitudes défensives, aux dépens d'autres qui seraient libératrices. Comme se priver du feu qui nous réchaufferait, parce que ça brûle.

La douleur est inscrite dans notre structure comme le signal d'un danger planant sur notre intégrité, autrement dit d'un danger synonyme de mort qui va instantanément activer le cerveau reptilien. Si on se brûle les doigts, on va sans réfléchir retirer la main de la source de chaleur. Ne pas ressentir la douleur serait grave puisque alors plus rien ne nous retiendrait des pires extravagances, puisque nous ne nous saurions pas en danger. Avoir mal, avoir peur du mal et éviter ce qui fait mal sont ainsi des moyens qu'a notre structure pour se prendre en compte et pour échapper à la mort aussi longtemps que possible.

• Le risque d'avoir mal, de faire mal, et de mal faire

C'est dire si nous sommes réticents à prendre le risque d'*avoir mal*, ce qui atteint l'intégrité de notre structure, comme de *faire mal,* ce qui a des incidences fâcheuses sur le relationnel et notre identité au sein du groupe, autant que de *mal faire*, ce qui a des incidences sur notre propre estime. Autant d'évidences qui viennent justifier notre résistance à oser. Éviter à tout prix ce qui a fait mal ne fait que nous rigidifier dans des postures mortifères. Et c'est nier aussi la formidable capacité d'adaptation de notre structure. Si vous avez une vie sédentaire et que vous reprenez une activité sportive, votre structure n'est pas préparée. Le premier jour c'est difficile, vous souffrez et, le lendemain, vous êtes perclus de courbatures. Si vous persistez, le corps se renforce, devient plus résistant, et ce qui hier était source de douleur est aujourd'hui source de plaisir et de bien-être. Quand un athlète de haut niveau fournit son effort lors d'une compétition, il a des doses d'acide lactique dans les muscles que le commun des mortels ne pourrait supporter... Preuve que le corps s'adapte et que la douleur s'enclenche à un seuil plus élevé.

Faire mal, c'est prendre le risque d'être rejeté. Ce que notre besoin identitaire ne saurait accepter. Nous aspirons tous à aimer et être aimé. Favoriser l'un au détriment de l'autre enclenche inévitablement la réaction reptilienne : les comportements de soumission alternent avec des comportements de domination, et la rébellion succède à la docilité et à la résignation, comme cette jeune fille avec sa mère. Il s'agit plutôt de prendre le risque d'entendre comme de se faire entendre, dans des postures de respect mutuel.

Quant à la crainte de mal faire, elle renvoie souvent à de vieilles blessures d'enfant qui n'a pas réussi au moment des apprentissages, ce qui a généré des crises familiales et/ou scolaires. Honte, culpabilité, humiliation, la charge émotionnelle est forte, au point de ne pas oser entreprendre ce que nous ne sommes pas sûrs de réussir. Il n'y a plus de jeu, ne reste que l'enjeu et le « je dois » y arriver. On ne s'accorde plus la liberté d'échouer pour réussir. Or chacun a inscrit en soi cette aspiration dès le plus jeune âge. Mettre nos enfants en demeure de réussir, les accuser de fainéantise ou d'indiscipline ne fait que leur mettre la pression à *devoir être bons*, active leur peur de ne pas l'être et les réactions de défense associées... Ce qui éloigne du but poursuivi : entraîner les aptitudes et développer les capacités. Pour sortir de cette impasse, il s'agira de s'autoriser à tâtonner, hésiter, se tromper, et utiliser l'erreur pour obtenir ce que l'on cherche : la joie de réussir, d'atteindre nos buts et nos objectifs. Nous retrouvons alors le plaisir d'entreprendre, d'apprendre et de s'exprimer. La prise de risque devient alors source de confiance, de valorisation et de créativité.

• Se donner du mal

Alors que nous avons vu que toute notre structure tend à éviter le mal, s'agirait-il de se « donner » du mal ? Oui, et pas n'importe quel mal. D'ailleurs ne dit-on pas *un mal pour un bien* ? Choisir le risque suppose de se mettre dans la conscience de la possibilité de mal faire, de faire mal et d'avoir mal. C'est à partir d'un risque choisi que la personne accède à sa liberté d'expression, peut anticiper et accepter les conséquences dans le temps de son action, ainsi que décider en connaissance de cause de ce qu'elle fait. Elle est ainsi libre de définir comment procéder, comment « limiter la casse ». Une formule correspond d'ailleurs à cette attitude : se donner la peine, ou se donner du mal. Le mal n'est plus subi (*je n'y peux rien !*), désolant (*excuse-moi !*), nécessaire (*ça forge le tempérament !*), ou non intentionnel (*pas fait exprès*). Le mal, ou la peine, est ce que l'on se donne pour parvenir à une attitude plus juste pour soi et les autres, adaptée à la situation et à ses besoins, en respectant ceux des autres.

La peine contient en même temps la notion de difficulté, de sanction et de chagrin. Arrivé à ce stade, aurions-nous évité la difficulté par peur d'avoir mal, ou évité la sanction par peur de faire mal, ou encore évité d'agir par peur de mal faire ? Ainsi nous avons évité de nous retrouver dans le chagrin, celui qui nous rappelle, encore une fois, qu'on ne peut décidément pas nier notre structure qui nous donne du mal à force de la négliger. La peine invite à la réparation par un paiement pour une attitude qui a été préjudiciable. Le terme était utilisé comme le prix du sang, argent versé aux parents de la victime d'un meurtre. Cette peine qui accompagne la prise de risque à chercher d'autres solutions que celles, automatiques, de la vengeance, serait ainsi un prix à payer pour n'avoir pas pu, su ou osé exprimer notre potentiel. Le prix à payer pour avoir été victime de nous-même. Se donner du mal évoque la sensation d'un effort à fournir, d'un travail. Comme ces salles où les femmes accouchent et que l'on nomme *salles de travail.*

Le passage en conscience, l'extraction, le mouvement d'évolution sont un travail. Ce mot possède la même racine que le mot « paix », signifiant fixer un accord. Le travail serait-il une voie pour s'accorder avec soi, les autres et le monde, soulagé de l'agitation qui induit la réaction défensive ?

Comme tout ce qui est nouveau, le changement semble difficile, voire impossible. Nous nous heurtons en général contre un mur : *Je ne sais pas quoi faire, ni comment faire. C'est l'inconnu. C'est trop compliqué pour moi !* Inutile de nous faire des illusions : effort, travail et peine sont au menu des passages effectués en conscience. Ce qui nous aide, c'est d'anticiper le bénéfice de la satisfaction à venir et de nous éloigner du danger à demeurer en arrière.

Peut-on s'élever soi ?

S'élever soi serait mettre en place une autopédagogie. Une méthodologie qui, s'appuyant sur notre nature psychocorporelle, nous permettrait de devenir de moins en moins dupes de nos solutions défensives et de plus en plus libres et inventifs dans l'expression de nos possibilités. Une pédagogie du risque qui commencerait par prendre le temps nécessaire pour saisir ce qui se passe en nous et oser nous fonder sur notre capacité et notre désir d'évoluer. Habitués à chercher à l'extérieur les moyens de satisfaire nos besoins, sommes-nous capables de nous « rééduquer » et de revenir en notre centre ?

Nous ne sommes pas des ours !

Les Amérindiens avaient inventé un piège à ours. Pour les attirer, ils étalaient du miel sur un rondin de bois qu'ils accrochaient au bout d'une corde à hauteur de tête de l'animal. Pour attraper le miel l'ours pousse le rondin qui part en arrière et revient, par un mouvement de balancier, le frapper à la tête. Ce phénomène ne fait pas partie de ses perceptions habituelles. Les troncs d'habitude restent à leur place ! L'ours frustré s'énerve, se défend et tape de plus en plus fort pour attraper le miel. Évidemment, plus il tape fort et plus le rondin revient avec force. L'animal n'a pas l'intelligence qui lui permet d'établir le rapport entre ce qu'il perçoit, son geste et la réponse qu'il reçoit en retour, et il continue jusqu'au K.-O. S'il pouvait analyser la situation, il comprendrait qu'il lui suffit de couper la ficelle avec ses crocs pour se régaler de sa gourmandise... Dans une autre version, il y a le piège à singe. Il s'agit là de placer une friandise dans une cage, plus grosse que l'ouverture par laquelle le singe passe la main et le bras. En voulant sortir sa main avec la friandise, le singe reste coincé. Dans l'urgence défensive à se nourrir, le singe ne veut pas lâcher sa « proie » et se retrouve ainsi piégé. Vous avez déjà compris que, pour se libérer, il lui suffirait de lâcher et d'aller chercher ailleurs sa pitance... Nous nous comportons exactement comme l'ours et le singe quand nous réagissons sous le diktat du cerveau reptilien, que nous partageons avec eux. Or nous ne sommes ni singe ni ours, ni aucun autre animal doté de ce seul cerveau. Nous avons la faculté de nous responsabiliser, c'est-à-dire de donner une autre réponse.

Reculer le temps

Des expériences ont été menées sur des rats dans le but d'étudier leur réponse à la satisfaction ou à la frustration : au moyen d'électrodes placées sur le cerveau, on constate que l'animal favorise exclusivement la satisfaction au point d'en oublier de manger et appuie sur la manette « plaisir » jusqu'à en mourir. L'animal ne peut que répéter l'acte, source de plaisir. On a fait la même expérience sur un être humain. Si dans un premier temps la zone qu'il stimule le plus est associée à une sensation de bien-être, il peut aussi stimuler de façon répétée une zone qui n'est pas associée à un plaisir immédiat. Quand on lui en demande la raison, sa réponse est qu'il éprouve une sensation agréable dans laquelle il *prévoit au présent* une situation de joie... qui va arriver. L'évolution du néocortex humain fait que l'homme est capable d'exercer une inhibition sur le cerveau de la mémoire, le limbique, pour différer la réaction immédiate déterminée par le passé. Nous pouvons ainsi moduler une partie de nos comportements émotionnels en réfléchissant sur une situation, sur nous-même face à la situation et en intégrant une notion de temps à venir. Nous avons la liberté de remplacer un comportement inadéquat par un autre dans la conscience d'une situation future plus satisfaisante. D'où les efforts que nous parvenons à fournir pour atteindre notre objectif. Grâce à ses capacités d'anticipation et d'imagination, l'homme peut reculer le temps, c'est-à-dire mettre de l'espace-temps là où l'émotion met de l'urgence à obtenir satisfaction, avec la sensation d'un enjeu existentiel. L'homme peut construire son futur.

Il devient alors possible de faire bon usage de sa structure et de sa posture, un usage « bon » pour soi et l'environnement, dans l'intelligence qui anticipe que ce « bon » aura des effets vertueux sur la suite. Au risque de se frustrer de la satisfaction reptilienne qui rassure dans le court terme, sans pour autant négliger les signaux d'alerte que sont la peur, la colère et la tristesse. Car il ne s'agit pas de diaboliser les émotions, ni de penser que nous pouvons ne plus en avoir. Il s'agit juste d'apprendre à en tenir compte comme nos meilleures alliées pour nous rappeler que notre intégrité est en danger, que nous négligeons notre nature et ses besoins. Le passage en conscience prend en compte à la fois le danger, la charge émotionnelle et le risque avant de prendre la décision d'agir.

Reculer le temps, c'est donner du temps aux réponses de

l'ensemble de notre structure nerveuse, aux trois cerveaux et non seulement à ceux qui sont considérés comme intelligents, la mémoire et la réflexion. Ce recul qui consiste souvent à s'éloigner de la situation source d'émotion revient à repousser l'urgence de réponses préfabriquées. Nous pouvons devenir notre propre « psy » pour une multitude de désordres émotionnels que nous négligeons de traiter. Cette attitude peut nous éviter d'accumuler le stress qui un jour débordera et nous amènera chez le thérapeute. Le soin que nous apportons à notre santé est du même ordre : déficit de la Sécurité sociale oblige, nous nous habituons à considérer notre capital santé d'un œil plus attentif et cherchons plutôt à connaître et à favoriser les mécanismes d'autoguérison. La guérison sera sans doute moins spectaculaire, plus longue à obtenir, mais l'organisme conservera la mémoire de ce « possible en soi ».

Les bases d'une autopédagogie

Comme un sportif s'entraîne dans un cadre sans danger pour risquer de nouveaux gestes, comme un musicien travaille chez lui à déchiffrer une nouvelle partition et s'autorise les fausses notes, cherche le rythme et reprend inlassablement pour inscrire la partition dans ses doigts, nos moments de réflexion, d'essais et d'erreurs viennent nourrir nos besoins fondamentaux. Une autopédagogie répondrait à cette intention : quand nous nous surprenons à réagir dans l'urgence de la survie, prenons le risque d'un comportement alternatif qui répondra à notre besoin et à la situation révélatrice de notre émotion.

- Se fier à sa structure

Et aux messages qu'elle nous envoie : ceux de bien-être, de plaisir et de satisfaction, comme ceux de douleur, de mal ou de peine. Elle est notre meilleure alliée pour nous orienter. La connaissance du fonctionnement de sa structure, surtout celle de son cerveau, donne une hygiène de pensée et de regard sur soi et les autres. On ne peut plus se raconter la même histoire, celle qui nous arrangeait dans le court terme, sans nous libérer vraiment au long cours.

Cette entreprise se fonde aussi sur la reconnaissance des limites que nous imposent les cerveaux reptilien et limbique, ainsi que sur la distinction entre danger et risque. Le danger vient de la résistance à prendre le risque de s'adapter, en conscience, à la réalité rencontrée. Dans une situation difficile qui déstabilise la personne, ne pas choisir un mouvement adapté aux événements tels qu'ils sont déclenche la réaction de défense. Choisir le risque, et quel risque, correspond à notre aptitude à adopter une posture qui permet de satisfaire ses besoins à court, moyen et long termes. Quant à la résistance, elle est liée aux talons d'Achille et au fonctionnement défensif de survie qui privilégient le passé et le court terme. Faute de se connaître dans son intégralité, laquelle contient une part d'inconnu à révéler – ce qui fait tout notre paradoxe, mais aussi notre charme – la personne court le danger de se limiter à une connaissance partielle d'elle-même. Elle est alors en manque, en faille, en faute, et émue. La suite est connue, sous le contrôle du crocodile et de la mémoire du passé. Le vrai danger est de ne pas prendre le risque de se connaître.

• Douter de ses évidences

Nous pouvons risquer de douter de notre évidence à savoir, comme de notre évidence à ne pas savoir, quand toutes deux sont empreintes de charge émotionnelle, de faille ou d'endettement. Dans un cas, nous ne traitons que la partie connue, dans l'autre, convaincu qu'on ne sait rien (c'est un savoir), on ne s'aventure pas plus loin en répondant par un savoir limité de soi. Dans les deux cas, on néglige sa capacité à apprendre et son aptitude à s'adapter. Face à l'événement, nous filtrons surtout les informations auxquelles nous savons pouvoir répondre et évitons les autres. Il y a échange d'informations entre perceptions et sensations internes, suivi d'un choix automatique à ne traiter que les informations garantes d'adaptations possibles, car mémorisées, mais aussi évitement des informations intraitables car ne correspondant pas à des repères connus. Que cela nous aide à prendre de la distance vis-à-vis de nos certitudes !

Pour autant, il ne s'agit pas de douter de tout, y compris de son propre doute, car cela reviendrait à ne douter de rien. Il s'agit en revanche d'être conscient de ces filtres, et alerté dès que se profilent quelques évidences qui nous font enfler la voix pour les défendre quand un quidam ose les mettre en doute ou, pis, les critiquer.

• Accueillir ses sensations

Nos sensations sont à accueillir comme ce qui est vrai en soi. Elles ne sont pas objectives mais subjectives, et c'est ce qui est bon pour nous, qui sommes des sujets. Les nier parce qu'elles nous dérangent, ou encore parce que nous ne devrions pas les ressentir, est le meilleur moyen de s'égarer.

— J'ai fait une crise d'angoisse qui a duré toute la journée, alors qu'il n'y a aucune raison objective.

— Tu veux dire que tu ne connais pas la raison de ton angoisse ?

— Non, il n'y en a pas. Je n'ai rien fait aujourd'hui qui puisse avoir des conséquences...

— Tu penses qu'une crise d'angoisse arrive comme ça, sans raison ?

— Bon, j'étais bien un peu inquiet parce que mon supérieur rentre demain après une semaine de congé, et que je n'ai pas pu faire ce qu'il m'a demandé.

— Il y a une raison pour laquelle tu n'as pas pu faire ce qu'il t'a demandé ?

— Oui, il y a eu une urgence qui m'a occupé toute la semaine.

— Et si tu lui expliques, tu penses qu'il ne va pas comprendre ?

— C'est qu'il est assez strict, et avec lui ça rigole pas !

— Et toi, tu as rigolé toute la semaine ?

— Ah ça non, j'ai bossé comme un dingue.

— Alors qu'est-ce qui t'inquiète ?

— Qu'il ne me croie pas.

— Tu peux faire quelque chose pour qu'il te croie ?

— Eh bien je peux lui montrer ce que j'ai fait, là où j'en suis et ce qu'il me reste à faire. Je suis d'ailleurs assez content de moi, ce n'était pas facile.

— Tu penses que tu peux lui exposer la situation avec ce plaisir et cette fierté à avoir fait seul ce que tu as pu faire ?
— Oui, je crois que je peux le faire. Et puis j'ai les preuves...
— C'est important d'avoir les preuves ?
— Oui, je vais même aller le voir avant qu'il ne me demande... Je me sens mieux !

Sentir se révèle le meilleur appui pour développer nos capacités à analyser, anticiper et gagner en autonomie. Ce jeune homme avait vécu des situations où ses parents ne l'avaient pas cru, et où il n'avait pu se faire entendre. Le limbique conserve la mémoire de ces situations qui sont restées en souffrance, même quand nous n'avons pas la conscience de nous en souvenir. Au cours de l'entretien, quand je lui ai demandé quand il avait vécu une situation où on ne l'avait pas cru, au départ il n'y en avait aucune. Et puis les souvenirs sont remontés. Automatiquement il réagissait à cette injonction intérieure : « on ne va pas me croire », d'où son inquiétude. Et dans le même temps il niait sa sensation qu'il trouvait sans fondement, dans une autre injonction qui était celle de « s'en sortir ». L'inquiétude, faute d'être entendue, est alors devenue crise d'angoisse.

Nous pouvons nous fier à nos sensations, quelque désagréables qu'elles soient, car elles nous alertent quand nous vivons des situations qui ressemblent à du connu douloureux. Elles sont en lien existentiel avec un besoin fondamental non satisfait. Tout jugement négatif et tout déni de ses sensations revient à ajouter de l'émotion aux émotions, du rejet au rejet, du négatif au négatif. Le danger est aussi de ne pas se réconcilier avec cette part.

• Faire dialoguer le doute et la confiance

Un dialogue intérieur entre soi et soi ? L'invitation est de cueillir ses sensations et ses commentaires intérieurs pour en faire un dialogue au sens maïeutique (accouchement de l'esprit). Cet échange, celui que décrivait Platon, tend à favoriser le passage d'un état à un autre, d'une vision à une autre, plus adapté au présent et non plus retenu par le passé. En rassemblant ces deux opposés, car rien ne semble plus éloigné que le doute et la confiance, on peut unir les contraires, les faire s'allier comme deux piliers sur lesquels fonder son analyse. Ce dialogue favorise l'émergence de la conscience et le mouvement vers des solutions alternatives. Il est caractérisé non seulement par l'absence de tout jugement, de tout rejet quant aux contenus émotionnels, mais aussi par la certitude que les expressions réactives contiennent du sens. Il permet de mieux se connaître et de mieux se comprendre.

Ce dialogue entre doute et confiance est aussi un mouvement entre connu et inconnu, entre statique et dynamique, entre inné et acquis, entre le potentiel que nous avons surdéveloppé et celui que nous avons atrophié. Il est une façon de mettre en lumière ce que nous favorisons au détriment de ce qui n'est pas encore exprimé, et permet de débloquer la situation.

Le dialogue qui réunit se distingue du dialogue dit *de sourd*, reflet de nos habitudes mentales, celles qui nous répètent toujours la même chose. Ce pseudo-dialogue ne procure pas l'effet recherché, celui d'accoucher de sa personne avec l'événement qui a déclenché la réaction émotionnelle.

Dialogue avec un « sourd » :

— « Je ne peux pas me permettre d'échouer !

— Tu ne peux pas te permettre, est-ce à dire que c'est interdit ?

— Interdit ? Je ne sais pas... En tout cas vaut mieux pas !

— Vaut mieux pas que tu échoues ? Tu n'aurais plus autant de valeur si tu échouais ?

— C'est sûr que je me sentirais nul !

— Et tu ne peux pas te permettre de te sentir nul ?

— Ce n'est pas agréable...

— Tu as raison, ce n'est pas agréable de se sentir nul. Ce qui m'interpelle c'est que tu te sentes nul dès que tu ne réussis pas...

— Quand on réussit, ça veut dire qu'on s'est donné les moyens, qu'on a fait ce qu'il fallait, qu'on est capable...

— Et si tu te donnais les moyens au mieux de tes capacités, en acceptant l'idée que tu peux aussi échouer ?

— Ça c'est pas possible. Si je me donne les moyens et qu'en plus je rate, c'est pire que tout, ça veut dire que je suis vraiment nul... »

Pas de dialogue, donc. Pour qu'il ait lieu, à nous de l'ouvrir sur notre part craintive, avec bienveillance, sans pour autant croire valides les solutions du crocodile pour répondre à l'actualité du moment. À nous d'accueillir cette part si intime de nous-mêmes et de faire un état des lieux : « J'ai peur, je suis inquiet, je tremble... Si je (me) fuis, cela me soulagera dans un premier temps, mais je cours le danger d'aggraver le processus. Alors, ma peur et moi, dialoguons et cherchons ce qu'il m'est possible de faire. » Dans ce dialogue entre moi et moi, aucun n'a raison, aucun ne juge.

À nous de l'ouvrir aussi sur le besoin que l'on éprouve d'être libre et différent afin d'exprimer son désir... Sous le coup de l'émotion ce besoin s'avance caché dans le discours, sous couvert d'une langue empreinte de tensions, de peurs, de jugements et de résistances. Une langue rébarbative, qui met à mal notre patience et notre aspiration à bien faire. Comme si, dans ce dialogue, nous avions à découvrir notre clarté dans l'obscurité. Cette écoute de soi va favoriser le mouvement. Et il est fondamental que ce soit nous qui fassions ce travail, car si notre clarté nous est fournie par un autre, alors nous devenons dépendant de cet autre comme le pourvoyeur de notre lumière.

Dans la recherche d'une satisfaction immédiate, nous avons vu dans le chapitre du funambule que nous cherchions à faire cesser les sensations de frustration par des mouvements de balancier, sans aller explorer les terres inconnues d'un potentiel non entraîné. La pédagogie du risque va consister à s'aventurer dans cette zone, à lâcher prise sur son évidence – ce qui est connu, mémorisé ou encore l'histoire qu'on se raconte – pour prendre prise sur ce potentiel en nous face à la réalité rencontrée, et l'entraîner. S'entraîner à oser penser, dire et faire ce que nous n'avons pas encore osé, et que nous appréhendons dans une évidence d'impossibilité tant nous n'avons pas exercé ce potentiel, ou une évidence d'interdit tant nous n'avons pu y accéder. Elle passe par oser entendre le mouvement vivant dans la peur, la colère et la tristesse : c'est pour survivre que nous avons fui, pour aimer que nous avons crié, et pour créer que nous nous sommes isolés. C'est de faire le pari audacieux que nous pouvons entraîner des solutions alternatives pour nourrir nos besoins autrement et à long terme.

• S'impliquer

S'engager au présent pour se dégager du mouvement de balancier défensif qui tiraille exige de porter une attention particulière à ce que nous faisons, à ce que nous voyons et entendons, au plus près de nous. Nous voilà à partir en exploration sur ce qui se passe là au présent en soi et autour de soi.

Au cours d'une dispute, le mari accuse sa femme de le mépriser. Elle tente de lui expliquer qu'il se trompe, mais elle-même est choquée et s'énerve. Alors elle lui demande de la regarder en face et de lui dire s'il lit dans ses yeux le mépris dont il est convaincu. Il résiste, continue à l'accuser. Elle insiste, lui fait entendre qu'elle admettra son jugement. Enfin il la regarde et, brusquement, fond en larmes. Ce qu'il voyait de sa femme, avec ses yeux du présent, n'avait rien à voir avec ce qu'il se disait d'elle. La querelle était finie. Ils allaient enfin pouvoir se parler.

Cette exploration de nous-même nous fait découvrir, enfin, ce que nous n'osions pas regarder en face. Et nous pouvons la mener sans limites, quel que soit notre âge. Car à tout âge existe une plasticité cérébrale, avec possibilité d'apprendre, y compris à conduire sa vie autrement. Les neurosciences mettent en évidence que cette plasticité est moléculaire, et qu'elle modifie les connexions entre les neurones. Ce sont donc les informations de notre cerveau qui peuvent se modifier pour peu que nous risquions d'apprendre et d'entraîner d'autres informations. Nous ne sommes pas nous-même une fois pour toutes ! Même si le changement à l'âge adulte est plus lent que dans l'enfance, il n'en est pas moins possible. Ce n'est pas cette possibilité qui est à questionner, mais évidemment le « quoi changer » et le « comment procéder ».

S'impliquer permet d'intégrer la notion même de risque.

Car il y a des faux risques, ceux qui commencent par la pression d'un « je dois » ou d'un « il faut », suivi, selon la situation, de : choisir, se décider, se taire, se dépasser, faire plaisir, prouver aux autres qu'on est capable, courageux, fidèle, honnête... On n'en finirait plus d'énumérer la quête de perfection et l'endettement des uns vis-à-vis des autres. Sauf que nous sommes plus alors dans une injonction que dans un choix possible à partir de ce que nous sentons. Comme s'il fallait nous amputer d'une part de nous pour correspondre à ce qu'on attend de nous. Cette pression n'est pas un risque de vie, mais de mort. Le risque dont nous parlons est synonyme de renouveau, d'apprentissage et de construction. Comme celui que prend un enfant lorsqu'il se met pour la première fois debout et fait ses premiers pas.

« Je n'ai rien fait de ma journée », dit cet homme qui revient fatigué et déçu de ne pas avoir fait ce qu'il lui semble qu'il aurait dû faire. Une invitation à noter sur une feuille ce qu'il a fait de sa journée, à partir de son réveil jusqu'à cette phrase fatidique, va lui permettre d'évaluer autrement son activité. « Ah ! j'ai quand même fait tout ça ! Effectivement, c'est pas mal. Je ne pouvais sans doute faire plus. » Il ne va pas encore jusqu'à dire que c'est bien, pour autant c'est un bon début.

Se fier et douter, se croire et ne pas se croire, s'appuyer sur soi et s'impliquer. Voilà les bases de la pédagogie du risque pour s'élever soi, invitations qui semblent se contredire... Notre nature est faite de ces paradoxes. Prenons le temps d'apprendre. Formule bateau mais qui en dit long sur la difficulté à penser, parler et agir avec *notre* temps, celui dont nous avons besoin pour intégrer, et non celui dans lequel nous sommes censés le faire pour correspondre à ce qu'il faut ou ce qu'on doit. Il s'agit de rentrer dans le film de sa vie, image par image, changement par changement, pas à pas. D'accompagner le mouvement inéluctable sans l'accélérer ou le freiner. Car c'est ce que nous faisons sous l'influence de la peur : nous réduisons le temps au passé, résistons au mouvement vers le futur dans le temps présent, ce qui en réaction nous fait réagir en voulant accélérer le temps. Or freiner et accélérer en même temps, cela fait faire du surplace, peut-être quelques soubresauts et, surtout, cela fait chauffer le moteur ! Alors puisqu'il y a danger, autant apprendre à conduire.

9

Le code de conduite

La jouissance d'être en état de sainteté,
La jouissance d'en être bien éloigné.

HIROYUKI AOKI

Comme il y a un code de conduite qui définit les règles à suivre pour que le trafic soit fluide et sécurisant tout en respectant la liberté de déplacement de chacun, un code de conduite régit la satisfaction de nos besoins. Il allie soi, l'autre et l'environnement. Pour créer cette alliance, et ne pas rester dans le cercle dans lequel le passé s'oppose au futur, où le MOI défend sa peau face à l'autre, nous allons maintenant aborder la façon d'élargir l'espace-temps pour sortir de nos évidences.

Le code est le recueil des lois, physiologiques et émotionnelles, de notre structure. La conduite, si elle est action, induit l'idée de conducteur, et donc de chef, de maître à bord dans la façon de (se) diriger. Nous nous proposons d'explorer un code de conduite qui respecte en premier lieu le véhicule, notre structure, sans laquelle il n'est pas de voyage possible, et qui nous responsabilise dans notre façon de (nous) conduire par le choix de postures. Un voyage librement décidé pour atteindre notre but, et donc mener notre projet personnel. Ce code de conduite a pour but de favoriser l'épanouissement de la personne par une meilleure connaissance de ses forces et de ses faiblesses, source de sécurité, ainsi qu'un ajustement de sa conduite, source d'identité. Comme au volant de sa voiture une telle adaptation, appropriée à la route par une autonomie de décision, favorise l'initiative, source de réalisation de soi.

Du fait de notre interdépendance au monde, se préserver c'est aussi préserver l'autre et le monde. La coopération est une donnée biologique. C'est dire s'il est préférable que chaque conducteur acquière le code pour avoir une conduite plus respectueuse que ses seules réactions de défense. Sinon, c'est l'accident.

Pour sortir de la réponse émotionnelle, tout (re)commence par un questionnement puisque, « une émotion est une réponse orpheline de sa question », selon la formule de Marc-Alain Ouaknin[1]. La question suppose que l'on n'a pas encore... la réponse. Elle sert à révéler ce qui est encore flou pour celui qui la pose. Elle sert à enlever le voile et on ne peut préjuger à l'avance ce qu'il y a sous le voile. Nous voilà en quête, sans préjugé ni a priori. Comme dans une enquête, on va chercher, demander, interroger et rassembler son savoir pour donner une réponse. Sauf que cette enquête est un peu particulière puisqu'elle ramène à soi et que la réponse est en soi. Voilà un drôle de corps à corps dans cette particularité de notre nature à se penser.

Ce questionnement a pour fonction de sortir de nos habitudes comportementales dictées par l'automate reptilien et par la mémoire du manque, pour prendre une autre initiative de vie, plus adaptée au respect de soi et de ses besoins. Les réponses vont nous faire passer du ressenti à la sensation, du ressentiment au sentiment, de l'ignorance au savoir, d'une réaction hors conscience à une action en conscience, enfin d'un état défensif à un état de libre arbitre ouvert sur la réalité, la sienne et celle de l'extérieur. Muni de ces nouvelles

1. Marc-Alain Ouaknin, *Bibliothérapie*, Paris, Le Seuil, 1994.

réponses nous serons plus libres de choisir quoi faire, avec la prise de risque que cela induit et qui suppose un nouvel apprentissage, un nouvel entraînement à nous conduire. Tout apprentissage commence par un temps de déséquilibre qui nous ébranle, et donc d'inconfort, et nous demande aussi à être endurant dans cet entraînement. Ah ! Ce serait si rassurant si nous avions d'emblée la solution à *tous* nos maux !

La logique émotionnelle nous invite à allier la logique de l'Occident, qui nous fait chercher la réassurance dans la *compréhension avant de faire,* vertu du questionnement du passé, à celle de l'Orient qui nous invite à *faire avant de comprendre,* vertu d'une autre conduite à expérimenter. Comprendre avant de faire, et faire avant de comprendre sont à égalité source d'apprentissage dans l'espace-temps qui est le nôtre, et nous demande de lâcher le « tout sûr, tout comprendre et tout savoir » avant de s'engager.

De la conduite réactive à la conduite active : le code

Même à court terme, les perceptions et les sensations sont du domaine du passé. Chronologiquement, elles viennent toujours avant la réaction de défense du MOI, qui lui cherche à défendre sa peau dans un présent qui garantirait l'avenir à coup sûr. Cette garantie absolue de nos besoins ne peut être que fantasmée : sécurité, identité et réalité d'être sont toujours à satisfaire et, quand elles le sont, ce n'est jamais définitivement. L'incomplétude est biologique.

En quête de sécurité ?

La première règle du code est d'interroger sensations et perceptions, et d'oser partir de là pour décider quoi faire. Lorsque la roue de votre véhicule est crevée, la direction est suffisamment instable pour que vous vous arrêtiez pour la changer. Continuer à conduire avec une roue crevée vous fait prendre le risque d'aller tout droit dans le décor... ou une autre voiture. Ce qui n'est respectueux ni pour vous, ni pour l'autre, et ne peut que vous attirer des ennuis. Il y a donc bien un temps à prendre, que nous le voulions ou non, que cela nous arrange ou non, pour mener notre barque. La peur, qui va de la vague inquiétude à l'effroi, a pour vocation de nous mettre en alerte, d'attirer notre attention pour que, présent à nous-même, nous le soyons aussi dans nos actes. La peur est la première émotion qui nous accompagne tout au long du chemin des autres émotions, dans la colère et la tristesse, que nous en soyons conscients ou non. Ainsi, lorsque nous nous sentons inquiets, le message est à considérer pour en faire quelque chose, tout comme nous le faisons quand le voyant de l'huile s'allume sur notre tableau de bord.

• Penser sa peur

Au lieu de la nier ou de la juger, afin de s'éloigner de l'inconnu. On pense habituellement que c'est de l'inconnu dont on a peur. Cela est un contresens puisque la peur est fondée sur une mémoire d'un passé douloureux à éviter et sur la conscience d'un avenir qui nous mène à la mort. La peur au présent est donc l'expression de ce choc de savoirs qui nous demande de protéger notre structure. Ainsi donc, nous projetons inévitablement du connu dans un environnement et un avenir à risque. Si nous allons dans la forêt amazonienne par exemple, alors que nous ne connaissons rien de ce milieu, il y a de grandes chances que nous ayons peur du danger potentiel que cela représente. Peur de ne pas trouver de quoi nous nourrir, d'être agressé par des animaux sauvages, de ne pas trouver d'endroits où dormir en sécurité... Toutes sortes de dangers que nous anticipons grâce à une connaissance intime de notre nature vulnérable.

Penser sa peur, c'est se donner une chance de savoir quel est le danger pour soi dans cette situation-là. C'est oser penser son ressenti pour y mettre des mots, du sens, pour donner de la consistance au vécu et à la conscience sensorielle, une façon de relier le corps et la psyché plutôt que de subir la confusion des sens, mère de tous les désordres. Ce que l'on nomme la conscience de soi, ou présence à soi, est bien cette faculté à « se penser » être, vivre, souffrir aussi, afin d'initier une parole et une action justes.

Penser sa peur comprend le risque d'avoir mal, car la peur nous fait revisiter une insécurité douloureuse. Raison pour laquelle nous résistons souvent à éprouver... ce que nous éprouvons. Car c'est aussi oser se penser avec cet état peu glorieux, souvent associé à la lâcheté, à la couardise et réservé aux petits enfants, ou, au regard de certains hommes, aux femmes qu'ils peuvent ainsi protéger.

En reprenant la carte de l'espace-temps de notre nature symbolisée, il va s'agir de prendre conscience des informations qui nous viennent du passé.

Pour remplir la carte des perceptions : *Qu'est-ce que je perçois de la situation ?* Cela correspond-il à ce que nous voyons, entendons, sentons ? Ou bien est-ce le résultat de commentaires intérieurs dus à nos évidences ?

Pour remplir la carte des sensations : *Qu'est-ce que je sens dans mon corps ?* Cela est suffisant pour se mettre à l'écoute du mouvement intérieur qui nous anime, c'est en soi que cela se passe et c'est vrai pour soi. En prenant en considération nos sensations, nous sommes amenés à répondre à d'autres questions :

— de qui, de quoi ai-je peur ?
— qu'est-ce que je juge impossible ?
— qu'y a-t-il à éviter ?
— quelle est la polarité du besoin : sûreté ou liberté ?

• S'accorder à sa peur :

Pour trouver un accord en soi, entre doute et confiance. Le doute émane de ce que nous savons de nos faiblesses, de nos failles ou encore de ce que nous considérons comme telles, faute d'avoir exercé notre potentiel. La confiance est celle que nous avons en nos points forts, qui font partie de nos talents, ou que l'on a exercés, entraînés et qui sont disponibles pour une action immédiate. S'accorder à sa peur passe par re-sentir, sentir à nouveau en osant penser sa peur, ce qui est un risque :

personne n'a envie de sentir à nouveau la souffrance, ce qui est sain, mais l'évitement nous fait tourner en rond autour de la blessure. Or ce retour en arrière n'a évidemment pas vocation de nous faire demeurer dans la souffrance, mais à revenir là où notre route a dévié. Au moment où nous n'avons pu nous poser de question, dans l'urgence à satisfaire un besoin fondamental malmené. Pour... quoi avons-nous réagi de la sorte ? Pour quoi n'avons-nous pas pu nous adapter à la situation présente dans le respect de nos besoins ? Qu'est-ce que nous n'avons pas pu ou su oser ? Qu'est-ce qui n'était pas possible pour nous à cet instant où l'émotion nous a envahis, qu'est-ce qui n'était pas acceptable, selon nous, par notre entourage ? Chemin faisant, nous pouvons rencontrer la faille, et ainsi revenir sur le lieu de la blessure originelle de notre talon. Cette fois, non pour revivre le même déroulé ou la même réaction émotionnelle qui nous mènerait aux mêmes constats, mais pour trouver comment nous adapter autrement, dans le respect de soi.

À partir de ce point d'appui qu'est la conscience de ses forces et ses faiblesses, il est temps d'introduire une autre question : *Qu'est-ce que je peux compte tenu de ce que je perçois et sens ?* Oser l'hypothèse du possible en soi, en tenant compte du danger que la situation comporte pour soi, et cesser de nier ses propres ressources pour oser une autre conduite, relève d'une forme de courage.

Cependant, veillons aussi à nous féliciter d'avoir survécu jusque-là, au prix de nos réactions émotionnelles. Nous féliciter de ce que notre corps ait cette intelligence automatique de nous faire survivre aux chocs, aux traumatismes, aux mensonges, aux rejets, aux humiliations, aux attentes vaines, à la souffrance des autres, au vide de sens... Nous féliciter de notre résistance et de notre opiniâtreté à vivre, et même d'avoir su nous arrêter, quitte à être en repli sur soi, quand il n'y avait sur l'instant pas de meilleure solution que de ne pouvoir en supporter plus. Cette façon de nous complimenter vient résonner en nous, avec un goût de confiance et de valorisation qui va nous aider à lâcher prise sur ces « seules solutions ». Comme si une part de nous avait attendu en vain d'être félicitée par un parent ou un professeur d'avoir réussi à se sortir d'une situation difficile. Le corps sait mieux sa limite que notre raison, surtout quand nous nous imposons d'être infaillible. Comme cet homme qui, incapable de voir le visage de son fils accidenté, s'était s'évanoui, témoignant ainsi de la limite de son possible sur le moment. Il s'échappe, donnant à son corps du temps pour intégrer en conscience l'événement. Plus tard il s'en voulait de cette faiblesse, de cette incapacité, alors même que ses mots nommaient sa souffrance et surtout son incapacité à voir ainsi son enfant. En défaillant, il reconnaissait son manque et se reconnaissait faillible. En se jugeant, en s'accusant de faiblesse, il se rejetait au profit de ce qu'il aurait dû être, et sa souffrance n'en finissait pas.

S'accorder à sa peur c'est convenir de sa vulnérabilité, et de l'intelligence, aussi, de l'évitement et de la fuite. C'est se donner la liberté de ce comportement là, que l'on juge bien vite comme étant de la lâcheté. Et c'est, à partir de cette possibilité-là, oser trouver des comportements alternatifs plus satisfaisants pour nous. C'est encore considérer ce que cette peur nous a permis jusque-là, et ce que nous avons développé grâce à elle. Car ne doutons pas que, sous l'effet de l'insécurité, nous développons non seulement notre vigilance, mais aussi l'analyse rapide de nos perceptions, le sens de l'anticipation avec une réponse immédiate (parfois trop immédiate) à l'environnement, garante, au moins, de survie.

• Reconnaître son passé dans son présent

Ce passage par « là où ça fait mal » nous amène à voir et à entendre, à nouveau, ce que nous avons vu et entendu, ce que nous avons perçu par nos sens, lors d'un ou des événements que nous avons conservés en mémoire. Ils font partie de notre passé, et pourtant ils sont encore là au présent puisque nous nous référons à eux pour justifier nos émotions et nos réactions défensives. Un passé au présent qui nous encombre le regard et qui nous empêche de voir plus clairement le moment réellement présent.

> « Quand j'étais enfant, mon père ne m'a jamais fait aucun compliment. Au contraire, il me harcelait et vérifiait sans cesse si j'avais bien fait mes devoirs, quelles notes j'avais eues, si j'avais été gentil à l'école, avec ma mère, mes frères et sœurs... Il ne savait que me réprimander et mettre mes défauts en évidence. À tel point qu'aujourd'hui, quand mon chef durcit le ton, je suis sûr qu'il me fait des reproches, je me sens pris en défaut. Je suis comme statufié, et je pars dans mon coin faire la gueule. Je sais que c'est idiot, mais c'est plus fort que moi. »

Pour cet homme, penser sa peur l'amène à voir à nouveau son père le réprimander. Non pour en rester là comme il le fait depuis des années, mais pour se libérer des sensations du petit enfant impuissant et tétanisé en inventant, cherchant l'attitude, la posture, le geste libre qui lui permettront de se retrouver au présent dans sa relation avec son supérieur.

Penser son ressenti, c'est accepter la logique des émotions : ce n'est pas notre histoire qui justifie notre état, mais bien notre état qui vient nous interpeller sur notre mémoire, notre part manquante, le mouvement qui nous a manqué pour nous adapter de façon plus juste. C'est aussi se fier à notre aptitude à pouvoir nous adapter autrement que dans l'urgence de la pression. C'est enfin admettre que nous possédons tous des talents dans les milliards de connexions nerveuses de notre cerveau. Si, jusque-là, nous n'avons trouvé que cette moins mauvaise solution émotionnelle face à un événement douloureux, nous pouvons découvrir bien d'autres attitudes qui respecteront mieux nos besoins.

• Unir en soi la sûreté et la liberté

L'union est à créer entre lâcher prise ET prendre prise. La sûreté nous fait prendre prise quand la liberté nous demande de lâcher prise. Lâcher prise quand nous n'avons pas anticipé ce sur quoi nous allons prendre prise n'a aucun sens et ne peut qu'augmenter un peu plus la pression intérieure pour ne surtout rien lâcher. Ce serait se demander de sauter dans le vide sans élastique, sans parachute, en somme sans assurance vie. Nous nous accrochons encore un peu plus fort à nos réactions émotionnelles. *L'union de ces contraires est possible quand, avant de lâcher prise, nous anticipons ce sur quoi nous allons prendre prise.*

> Annie avait une phobie de l'eau. Ce qui la désespérait car elle ne pouvait partager le plaisir de la piscine avec ses enfants. Elle restait sur le bord à les regarder s'ébattre et rire. Et à avoir peur aussi dès que les jeux devenaient trop risqués selon elle. C'était un véritable calvaire, pour elle autant que pour ses enfants à qui elle demandait de sortir de l'eau dès que son insécurité à elle était trop grande, tiraillée entre « devoir les laisser jouer dans l'eau et son incapacité à intervenir en cas de danger ». Imbroglio émotionnel qui finissait souvent en pleurs, cris et grincements de dents. Quand elle était enfant, un moniteur trop zélé l'avait jetée dans le grand bain car déjà elle résistait à y aller. Elle avait eu si peur que ses parents l'avaient ensuite dispensée de piscine. Depuis lors, impossible de mettre les pieds dans l'eau. Penser sa peur se résumait pour elle à « parce que cet imbécile de moniteur m'a jetée dans l'eau, je ne peux pas apprendre à nager ». Dans ce conflit de sécurité, tiraillée entre sûreté et liberté, entre ce qu'il faudrait et la dure réalité de la matière, même liquide, penser sa peur devint pour elle le risque de se noyer ou de boire la tasse. Petit à petit, penser sa sûreté l'amena à se voir au présent, à réaliser qu'au pis elle pouvait cesser de respirer le temps où elle avait la tête sous l'eau, et qu'au mieux elle pouvait prendre appui sur le sol de la piscine grâce à ses pieds au fond de l'eau, et sur ses mains si elle restait au bord. En tenant compte de sa peur, elle a commencé par faire des allers-retours dans le petit bain, en restant vigilante à l'entourage. Encouragée par ses enfants, elle a ensuite pris des cours, après avoir discuté longuement avec le moniteur pour sécuriser le cadre d'apprentissage. Aujourd'hui elle peut nager la brasse, même là où elle n'a pas pied. Elle ne deviendra jamais une championne, mais pour elle c'est une victoire que d'avoir vaincu sa peur et de pouvoir aller à la piscine avec ses enfants autrement qu'en restant à les regarder.

Cette union en soi d'une sûreté et d'une liberté, d'une stabilité et d'un mouvement, donne la sensation de sécurité, que ce soit dans son corps ou dans le regard que nous portons sur l'extérieur. Comme le fait l'œil qui découpe la réalité en images fixes, qui sont, ensuite, traduites par le cerveau pour devenir un film en continu. L'unité en soi se fait par la capacité à trouver sa stabilité (les photos) dans ce qui assure, et à donner à cette stabilité un mouvement libre, dynamique (le film). Et le contraire est vrai, bien sûr. Il s'agit bien de tenir compte de la réalité de notre structure, solide et vulnérable, vivante et mortelle. Vulnérabilité qui demande à penser ses sensations, toutes ses sensations, sans les nier, les juger ou les subir, ainsi que toutes ses perceptions (visuelles, auditives, tactiles, étendues à la totalité du corps grâce à notre peau, olfactives et gustatives), à les accueillir avec clairvoyance dans un saisissement de soi et des besoins de son corps. Pensée bien distincte de ce qu'il faut faire, au nom de ce que j'ai déjà expérimenté, puisque cette pensée consciente intègre aussi ce que *je peux* faire d'autre, ce que *je peux aussi* dans cet événement-là. Plutôt qu'en rester à l'évidence de l'impossible, il s'agit de considérer ce qui est possible pour soi, à ce moment-là et dans cette situation-là.

• Penser avec son corps, ou le corps pensant

Il n'est pas si simple de répondre à la question « qu'est-ce que je sens ? », et peut-être moins encore à « qu'est-ce que je peux ? », surtout quand nous sommes pris par l'urgence de réponses défensives. La conscience sensorielle nécessite d'être entraînée. L'objectif est d'entrer en relation plus intime avec notre structure grâce à des exercices physiques, et plus largement toute pratique qui propose de développer une meilleure conscience corporelle, d'être présent au mouvement que l'on fait et d'affiner nos sensations et nos perceptions. Il ne s'agit pas de sculpter son corps ou de le muscler, mais d'être présent à soi-même entre geste, respiration, coordination du mouvement et posture dans l'espace, ce qui développe la concentration.

Quand je fais la vaisselle, je fais la vaisselle. Cette invitation d'un maître zen comme voie de méditation dans l'action trouve sa réalité dans la structure corporelle. Cet état de vigilance vis-à-vis de nos gestes favorise la création de connexions entre ce que nous percevons, ce que nous sentons, ce que nous disons et ce que nous faisons. L'attention se porte sur la réalité intérieure et extérieure, sur l'espace – les mouvements effectués – et sur le temps – la durée de nos gestes. L'entraînement offre l'avantage d'être utilisable au quotidien, n'importe où, dans tous les actes de notre vie. Il devient alors plus aisé de « penser son corps ». Le mouvement du corps en conscience n'est pas seulement source de mieux-être sur le moment, il est aussi source d'apprentissage, nous invitant à « donner du temps au temps », à intégrer le cours du temps en soi plutôt que d'être happé par lui. L'endurance nous permet également d'expérimenter ce qui nous est possible, d'éprouver nos limites, et pas seulement de les penser. Le faire dans un cadre sans risque permet la mémorisation de gestes et de possibles, d'appuis sur lesquels se fier, de forces éprouvées, qui développent la confiance en soi.

En quête d'identité ?

La colère, rappelons-le, contient aussi de la peur. Elle s'adresse d'abord à soi pour entendre sa propre blessure à n'avoir pas su ou pu se faire entendre, ayant conduit à une identité en manque de poids, de valeur et d'estime face à l'autre. La conduite s'en trouve affectée, entre prouver à l'autre qui l'on est et ce qu'on est capable de faire, et la peur d'échouer. Dans cet écartèlement entre appartenance et différence, entre comprendre et être compris, la posture va osciller entre *ronger son frein* et *vider son sac. Ronger son frein* pour ne pas être rejeté, pour ne pas mettre en péril la relation. *Vider son sac* pour se faire entendre et réparer l'offense. En tout cas ce que nous vivons comme tel. Signal émotionnel là encore à écouter pour faire alliance en soi de la fierté à être qui nous sommes, avec nos capacités, nos talents et nos limites aussi, face à un autre différent.

• Parler sa colère

Pour reprendre possession de son expression, de son savoir et de son verbe. Parler sa colère, c'est parler de soi en colère, alors que la tentation est de parler de l'autre qui nous a mis en colère, qu'on accuse, à qui l'on fait des reproches ou que l'on cherche à vaincre et à convaincre. C'est une façon de remplacer la loi du talion par la loi du talon... d'Achille, bien sûr. Loi du talion, fondée sur la blessure du talon, qui a conduit Achille à subir son destin.

Parler à l'origine vient de danser. Ce qui laisse entendre que cela implique tout notre corps, et donc non seulement une parole issue de notre pensée, mais aussi une gestuelle et une posture. En colère, nous nous nous disons *hors de nous*, dans une attitude qui cherche à prouver et à gagner, et qui nous empêche de nous centrer sur nous-même et ce que nous savons. Or l'identité a besoin d'informations précises et authentiques à recueillir dans ses sensations, ses perceptions, ses mots et ses pensées. Parler sa colère commence par deux questions : *Qu'est-ce que me dit l'autre ?* et *Qu'est-ce que je me dis de moi face à cet autre ?* Répondre à la seconde, c'est mettre des mots sur sa blessure à se sentir rejeté, ignoré, non reconnu, mésestimé, ou à se sentir nul, incapable, idiot, ou encore en trop, mal venu, fille quand c'était le garçon qui était attendu, ou l'inverse... C'est oser s'entendre parler de soi à la première personne du singulier et de *s'approprier ce dont nous sommes propriétaire, notre colère*, face à l'autre, face à celui-là même qui a révélé notre blessure identitaire. Le risque est de mettre en évidence nos limites, contrebalancé cependant par la mise en lumière de nos qualités et de nos capacités. C'est oser se positionner face à l'autre ou face au groupe dans une attitude qui n'est ni offensante ni soumise. Parler sa colère à partir de son ressenti et son savoir face au comportement de l'autre, c'est rester dans son histoire, et potentiellement dans sa recherche du mouvement postural qui permettra à la relation d'évoluer dans le respect des besoins de chacun. Parler sa colère tient compte du besoin d'être intégré au groupe tout en exprimant sa différence. En mettant des mots sur ce que nous ressentons, en parlant nos commentaires intérieurs, nous nous précisons où est la blessure. Au niveau de l'appartenance ? Nos mots parleront alors de rejet. Au niveau de la différence ? Nos mots parleront de dévalorisation de soi. Parler sa colère permet de nous entendre nous-même, mais surtout avec nous-même, quand, dans l'échange avec l'autre, nous ne nous entendons plus.

Cela nous permet un questionnement et nous aide à reconsidérer l'évidence :

— Qu'est-ce que je dois, et à qui ? Suis-je en dette, et de quoi ?

— Qu'est-ce que je m'interdis dans l'échange ?

— Qu'est-ce que je cherche à gagner ? Contre quoi, contre qui ?

— Quelle est la polarité du besoin : appartenance ou différence ?

• S'accorder à sa colère

Chercher un accord avec sa colère, plutôt que de rester dans l'antagonisme entre ce que nous exigeons de nous, ce que nous devons être ou craignons d'être, et qui nous sommes. Il s'agit de se saisir de son savoir, dans son intégralité, insuffisances et richesses incluses, et non de rester sourd à ses sensations, ses perceptions et ses pensées. L'inconscience du conflit intérieur, avec l'habitude de se juger au nom de ce que nous devrions, nous prive de l'expression libre et juste de notre différence et de notre potentiel. L'acceptation de soi, là où nous en sommes, avec nos qualités, nos défauts, notre histoire, et aussi l'intime conviction des capacités que nous pouvons encore développer, nous permet d'exprimer notre potentiel et de prendre la posture appropriée. Elle nous permet de nous libérer du passé, et de l'image qui nous était renvoyée de nous par nos parents, nos professeurs, nos frères et sœurs, nos amis, et qui nous colle à la peau. En lutte, nous n'en finissons plus d'être en réaction et de vouloir prouver à l'autre... pour restaurer l'image de soi. La colère est là pour nous ramener à nous-même. S'accorder à sa colère signifie trouver une cohérence entre posture et parole, cohérence que l'autre, avec qui nous sommes en relation, ne manquera pas de percevoir.

> Aline exigeait d'elle d'être toujours parfaite. Dès qu'elle ratait quelque chose, c'était une tragédie. Cela l'épuisait, elle s'en voulait d'être comme ça et en voulait aux autres qui ne pouvait l'accepter autrement, pensait-elle, que parfaite. Elle avait été élevée par sa grand-mère qui n'avait guère de patience. Elle se souvenait du jour où, après un repas de famille alors qu'elle avait seize ans, elle avait cassé un beau verre en cristal en essuyant la vaisselle. Sa grand-mère lui avait repris le torchon des mains en lui disant : « Décidément ma petite fille, on ne peut rien te demander. Tu ne feras jamais rien de tes dix doigts... » Et ce devant toute la famille. Elle n'avait pu que lui répondre : « J'en ai marre, tu n'es jamais contente ! » et était partie dans sa chambre en pleurant. En évoquant la scène, elle parlait d'humiliation cuisante et son impuissance face à sa grand-mère générait encore des larmes et des mots de colère. C'est pour ne plus revivre ce type d'humiliation que depuis elle ne s'accordait plus le droit à l'erreur. En faisant un jeu de rôle avec elle, elle a fini par dire à sa grand-mère : « Si faire quelque chose de ses dix doigts, c'est ne jamais rien casser et ne jamais faire d'erreur, tu as raison. Et moi je sais qu'avec mes dix doigts je fais souvent la vaisselle sans rien casser, je fais mes devoirs, du piano, et je couds mes ourlets de pantalon ! »
>
> Sa posture avait complètement changé. Elle était droite, son ton était ferme et ne permettait pas la réplique. Elle avait même un large sourire, comme si elle venait de faire une bonne blague à sa grand-mère.

S'accorder à sa colère est un temps de pause pour trouver l'accord en soi, avec les autres et le monde, comme le musicien prend le temps d'accorder son instrument pour jouer avec le groupe. Là aussi nous pouvons regarder nos colères avec indulgence. Grâce à elles, nous avons pu nous exprimer quand nous nous sentions offensés, comme une façon de reconquérir notre propre territoire. Bien sûr nous étions plus à répliquer qu'à nous expliquer, mais c'était la seule solution que nous ayons trouvée pour rester en lien avec l'autre, surtout quand l'autre nous demandait de respecter un programme de devoirs. Enfin, n'oublions pas qu'en panne d'identité nous avons développé l'art de l'argumentation et des reparties, le sens de la stratégie, l'aptitude à évaluer le rapport de force, l'acuité des rapports humains et la coopération. Et, le sachant, nous pouvons peut-être cesser de vouloir river son clou au premier quidam qui nous contrarie...

• Reconnaître le passé dans le présent

La colère vient réveiller la vieille blessure du passé d'une reconnaissance et d'une appartenance rejetée par un entourage alors incapable de nous entendre. Blessure qui s'est inscrite sous la forme de ressentiments vis-à-vis des personnes pour qui nous avions des sentiments. Comme cette jeune fille qui nourrissait du ressentiment contre sa grand-mère, qu'elle aimait, mais qui l'avait rabaissée devant toute la famille.

La colère invite, en conscience, à considérer ce qui est précisément touché en soi. Le risque est donc de revenir à soi et de revisiter un connu douloureux, celui de n'être pas acceptés et aimés comme nous sommes avec, aussi, nos maladresses et nos difficultés, et de revivre une humiliation qui nous laisse atterrés et ne nous permet plus de nous élever à notre statut d'être humain. La mémoire du « devoir être parfait » en même temps que l'incapacité à l'être vient réveiller le conflit. *Oser exprimer sa blessure favorise la considération de soi* et donc celle de l'autre. L'expression permet aussi d'alerter le groupe qui, ainsi, peut nous venir en aide. Telle est la fonction initiale de la parole, faire part de ce qui nous arrive dans notre identité. Nommer, c'est favoriser la solidarité de l'appartenance, et aussi la différence de notre point de vue. Aline était demeurée seule avec sa blessure et sa colère, ne s'adressant qu'à ses proches, ceux-là mêmes qui étaient incapables de l'entendre, sans oser en parler à d'autres qui auraient pu l'entendre. *Je n'y ai jamais pensé ! Et puis je n'aurais pas voulu donner de ma famille une mauvaise image.* Par pudeur, par honte, et par amour aussi, elle maltraitait son besoin de lien et reprochait à son entourage de ne pas lui en donner.

Je me sens humiliée, je me sens mal aimée, sensation douloureuse qui me ramène à ce souvenir pénible... Des paroles qui deviennent une invitation à se positionner face à l'autre comme une personne digne d'être respectée et aimée, mais aussi comme une personne fragile, limitée et imparfaite, qui mérite d'avoir une relation de qualité avec l'autre. Ce que n'avait pu expérimenter Aline enfant, envoyée vivre chez sa grand-mère, et qui s'était sentie abandonnée par ses parents. Elle n'avait pu que survivre et préserver son intégrité dans la lutte contre ceux qui lui faisaient mal, ou contre elle-même en s'humiliant pour conserver la relation nécessaire à son équilibre d'alors. Car face au danger de perdre notre identité dans l'appartenance familiale, scolaire ou affective, nous n'avons pas osé prendre le risque de faire mal en adoptant une position plus affirmée. Ou bien quand nous l'avons fait, nous avons pu déclencher des reproches injustes qui nous ont convaincus de ne pas recommencer. Comportement de crocodile blessé !

• Unir en soi appartenance et différence

C'est unir le besoin de rendre des comptes et de se prendre en compte. L'appartenance nous demande de rendre des comptes à l'autre, alors que la différence demande de prendre en compte sa singularité. Il est intéressant de noter que compter trouve son étymologie dans conter, c'est-à-dire énumérer, discuter, raconter des histoires. Rendre des comptes serait ainsi faire un don à l'autre dans l'énumération de son histoire, son vécu, son savoir... et nous éloigne de l'idée d'endettement ou de devoir par rapport à l'attente de l'autre. Quant à se prendre en compte, c'est se saisir de soi dans sa différence et sa singularité en tant qu'individu parmi d'autres.

Être ensemble est une donnée biologique, puisque les êtres humains vivent les uns avec les autres, parmi d'autres, pour assurer le soutien et la collaboration dont nous avons besoin pour vivre sur cette terre. Même si nous l'oublions bien souvent et que nous savons vivre aussi les uns contre les autres.

Unir en soi : rendre des comptes pour être et rester en lien avec nos proches, nous prendre en compte parmi d'autres individus, comme nous identiques et différents, crée le lien qui nous permet de s'accepter et d'accepter l'autre, chacun avec son savoir, son histoire, son potentiel et ses qualités, mais aussi ses défauts, ses faiblesses et ses carences.

Pour retrouver le sens d'être en lien avec les autres, utile au groupe et apprécié de lui, encore faut-il avoir suffisamment uni en soi sûreté et liberté, ce qui nous permet de ne plus voir l'autre comme un ennemi, mais aussi de se réconcilier avec son histoire et sa valeur individuelle.

Caroline était en colère contre son mari, tout en se sentant coupable envers lui. Il lui reprochait d'être trop présente auprès de ses parents, âgés et fatigués, d'en faire trop et que ce n'était pas normal. La dernière crise au retour d'un week-end chez les parents avait été particulièrement virulente :

— Je ne te comprends pas, tu es comme une petite fille avec eux. Il est vraiment grand temps que tu grandisses, je t'assure ! Quand ils sont là, c'est comme si on n'existait pas, moi et les enfants. Y en a marre à la fin.

— Ça c'est sûr que je ne peux pas te reprocher la même chose. Tu ne t'es jamais entendu avec tes parents et tu ne te préoccupes guère de ce qui peut leur arriver...

— Et voilà, c'est toujours la même histoire. Dès qu'on te parle de ta famille, tu montes sur tes grands chevaux. On ne peut rien te dire, et moi j'ai juste le droit de la fermer !

— Ce n'est pas ce que je dis...

— Ah oui ? Et tu dis quoi alors ?

— Je dis que tu es injuste ! J'ai bien le droit de m'occuper aussi de mes parents. Tu ne dis rien tant que je m'occupe de toi et des enfants. Mais que je vienne à me préoccuper d'autre chose que de Môssieur, et c'est la crise !

— Je suis content de connaître la vision que tu as de moi : un égoïste jaloux ! Ça a au moins le mérite d'être clair. Et bien continue comme ça, fais ce que tu veux. Eh moi, en bon égoïste, je vais m'occuper de mes affaires. Mais, au bout d'un moment, on n'aura peut-être plus grand-chose à faire ensemble... »

Claquement de porte. Le mari était sorti.

Caroline était effondrée. Elle avait peur de perdre son mari, qu'elle aimait. Et, dans le même temps, elle se sentait muselée dans sa liberté de faire ce qui lui semblait bon, tout en étant touchée des paroles de son époux. Dans ce schéma de crocodiles blessés, comment unir sécurité et liberté, appartenance et différence ? Sur quoi prendre prise pour lâcher ce qui peut être lâché ? Comment rester en lien avec la famille qu'elle avait fondée, tout en restant en lien avec sa famille originelle ? Que pouvait-elle reconnaître d'elle-même, face à son mari ? Entre fautes, droits et devoirs, Caroline a cherché une autre posture. Retour à « Et tu dis quoi alors ? » :

— Que je me sens en colère quand je t'entends me traiter de petite fille, comme si j'étais une demeurée. Je dis que tes reproches me rendent triste aussi, que je ne me sens pas reconnue dans ma générosité à prendre soin des personnes que j'aime. Que je t'aime, toi et les enfants, et que j'aime aussi mes parents. Que je m'inquiète pour eux et leur état de santé, et que tu me demandes une exclusivité que je ne peux te donner. Et, pis que tout, je me sens coincée à devoir contenter tout le monde, et je ne sais plus quoi faire...

En parlant sa colère, elle a pu reconnaître sa générosité, sa crainte d'être une demeurée, en même temps que son évidence à devoir contenter tout le monde.

Parler sa colère, c'est prendre le risque d'une posture qui a été interdite dans le passé, tant elle provoquait de réactions émotionnelles autour de nous que nous n'avons pas su décoder. Faute de savoir faire avec, dans le respect de nos besoins, nous avons fait contre, contre soi ou contre l'autre. *Cette parole différente nous met à égalité de valeur avec l'autre*, ni au-dessus comme un juge, ni au-dessous comme un enfant. Ainsi nous pouvons prendre le risque d'entendre ces reproches qui nous ont fait et nous font toujours mal, sans chercher à blesser en retour, d'autant que nous savons que notre colère est la nôtre. Le reproche est comme un retour de proximité, une façon d'être proche, et peut-être trop proche. Pour ne pas se sentir en rupture dans le lien ? Sans doute. Mais il est dangereux de jouer avec le feu !

En s'accordant à notre colère, en parlant avec elle dans ce dialogue intérieur, comme une alliée qui cherche à restaurer notre identité dans son intégralité, nous pouvons enfin entendre le reproche et les critiques de l'autre. De celui ou de celle auquel on tient, ou plutôt qui nous tient, c'est-à-dire sans lequel on ne se sent pas tenir debout et dont on se sent dépendant. S'approprier officiellement sa colère, c'est se donner le pouvoir d'entendre ce à quoi nous étions sourds. La simple évocation nous blessait tant que nous rejetions la critique, et l'autre avec. Au prix de notre liberté et de notre différence. Au prix de la qualité de notre relation exclusive.

Parler sa colère, c'est prêter l'oreille à sa souffrance, oser se dire limité, imparfait, mais aussi oser se dire capable, puissant, différent face à un parent qui, jusqu'alors, incarnait à lui seul l'autorité de nous dire qui nous devions être, selon lui. C'est aussi conserver le lien par sa capacité alors à entendre l'autre, y compris dans son mal-être qui lui fait reprocher, mentir, nier ou se taire, d'autant que cet autre est aussi un être meurtri. Au risque de faire mal, de ne pas être comme l'autre aimerait que l'on soit pour satisfaire ses propres schémas de défense. Au risque de déranger un ordre préétabli par d'autres que soi, de mettre de la dysharmonie, du malaise chez l'autre par l'expression de sa parole propre, libre et donc différente.

Le risque de faire mal se prend en conscience, par fidélité à soi et non contre l'autre qui est en face.

• Parler avec son corps, ou le corps parlant

Après avoir expérimenté le corps pensant, devenu plus sûr et plus présent à soi-même, la posture change déjà. Côté identité, ce que je me dis comme ce que je pense de moi est directement lié à la posture que j'adopte.

Essayez simplement de prendre la posture suivante : placez-vous debout, pieds vers l'intérieur, genoux légèrement fléchis, le ventre en dedans, les épaules affaissées, les bras pendants, la tête courbée et le regard vague, en étant présent à la sensation et à l'information que vous donne votre corps. Maintenant, redressez-vous, les pieds dans l'axe, la colonne vertébrale étirée, la tête droite, la nuque dans le prolongement de la colonne, le regard vers une personne imaginaire qui vous fait face, et laissez-vous pénétrer de la sensation et de l'information. Vous pourrez sentir qu'une simple posture change l'information et l'image que l'on a de soi. Le corps parle, non seulement à l'autre qui vous regarde et vous entend, mais à vous-même.

Parler avec son corps, c'est aussi se parler à soi. *Prendre une posture en conscience, c'est ajuster l'intention, le dire et le faire à l'instant présent.* Le théâtre, les jeux de rôle, aussi bien que des activités corporelles, statiques et en mouvement, seul et avec partenaire, nous entraînent à adopter certaines postures. Plus on fait le mouvement, plus il s'inscrit dans le corps car c'est à force de répétition que celui-ci sait et connaît le bon geste. Plus on répète, et plus c'est facile. Il s'agit de s'amuser, avec en même temps une notion d'effort, de persévérance et d'endurance qui nous aide à tenir notre objectif, notion bien différente de devoir réussir. Alors que fixer sa posture dans une rigidité corporelle fait courir le risque de rigidifier l'esprit, unifier le corps et l'esprit dans leur expression, c'est gagner en souplesse et en cohérence psychocorporelle.

En quête de réalité existentielle ?

Quand l'union en soi des besoins de sécurité et d'identité n'a pu se faire, quand ni l'un ni l'autre ne sont suffisamment nourris, il est bien difficile de mettre le moteur en marche. La voiture est en panne de batterie et le conducteur ne sait plus ni conduire ni où aller. Au mieux on est comme engourdi, fatigué et désabusé. Au pis nous voilà dans le chagrin et la culpabilité. La tristesse qui accompagne l'état de repli sur soi donne une sensation de plomb, de douleur morale qui entrave l'action. Comment agir avec sa tristesse ? Comment réaliser ce qui est fait dans cette sensation vide de sens ? Tel est l'enjeu de ce que l'on nomme couramment motivation.

• Bouger avec sa tristesse

Ça y est, nous y sommes, nous voilà bien en peine, au fond de notre trou. Arriver à ce stade est un appel à nous remettre au centre de notre existence. Submergé par ce qu'il faut et ce qu'on doit, nous avons perdu notre boussole interne, aussi bien le sens de ce que nous percevons et sentons que la direction et la signification de notre vie. Entre *bof* et *à quoi bon*, la pression reptilienne exige en plus que nous donnions du sens pour se mettre en mouvement. Alors quand nous y arrivons encore, c'est plus par obligation que l'on agit, que pour soi. On a encore le sens du devoir, mais cela ne nous dit rien de plus quant à nos désirs et à nos envies, et on finit par se retrouver en panne sèche. Se prendre là où nous en sommes, c'est déjà bouger avec sa tristesse. C'est lâcher la pression à devoir trouver du sens pour se mettre en mouvement, ce qui a pour effet de calmer le crocodile par le simple fait de se sentir vivant en mobilisant sa structure. C'est remplacer la sensation de vide d'existence par une sensation de vie. C'est peu, et c'est déjà beaucoup. C'est s'accepter dans la peine, ce qui nous donne une sensation d'harmonie en soi, même si elle est encore douloureuse.

Bouger avec sa tristesse suppose d'accepter le risque de mal faire, car cette angoisse n'est que la résultante de la peur d'avoir mal et de faire mal. Sans cette prise de risques, la motivation tombe et on reste figé et paralysé. Or c'est précisément l'invitation de l'émotion que de bouger en sachant qu'on peut aussi mal faire. Car plus nous nous mettons la pression pour faire *tout bien*, plus nous augmentons la réaction de défense en retour, jusqu'à la dépression. Arrivés à ce stade, nous avons fait ce qu'il fallait, ce que nous devions, sauf que nous avons cessé de nous prendre en compte, nous et nos désirs. Pas de voyage possible, pas même envie de voyager. La question va revisiter le désir de ce que nous voulons et désirons :

— Pour qui, pour quoi est-ce que j'agis ?

— À quoi est-ce que je m'intéresse ?

— Qu'est-ce qui donnerait du sens pour moi, en terme d'orientation et de signification ?

— Quelle est la polarité du besoin : harmonie ou initiative personnelle ?

• S'accorder à sa tristesse

La tristesse est, avec la dépression et la sensation de vide en soi, l'occasion de l'émergence d'une création pour sortir d'un soi déterminé par la réalité matérielle et relationnelle. Elle est le signal que nous nous sommes trompés dans les activités auxquelles nous nous sommes consacrés jusqu'alors. Je suis triste, je suis désespéré, je suis fatigué, je me sens mal... Je suis dans l'obscurité, sans joie, sans lumière intérieure. Les plombs de ma maison intérieure ont sauté. Par surchauffe ? Par court-circuit non détecté ? Heureusement que le signal est là, en bout de course, pour nous inviter à cesser d'agir de façon inconsidérée, comme si nous étions absents du sens de l'acte posé. *La tristesse est l'occasion d'une pause dans le temps, d'une pose dans l'espace*, à accueillir comme un guide qui nous aide à cheminer sur notre voie. Cette pose/pause est là pour nous permettre de revisiter nos circuits et repérer les erreurs qui nous ont fait sans doute disjoncter sans en avoir véritablement conscience, que ce soit récemment ou plus loin derrière nous. Le sens n'est pas tant à chercher dans l'avenir d'un projet à mettre en place que de reconsidérer notre histoire, pour quoi, pour qui nous avons agi et continuons de le faire. C'est déjà retrouver le sens de ce qui est, même si ce sens est à trouver dans les réactions de défense de la fuite et de la lutte. Sans retrouver le sens de l'objectif intelligent de nos réactions passées, nous ne pouvons guère consommer le mariage dans un acte juste pour soi et choisi par soi.

Nous avons cherché l'équilibre, l'harmonie avec l'autre et le monde, mais avons oublié l'harmonie en soi, que nous ne retrouvons guère qu'en nous repliant sur nous-même, pour avoir la paix. Les couples sont parfois un bel exemple de cette recherche d'équilibre, couple qui dans leur constitution sont symboliques du mariage structure/posture. La tentation est de chercher chez l'autre la compensation de ses propres manques, jusqu'à être prisonnier du processus.

Ainsi une femme anxieuse trouvait à se rassurer auprès d'un mari solide dans ses convictions. Le mari s'en trouvait valorisé et avait l'habitude de prendre les décisions et d'incarner l'autorité dans le couple. Ce qui maintenait sa femme dans une pseudo-sécurité tant qu'elle n'expérimentait pas pour elle-même la moindre prise de risque sans la présence rassurante de son mari. Le jour où cette femme a osé se libérer et s'affirmer, le mari s'est senti blessé, atteint dans son identité, et le bel équilibre a volé en éclats. Ce type de cercle relationnel devient vicieux, fixant chacun dans une absence d'initiative pour conserver sécurité pour l'un et liberté pour l'autre, appartenance pour l'un et valorisation de sa différence pour l'autre. La dépression, la colère ou la séparation risquent de devenir les seuls moyens que trouve le couple pour sortir de cet emprisonnement.

S'accorder à sa tristesse, c'est convenir de l'impossibilité présente à faire alliance en soi de la sécurité de la structure et de l'identité de la posture pour se motiver dans l'action. C'est reconnaître que l'apathie ressentie est porteuse de sens pour soi, qu'il s'agit de bouger avec dans une action possible et sans pression. Et nous pouvons là encore nous féliciter d'avoir su nous adapter tout au long du chemin, même si nous en sortons plus ou moins sécurisé et plus ou moins identifié. Car ce faisant, nous avons aussi développé de belles aptitudes comme celles de prendre soin, comme le don de soi et l'empathie, l'attention, la sensibilité et la concentration.

- Reconnaître le passé dans le présent

Pause ! La tristesse est l'heure de se questionner sur les motivations qui ont présidé à nos choix. Pourquoi, pour quoi, pour qui ai-je agi ? Est-ce un choix contre l'avis et le désir de mon entourage, qui garantit ma liberté mais dans lequel je me sens seul et qui me prive d'appartenance ? Est-ce un choix que j'ai fait pour leur faire plaisir, qui me prive de ma différence ? Est-ce un acte fait pour prouver ma force et ma capacité ? Est-ce une décision pour m'éviter la difficulté et assurer ma sécurité ? La mémoire de ces motivations passées dans les choix du moment présent nous met en repli, dans le renoncement à agir en sécurité et en identité dans l'événement qui fait écho à ce souvenir. C'est notre talon qui a parlé par la voix du crocodile.

Dans ce dialogue intérieur, nous aimerions tant être cette personne parfaite qui n'aurait plus de difficultés et n'aurait que des qualités. Dans l'automatisme émotionnel nous « préférons » l'absence à la présence active et vivante que nous savons, dans une évidence très intellectuelle, ne pas pouvoir atteindre. D'où cette culpabilité qui nous affecte tant, qui s'ajoute à notre tristesse et nous empêche de voir le bon sens de notre fatigue. Nous avons alors besoin de toute la compassion et de l'amour pour l'enfant que nous étions, et qui a fait au mieux de ses possibilités pour traverser la situation douloureuse rencontrée. Compassion aussi avec notre plainte qui nous a permis de reconnaître le coup reçu, de reconnaître notre souffrance, l'intelligence de notre nature à s'adapter dans l'urgence, mais aussi la limite de ses moyens. Car la plainte seule pourrait enfermer dans un cercle vicieux qui consiste à réactualiser le passé pour justifier l'absence de mobilisation au présent.

Pauline était déprimée :

— Tout ce que je fais ne sert à rien ! Quand je me force et que j'arrive à me motiver, ça ne suit pas. L'autre jour j'avais rendez-vous avec une copine pour faire des courses, et même ça j'ai pas pu y aller. Quand je suis arrivée à ma voiture, j'avais une roue de crevée. Symbole de ma paralysie actuelle. Je ne fais pas ce qu'il faut, je suis trop dispersée. Du coup je m'enferme à la maison où je m'englue. Ça m'énerve d'être comme ça, je m'en veux.

— Tu t'en veux de ne pas en faire assez ?

— Ça ne sert à rien de toute façon. Je fais et ça n'aboutit pas. Je n'ai reçu que des réponses négatives à mes demandes d'emploi. Je dois être trop nulle, ça n'intéresse personne de m'embaucher. Je suis découragée, j'en ai ras le bol. Penser refaire une lettre de motivation me paralyse. Je n'arrive pas à me faire violence pour affronter les autres. Vu l'état où je suis, ce n'est pas la peine d'aller en plus me griller des occasions ! Je ne sais plus quoi faire.

— Si agir revient à « me faire violence » et à « me griller », je comprends que ce soit pénible et douloureux. Te rends-tu compte de la violence que tu t'infliges ?

À ces paroles, Pauline pleure.

— Ce serait surhumain de me dire que je suis incapable...

— Il est important, Pauline, que tu reconnaisses déjà ce dont tu es capable et ce que tu fais. Tu es allée changer la roue de ta voiture, alors que cela t'a empêchée de mener ton projet d'aller faire des courses. Tu as envoyé un certain nombre de candidatures, même si elles n'ont pas été couronnées de succès... À défaut de cette reconnaissance, tu penses que les seuls actes qui servent, c'est ceux qui aboutissent.

— Je ne peux quand même pas me contenter de ça, vu le résultat...

— Tu ne peux pas ou tu ne veux pas ?

— C'est la même chose non ? Quand on veut, on peut...

— Non, ce n'est pas la même chose. Ne pas pouvoir renvoie à une impuissance. Alors que vouloir, ou non, renvoie à un désir. Si tu t'appuyais sur ton désir de trouver un travail, et que c'est pour toi que tu le fais, peut-être que cela t'aiderait ?

— À recevoir des réponses positives ?

— Non, à te centrer sur ton projet de trouver un travail. Et que ces lettres que tu fais et envoies sont un premier pas dans ta recherche d'emploi. D'en rester là et de te féliciter de ton endurance. D'oublier un peu le résultat au profit de ton action.

Pauline hausse les épaules, peu convaincue. Faire le deuil du résultat au profit de ce qu'elle fait lui est encore impossible. Enfant elle était assez bonne élève, mais lorsque ses notes étaient de 14 ou 15, ses parents lui demandaient pourquoi elle n'avait pas eu 18 ou 19. Le travail fourni n'était pas reconnu et on lui avait demandé toujours plus... de résultats. Elle était fille unique et ses parents auraient voulu un garçon. Elle s'intéressait à l'art et à la littérature, ils auraient voulu une scientifique. Depuis le début de son existence elle avait tout faux, coupable de ne pas plaire à ses parents. En seconde, plus rien n'avait de sens et elle avait sombré. Elle n'avait eu son bac qu'après l'oral, de justesse. Reconnaître qu'elle avait eu le courage de résister jusqu'à ses seize ans face à une telle exigence parentale avait été un premier soulagement pour elle. N'empêche, revisiter la douleur du rejet en ne trouvant pas d'emploi la renvoyait à son incapacité de satisfaire l'autre, et le résultat de ses actes restait le seul moyen qu'elle avait de se sentir capable et acceptée.

Reconnaître le passé dans le présent a pour objectif de stopper le cercle infernal pour, enfin, oser dire tout haut ce qui n'a pu être dit : « *C'est pour moi que je fais cela !* » C'est oser se montrer, se mettre sous la lumière d'un choix exprimé et qui permet de se définir en tant que personne. Grâce à cet aveu qui nous fait nous considérer comme des personnes libres et différentes, la réalisation du projet devient l'expression d'un soi unifié et joyeux.

• Unir en soi harmonie et initiative

L'union se retrouve après avoir fait le vide pour... refaire le plein. Le vide que l'on subit dans le repli est réellement une invitation à faire le vide en soi. Faire le vide de la pression à faire toujours et encore un peu plus de la même chose, à éviter ou à gagner. Faire le vide des « il faut, je dois » pour laisser monter l'envie. Comme on fait la diète après des repas trop copieux pour retrouver l'appétit. Car c'est bien de goût et d'appétit dont il est question, qui nous fait dire dans la dépression que *je n'ai plus de goût à rien.*

Nous sommes pleins de la mémoire de nos réactions passées, pleins de notre éducation, de ce qu'il a fallu et ce que nous avons dû pour survivre... En contrepartie, nous sommes vides de nous-mêmes. Dans cette sensation de vide, il n'y a plus d'envie, de désirs, et encore moins de plaisir. Or il s'agit de faire alliance en soi de la réalité matérielle et relationnelle, qui nous demande d'être sûrs et ensemble pour être en paix et en harmonie, et libres et différents pour prendre une initiative personnelle. L'alliance peut se faire dans un temps de solitude pour faire le vide, qui nous permet de créer un autre « je suis », plus authentique et plus vrai, porteur d'un projet plus intime. Un soi qui est à inventer, à projeter dans un à... venir. L'invitation est alors d'utiliser la tristesse et la solitude comme phase de construction et non de destruction.

Un conte oriental raconte qu'un jour un homme alla voir un vieux sage dans la montagne pour devenir son disciple. Le vieux sage le reçoit et l'invite à prendre un thé. L'homme, très érudit, parlait de ce qu'il avait appris, ce qu'il voulait faire et ce qu'il attendait de l'enseignement qu'il allait recevoir grâce à lui. Le vieux sage qui servait le thé continua alors que la tasse était déjà remplie et fit déborder le liquide. L'homme, interloqué, s'empressa auprès du maître :

— Maître, arrêtez-vous, la tasse est pleine...

— Oui, répondit le vieux sage, comme ton esprit. C'est pourquoi je ne peux rien t'apprendre. Si tu veux que je t'enseigne, commence par faire le vide dans ton esprit !

S'il n'y a pas de vide, il n'y a pas de place pour contenir autre chose. Il n'y a pas de place pour ses désirs, ses envies et ses centres d'intérêt.

Le repli sur soi est une façon de mettre de la distance par rapport aux schémas de passage à l'acte et de la motivation habituelle, ceux qui nous faisaient nous mettre en marche. Distance entre l'hypertolérance que nous avons développée pour conserver l'harmonie et avoir la paix, ou à l'inverse l'intolérance d'une quelconque contradiction pour garantir la liberté de sa réalisation. Entre les deux, reste à considérer l'intérêt de nos actes. Intérêt pris au sens financier du bénéfice que nous en tirons, du retour sur investissement de l'énergie que nous déployons, des moyens que nous pouvons et désirons mettre en œuvre, du plaisir que nous avons de réaliser notre projet. Intérêt et plaisir aussi de l'harmonie à favoriser la qualité relationnelle. En effet si je peux me faire plaisir, j'ai aussi plaisir à favoriser le bien-être selon le désir des autres.

Unir en soi harmonie et initiative, c'est initier un mouvement choisi, un geste qui, déjà, nous réalise harmonieusement. C'est aussi cesser de vouloir donner du sens à tout ce que nous faisons ! Toute seule, la pièce du puzzle n'a que peu de sens quelle que soit la façon dont on la regarde. Elle en acquiert au fur et à mesure de l'avancée du puzzle.

• Bouger son corps

Les scientifiques ont mis en évidence, très récemment, que le cerveau est capable de se régénérer et de s'autoréparer en développant de nouveaux neurones à partir de cellules embryonnaires présentes dans les tissus cérébraux, à condition de les activer par l'action, l'expérience et la créativité. Par des pratiques comme la méditation ou l'exécution de katas (suite de formes), nous reconnectons le corps et l'esprit et ressentons à nouveau la vie en nous. En portant l'attention sur notre respiration, notre corps en marche, l'exécution d'un mouvement précis, nous faisons le vide de nos pensées pour nous rebrancher sur notre existence. Mieux en accord avec soi, il devient possible de porter sa vie hors de soi.

S'exercer, s'entraîner, endurer : la conduite

Pour apprendre à conduire un véhicule, rien de tel que la pratique ! Dans les débuts, nous faisons attention à chaque geste, nous les divisons en séquences et les répétons encore et encore, avant de trouver la fluidité du mouvement. Pour que les solutions alternatives nous viennent plus vite dans le cerveau comme solutions préférables aux automatismes reptiliens, il n'est d'autre moyen que de s'entraîner. Comme pour la conduite automobile, un mouvement sportif, parler une langue qui nous était étrangère et qui nous devient familière à force d'usage. L'entraînement favorise l'état de joie, la sensation d'être à la fois ancré, stable et en mouvement dynamique. Un livre ne remplacera jamais l'expérimentation individuelle, pas plus que la description du goût du kiwi ne permet d'en percevoir la saveur. Toutefois, voici de quoi favoriser la pratique de la Logique Émotionnelle. À déguster sans modération.

Décrire pour comprendre

Nos sens de perception captent l'information hors de soi, dans l'environnement, et celle-ci a un impact sur nous sous forme de sensations. Or nos filtres de perception nous jouent souvent des tours dans notre compréhension et induisent les émotions. Nous avons vu que c'est la mémoire du passé, et de ce qui avait été alors compris, qui vient déclencher la réaction. Pour élargir l'espace-temps et sortir de nos certitudes, reconsidérons ce qui est de l'ordre du passé et du présent, en prenant un moment pour décrire notre vérité. En partant de notre schéma à quatre paramètres, la case en bas à gauche sera remplie avec ce qui est vrai pour soi, ses sensations, c'est-à-dire ce qui est senti et ressenti. La case en haut à gauche le sera avec ce que nous percevons à l'extérieur, ce que nous nous en disons, sentiments et ressentiments, ce qui est vrai et faux à la fois, nous l'avons vu. La description, effectuée avec minutie, offre la possibilité d'acquérir une sensation de sécurité, un point d'appui, une reconnaissance de son état du moment qui favorise l'intégration du message émotionnel. Sous l'impact de l'émotion, en effet, nous focalisons sur le danger extérieur, obnubilé par lui, à moins que nous détournions notre regard au point de ne même plus le voir, façon de nier le danger.

Décrire, écrire, à l'origine signifiait *inciser*. Ce travail permet d'inciser et d'inscrire en soi ce que nous percevons et sentons, pour s'approprier l'information dans son intégralité, celle qui nous donne une sensation précieuse de cohérence. Décrire agit comme un antidote à la difficulté de concentration et au zapping de l'information, traitement essentiellement reptilien, et non conscient. Cet exercice aide à revenir à soi, à demeurer au présent, là où nous sommes, ouvert à ce qui est là en soi, et là à l'extérieur. Décrire ce que je vois, entends, reçois de l'autre, de l'extérieur de soi, permet de s'approprier l'information. Comme de rester longtemps devant un tableau, une sculpture ou plus simplement un arbre permet de se « l'approprier ». Non comme un propriétaire, possesseur de ce qui est vu, mais propriétaire de sa vision et de l'image imprimée en soi.

Décrire est un geste fidèle à ce qui est vraiment vu et entendu ! « Il m'a pris pour un imbécile » n'est pas une description. La phrase ne dit rien de ce que l'autre a précisément dit, ni quels mots il a employés, pas plus que l'attitude qu'il a eue. A-t-il prononcé le mot « imbécile » ? Quel était son regard alors ? Pour dépeindre cette image il faut utiliser ses yeux et ses oreilles en tant qu'organes sensoriels physiques. Plus l'image est nette, plus elle amène la distance juste, ce fameux recul que chacun cherche pour se sortir de la douleur émotionnelle. Le paradoxe n'est qu'apparent. Plus nous décrivons avec minutie ce que nous avons perçu, plus nous nous distançons de l'événement et de son impact sur nous, pour revenir à nous dans l'événement, à notre corps, base de notre sécurité. En revanche, s'éloigner de cette description précise et minutieuse correspond à s'aventurer dangereusement sur la pente de la *supposition*. Le mot signifie du reste « qui se place par en dessous » et tient plus de la substitution et du soupçon que de la reproduction du fait tel qu'il a été perçu. En réalité, nous substituons à ce que nous voyons et entendons ce que nous avons préalablement vu et entendu dans le passé, qui est connu de nous et enregistré comme vrai et auquel nous avons déjà réagi en nous défendant. C'est dire si la description est un temps fondamental de fidélité à soi au temps présent : « Qu'as-tu vu et entendu qui te fait penser qu'il te prend pour un imbécile ? »

Cette attitude, qui consiste à dépeindre la réalité, est prônée dans des circonstances bien douloureuses : on a constaté combien les personnes atteintes de maladie d'Alzheimer et hospitalisées manquent de qualité relationnelle, le personnel soignant favorisant plutôt l'efficacité du soin, et souffrent d'une distance de plus en plus grande avec la réalité extérieure. La pratique de l'autofeed-back, qui consiste à décrire à la personne malade l'ensemble des gestes pratiqués pour et avec elle, et le faire avec douceur en la regardant, permet à celle-ci de retrouver une attitude plus présente, plus vivante et parfois même de reparler. L'émotion n'est pas, évidemment, une dégénérescence du cerveau. Mais si ce travail est capable d'aider les personnes atteintes de cette maladie, alors imaginons le bénéfice qu'il peut avoir sur soi, atteint tout simplement d'émotion.

Alors, pourquoi ne pas prendre dix minutes le soir pour se décrire et décrire son environnement lors d'un moment d'émotion de sa journée, juste pour exercer son regard dans un souci de précision (la photo), et de mouvement (le film), avec des mots, des métaphores, des allégories, toutes ces ressources de notre langage ? Sur une feuille de cahier personnel, au téléphone à un ami, avec ceux qui partagent notre vie, et pourquoi pas avec un inconnu ?

Décrire est aussi une autre façon de définir l'écoute de l'autre : reformuler les mots qu'il a employés, entrer en résonance avec ses paroles, au sens « son » du terme, c'est éviter bien des contresens, des interprétations fondées sur ce que nous craignons et non sur ce que nous entendons vraiment. Une sorte de description orale dans l'échange, qui, contrairement à ce que l'on pourrait s'imaginer, favorise la relation et permet de gagner du temps.

S'entraîner favorise l'accès à ses propres perceptions et sensations, lorsque nous nous sentons envahis par la fébrilité de l'émotion, quand il est urgent de respirer, de voir et d'entendre ce qui est, pour considérer ce que nous pouvons... dire et faire ! On peut rechigner à s'exercer à froid à décrire, en pensant que ce n'est pas naturel, que ça ne change rien, et donc inutile. Dommage ! C'est quand l'émotion est là que l'on regrette ce manque d'entraînement.

La sensation comme point d'appui

Comment s'y prendre pour, véritablement, écouter les sensations dans leur réalité vivante ? Les mots de la sensation nous appellent là où « ça » fait mal, où « ça » fait choc, que cela se traduise par un danger, un conflit ou une perte. En entendant le mot, l'image se crée, nous permettant de voir ce que nous éprouvons. L'image devient le symptôme, c'est-à-dire l'expression d'un « tomber ensemble », selon l'origine du mot qui vient de « pire » ou « panne ». La sensation décrit cette *chute de soi* avec l'événement rencontré qui fait choc. Une autre façon d'écouter est de se plonger dans l'histoire du sens du mot employé, son origine étymologique, ses synonymes, ses dérivés, sa sonorité... Écouter en écoutant le mouvement contenu dans le mot et l'image comme un voyage en soi afin d'en revenir plus riche, plus conscient, plus vrai. Voici quelques exemples d'exploration parmi les mots pris au hasard de nos entretiens :

Je suis perdu : privé de points de repère ou peut-être de repaire sûr. Est-ce qu'on ne sait plus où on est, géographiquement, ni où aller ? Quelqu'un a-t-il été perdu, un parent, un membre de sa famille, d'où cette sensation de l'être soi-même ? Perdre vient du mot donner, « transmettre la possession de ». Quelque chose a-t-il été donné définitivement au point d'en éprouver une perte définitive ? À qui, pour quoi ?
Je me sens oppressé : pressé de quoi ? Quelque chose fait pression sur soi, s'oppose à sa respiration qui comprime la cage thoracique. Comme l'enfant dont le chagrin est tellement grand qu'il pleure à en perdre la respiration. À moins que les larmes aient été refoulées mais pas la tristesse, ni la sensation de poids sur la poitrine, ni la sensation d'asphyxie.
Je me noie : et même un verre d'eau semble suffire à cette noyade, ce qui ajoute de la culpabilité mais ne soulage pas de la sensation ! Est-ce un reproche d'un parent, ou d'un professeur, qui semblait nier la difficulté ? L'eau suggérée par le mot a-t-elle été réelle ? Une naissance difficile avec des difficultés respiratoires par inhalation de liquide amniotique, ou plus tard par accident dans une piscine ou la mer ? Le corps a enregistré un danger probable de mort et se souvient quand « trop » de tout arrive en même temps.
Je me sens invisible : la vision manque, mais est-ce celle de l'entourage sur moi, ou la mienne sur les autres et sur moi ?
Mon image n'est pas terrible : une histoire de terreur. Qui a renvoyé cette image ?

Être à la hauteur : haut vient d'une racine signifiant « nourrir », nourriture qui fait grandir. Souffrance d'enfant à ne pas être assez grand pour décider de quoi se nourrir ? La pression à devoir être à la hauteur (de qui, selon quelle échelle de valeur ?) vient interroger la façon dont la personne a été nourrie et surtout, se nourrit. De ce dont elle a besoin, ou de ce qu'elle doit selon ce qu'on lui dit ?
Prendre sur soi : douleur qu'il n'existe aucune autre prise possible autour de soi ? ou exigence d'un adulte qui demande de garder pour soi ses états d'âme, sa douleur ?
Pas reconnu : reconnaître ou re-co-naître, comme le *re*tour d'une naissance *avec* l'événement qui déstabilise.
Tomber : Une histoire de chute, d'incapacité à tenir debout sur ses jambes, à pouvoir les utiliser pour marcher sur sa route. Ou peut-être une histoire de tombe, de mort qui a fait tomber.
(Tomber) sous le joug : l'évocation est l'image d'un attelage, d'un lien qui joint et qui unit en même temps qu'il assujettit.
Mensonge : comme méninge ou mémoire, mensonge vient de *mens*, c'est-à-dire « activité mentale ». Il est l'expression de la coupure entre la pensée et la parole, et la réalité vécue dans le corps, dans l'acte fait. Plus proche alors du songe que de la vérité.
Je suis désespéré : privé d'espoir, de possibilité de regarder du côté du possible. Qui prive, quand cet espoir a-t-il été absent précédemment, interdit ou impossible ?
Je n'en reviens pas : impossible de revenir à soi face à une situation ou à un autre.

Toutes ces expressions sont signifiantes. À nous de prendre le risque de les considérer comme telles et de prendre le temps d'éprouver ces messages du corps. Il faut parfois même beaucoup de temps pour les digérer, les intégrer à sa vie et à son histoire comme une source d'inspiration. Pour en faire quelque chose, pour prendre à partir d'elles une initiative juste, empreinte d'harmonie et de désir.

Analyser

À partir des perceptions et sensations, mais aussi de la mémoire de la réaction de défense collée à celle-ci dans la confusion, nous répétons inlassablement le comportement du passé, entre fuite, lutte et repli sur soi. L'analyse va consister en plusieurs étapes :

Démêler soi de autre que soi : un examen minutieux de la situation pour démêler la perception de la sensation, ce qui nous appartient de ce qui appartient à l'autre. Une feuille partagée en deux dans le sens de la hauteur, un côté pour ce qui est de soi, l'autre pour ce qui est *de l'extérieur.*

La compréhension de son bénéfice : qu'avons-nous obtenu comme satisfaction en réagissant comme nous l'avons fait ? Le bénéfice de nos réactions est donc à comprendre comme la satisfaction à court terme de l'un des deux pôles des besoins : sûreté *plutôt que* liberté, appartenance *plutôt que* différence, harmonie *plutôt qu'*initiative. À partir de cette nouvelle vision, il s'agit de conserver le bénéfice, qui est juste, et de chercher une nouvelle posture, qui lierait les deux pour agir.

Accepter notre chute, notre manque, le choc que notre structure a reçu, même si d'autres n'auraient pas été choqués comme nous l'avons été, même si l'événement semble mineur. Ce n'est pas l'événement qui est à considérer comme étant violent ou non, mais la façon nous avons pu nous y adapter. Notre chute traduit notre adaptation au mieux de ce que nous avons pu, et contient donc ce que nous n'avons pas pu faire d'autre. Accepter notre chute c'est nous revoir avec d'autres yeux, ceux de la connaissance de soi, de la conscience d'être humain. C'est voir avec empathie ce que cette chute nous a permis d'éviter, de dire, de faire, ce qu'elle nous a permis, là encore, d'obtenir comme bénéfices de vie.

Nommer les conséquences de ce choc en nous : nous nous sommes privés de notre libre arbitre. Cette privation se traduit aujourd'hui par des sensations émotionnelles pénibles, par des comportements épuisants, nos meilleurs indicateurs pour nous signaler des besoins restés en suspens, non reconnus en conscience.

Mettre des mots sur ses besoins. Sécurité ? Identité ? Réalité ? Nous avons vu que tout besoin s'exprime dans une alliance entre côté statique et dynamique. Il n'y aura pas d'oppositions à faire entre les polarités, plutôt à les concilier. Seule façon de descendre du fil du funambule.

Rappeler à notre mémoire tous les moments où nous avons été en confiance, fort, concentré, courageux et motivé. Comme cet enfant à qui ses parents, au vu de ses résultats scolaires, reprochaient de ne pas se concentrer et qui était capable de développer des trésors de concentration quand il allait à son entraînement de gymnastique, activité qu'il affectionnait particulièrement. En s'appuyant sur cette concentration-là, chemin neuronal qu'il connaissait bien, il a pu gagner en concentration pour ses devoirs scolaires. Il savait déjà comment faire. Ce rappel de nos possibles donne une sensation de sécurité dans sa structure, même si cet état de confiance ne concerne que très indirectement le sujet qui nous préoccupe.

L'imagination aux commandes

L'imagination est l'expression de notre liberté à inventer des possibles. Il s'agit d'utiliser l'ensemble des possibilités du cerveau à les faire correspondre entre elles, et de faire collaborer perceptions, sensations et besoins. L'émotion nous a prévenus de la blessure du passé qui a tracé une réponse automatique. Merci de l'information ! Nous pouvons, à partir de là, nous aventurer en conscience dans d'autres chemins pour créer une nouvelle réalité. En conscience aussi que nous n'avons pas encore la solution. Nous sommes temporairement ignorants de celle-ci... mais en possession d'une boussole, celle de la logique émotionnelle. Cette boussole nous guide, mais c'est à nous de marcher, de faire marcher nos cellules grises en posant comme une nécessité incontournable la satisfaction du besoin dans ses deux polarités. Tout évitement se traduira par le retour de l'émotion.

Un moyen permet de ne pas se piéger soi-même : imaginer une dizaine de solutions et ne pas les évaluer, ni les juger avant de les avoir toutes écrites et, plus tard, décrites et même visualisées dans un petit film personnel, ou en jeu de rôle.

Une dizaine ? N'est-ce pas pousser un peu loin l'imagination ? Il faut bien ça parfois pour se dégager de l'habitude défensive. Certains comportements sont durs à faire bouger. Le chemin émotionnel est devenu une autoroute et nous ne voyons plus les bretelles de sortie, tellement pressés d'arriver au but. Plus l'évidence est ancrée et vérifiée par de multiples expériences mémorisées, plus il sera bon de multiplier les solutions alternatives, y compris les plus loufoques, les plus cocasses, comme les plus dramatiques et les plus interdites. L'objectif est de s'accorder la possibilité de voir ce qui nous obnubile sous un autre angle, de faire autre chose que ce que nous connaissons et qui marche mal, de bouger ce qui nous semble immuable ou impossible. En somme de s'exercer à lâcher la réponse émotionnelle au profit d'une solution choisie pour que la mémoire du possible opère et devienne plus rapide que la mémoire des craintes.

« Ils sont venus, ils sont tous là... » chante Charles Aznavour. C'est vrai des commentaires qui accompagnent l'imagination au travail avec la tentation d'évaluer d'emblée les solutions alternatives et de les éliminer. Et elles sont tenaces, ces petites phrases lapidaires, véritable radio mentale des autojustifications qui contribuent à la baisse de l'estime de soi et des autres. *Oui, mais...* Une règle d'or dans le bon usage de son imagination : le cerveau de notre mémoire est très rapide pour jauger les solutions qui ne sont pas aussi rassurantes que la solution reptilienne. Sauf que cette dernière nous rassure sans nous assurer. Il est donc essentiel d'être persévérant.

Voici une petite classification selon le système de défense auquel se réfèrent nos résistances :

Commentaires de peur : je vais me tromper, paniquer, rougir, c'est pas possible, je n'ai pas le temps, je vais être perdu, je vais me faire piéger, j'ai pas la force, le courage...

Commentaires de colère : je vais avoir l'air bête, on va me prendre pour qui, je ne supporte pas la faiblesse, je vais passer pour un incapable si je ne réussis pas tout, tout de suite et si possible le premier, je vais me faire avoir...

Commentaires de tristesse : c'est trop compliqué, je ne vais pas y arriver, ça fait cloche, ça ne sert à rien, ça ne changera rien, qu'est-ce que ça change, bof, je ne vois pas l'intérêt...

Ne sont pas notés ici tous les commentaires qui ont trait aux autres que soi, tout ce que les autres pourraient faire du changement de posture que nous imaginons et qui, en général, sont les réminiscences de ce que d'autres, au passé, ont dit, ou fait, et qui ont marqué notre mémoire.

Qu'en faire ? Les laisser aller, les regarder passer comme des petits démons, des vieux copains encombrants (nous en avons tous autour de nous), les faire atterrir sur une feuille dont ce serait la seule fonction, les mettre à la forme grammaticale positive qui transforme ce « c'est impossible » en « c'est possible ». Inutile de les brusquer et de vouloir les faire sortir de notre tête comme des intrus ! Nos commentaires ne sont pas étrangers à nous-mêmes. Ils ont été précieux. Attention à ne pas les brusquer et attention à ne pas les laisser prendre le pouvoir. Tel est l'enjeu de notre équilibre.

S'exercer au quotidien

Plus l'enjeu existentiel défensif est élevé, plus il est difficile de changer d'attitude. Le crocodile s'accroche et nous ne voyons que ses solutions pour réagir à ce qui nous trouble. Alors n'attendons pas d'être confrontés au plus difficile pour agir dans le sens de notre aptitude à bouger. D'autant que, soyons lucides, nous recevrons toujours des chocs imprévus.

Nous pouvons commencer par exercer notre corps à faire face à l'adversité. À ce titre les arts martiaux sont riches d'enseignement, mais ce ne sont pas les seuls. Nous pouvons choisir différentes pratiques, comme l'escalade, la natation, et bien d'autres activités encore, en ayant soin de toujours choisir des cadres sans risque pour nous confronter à ce qui nous fait peur.

Changer une habitude pour un comportement différent peut se faire au quotidien. Parler quand on avait l'habitude d'éviter de le faire, écouter alors qu'on avait tendance à monopoliser la parole. Comme ça, surtout sans obligation. Pour découvrir en soi des possibilités nouvelles. Pour s'étonner de ses capacités. Se laisser aller aux petits événements de la journée qui nous offrent des occasions que nous cessons de voir tant que nous sommes enfermés dans ce que nous devons faire et être dans la journée.

> Geneviève a l'habitude de lire son journal dès qu'elle s'assoit dans le métro. Ce jour-là, elle le garde sur ses genoux et observe devant elle une jeune fille en train de mâchouiller un chewing-gum, la bouche ouverte. Oh ! quelle vulgarité ! pense-t-elle. Le déclic de la logique émotionnelle s'enclenche : jugement, agacement, lutte, besoin d'identité, qualité relationnelle, différence... Ses pensées cheminent : OK, nous sommes différentes et nous pouvons aussi être en lien, appartenir au groupe des personnes qui prennent le métro à huit heures du matin. Quand même, elle me regarde d'un air provocateur, genre « avec ton tailleur, t'as l'air d'une bourgeoise ». OK, je suis une bourgeoise mais je peux entrer en contact visuel avec toi.
>
> Geneviève sent alors un sourire venir sur ses lèvres en regardant la jeune fille, un sourire aimable. Elle la voit fragile et timide, jouant la fille forte et blasée. Quelques instants passent et contre toute attente, la jeune fille lui rend son sourire, fouille dans son sac, sort un chewing-gum et le lui tend. Merci, dit Geneviève, touchée par le geste. Je le garde pour après le déjeuner. C'est très gentil à vous. De rien, répond l'autre.
>
> C'est si simple ! Les nouvelles du jour pouvaient bien attendre...

L'entraînement à favoriser son changement dans les situations quotidiennes, à changer ses habitudes, multiplie les échanges neuronaux et donc contribue à notre adaptation à de plus grands chocs. Repérer l'efficacité de nos réactions défensives et s'en féliciter est fort utile. Pour autant, regardons aussi les conséquences comportementales, le prix relationnel que nos réactions nous ont coûté et qu'elles nous coûtent encore. Voilà de quoi finir de nous encourager à lâcher nos solutions immédiates.

Le plus petit pas possible

Il est des choix qui s'imposent après ce voyage dans nos possibles et d'autres qui se font désirer. Comme si notre nature exigeait plus de temps, de tâtonnement, de jeu, de persévérance aussi. Aussi soyons modestes ! Tout apprentissage de niveau trop élevé se révélerait dangereux et vite décourageant car il pourrait réenclencher la peur de ne pas y arriver et donc la pression à devoir y arriver. Nous voilà à marcher sur notre fil comme un funambule. Le plus petit pas possible s'impose alors, même s'il nous paraît dérisoire, ce qui évidemment relève de notre jugement qui exige mieux et plus. Le crocodile, et nous avec, rêvons de transformations radicales, de changements définitifs, de révolutions qui fassent cesser l'injustice douloureuse contre laquelle nous nous cognons. Les solutions, quand elles sont la projection de nos défenses, nous font aller vers des sommets tels... que nous revenons brutalement sur le sol, pour vérifier l'impossibilité d'un tel bouleversement.

Ce dont a réellement besoin notre nature, ce n'est pas d'une révolution mais plutôt d'une garantie d'évolution, de mouvement pris en conscience, dans le respect de ses besoins. Une évolution garantie par une ré-solution, c'est-à-dire qui apporte une nouvelle solution et aurait, enfin, la capacité de dissoudre le problème posé.

S'égarer, faire des erreurs et en tirer parti, se tromper, ne pas savoir, différer son opinion, faire sans avoir tout compris, tâtonner, jouer, échouer, se planter, apparaître incompétent, apparaître compétent... et persévérer. Si l'obstination à faire toujours plus de la même chose conduit à vérifier ce que l'on craint, à l'inverse la persévérance à initier du mouvement, à l'inventer, à agir par essai et erreur, et à expérimenter des possibles, conduit à se développer.

Le plus petit pas possible est à l'image du petit courant des bas-fonds sous-marins. C'est lui qui est à l'origine de la tempête à la surface de l'océan. Bien adapté au besoin et à l'alliance des polarités, le *petit* mouvement opéré peut faire advenir de grands changements. Ce passage est destiné à changer quelque chose en soi, à ouvrir ce qui jusque-là était fermé dans sa structure, entraînant des postures défensives. Il est donc délibérément fait pour soi. Égoïste, personnel, centré sur soi, individualiste, et dans son apparence indifférent aux autres. Son aspect *petit* ne déclenche pas la réactivité du veilleur reptilien, et le changement paraît facile à mettre en œuvre. L'endurance fait le reste. Alors *qui veut voyager loin ménage sa monture*. À moins que vous ne préfériez la formule : *On ne fait pas pousser les radis en tirant dessus...* Le choix du petit pas correspond à un choix crucial, celui du temps auquel s'accorder. Choisissons-nous le temps de l'urgence reptilienne du court terme ? Ou bien le temps conscient qui nous met en accord avec nous-mêmes, les autres et le monde ? De quel temps sommes-nous les enfants ?

Virginie adore ses enfants mais se sent débordée par leur vitalité. Du coup, elle évite de rentrer « trop » tôt le soir, compte sur son mari et la nounou, alors qu'elle a toujours peur qu'il leur arrive quelque chose de mal. Ayant identifié l'origine de son attitude, elle est disposée à chercher le petit pas qu'elle pourrait inventer pour aimer ses enfants avec son cœur plutôt qu'avec sa peur.

— Je pourrais leur dire combien je les aime !

— N'est-ce pas ce que tu leur dis déjà ?

— Sans arrêt, comme à mon mari du reste, comme si je voulais les rassurer eux.

— Alors que tu es angoissée toi. Une autre piste ?

— Je pourrais passer plus de temps avec eux, enfin un par un, parce que les deux ensemble, c'est trop. Je ne peux pas.

— N'est-ce pas déjà ce que tu t'engages à faire chaque vendredi et que tu constates ne pas avoir fait chaque dimanche soir ?

— Quelle horreur, c'est vrai !

D'autres pistes sont évoquées, qui concernent plus ce qu'elle pourrait éviter ou imposer qu'initier dans le sens de son besoin d'amour. Virginie a le visage bouleversé. Elle n'est plus seulement dans son échec mais aussi la petite fille « en trop » pour ses parents, aimée mais arrivée au mauvais moment de la vie de sa mère. Ses sensations la bousculent. Elle traverse sa douleur, avec ce qui se présente, les larmes, les images du visage de sa mère emmurée dans sa tristesse. Elle se laisse atteindre par mes mots qui l'accompagnent et l'aident à respirer. Puis, son visage s'apaise.

— Que vois-tu ?

— Je pourrais me mettre à leur hauteur quand je rentre le soir, et les laisser se jeter dans mes bras tous les deux. J'ai deux bras, il y a de la place pour les deux, je les aime tous les deux ! Et tant pis s'ils me font tomber !

Elle sourit, s'essuie le visage. L'enfant Virginie, seconde de la fratrie, avait senti la détresse de sa mère elle-même éprouvée par un deuil. Son corps, qui s'était senti « laissé tomber », savait ce manque de soin, d'amour, et le traduisait dans sa difficulté à aimer ses enfants sans se sentir débordée, depuis la naissance du second. Une fille.

Le choix de ce pas est proche des tout premiers mouvements qui suivent une longue immobilité du corps ou d'un membre, suite à un choc ou un accident : petit, doux, lent, conscient, dans le sens des mouvements naturels. Surtout ce pas, apparemment si modeste, ne réactive pas le système de défense. Le crocodile se soucie peu du geste choisi. Ce qui lui importe, en revanche, c'est le mouvement, l'initiative, le libre arbitrage qui garantit la vie possible dans un futur. Ce mouvement, convoqué dans son imaginaire comme un pas possible et bon pour être, ne vient plus faire résonance sur le passé douloureux et fermé. Pas de danger, pas de réaction. Et comme par ailleurs cette information va se loger dans le cerveau limbique, comme une valeur sûre et libre puisque source de satisfaction, petit à petit elle va creuser son chemin et se substituer à la réaction précédente, celle de la blessure. C'est cette voie qui pourra être entraînée. Toute tentative d'aller trop vite risque de se solder par une immobilisation renouvelée, et surtout, par la vérification que *décidément, il n'y a rien à faire !*

Le code de conduite n'a pas l'intention de conduire à un état, mais de favoriser le mouvement vers l'espace-temps non entraîné, non éduqué et inexpérimenté qui nous fait défaut et qui nous maintient dans le stress émotionnel. Il ne s'agit pas de se fixer dans une case ! Tout état statique qui, dans notre idéal, nous éviterait le déséquilibre du funambule mettrait immédiatement en alerte le crocodile qui ne lâche qu'à la condition d'un équilibre dynamique. Autrement dit, de notre stabilité en mouvement. Le présent est en réalité un mouvement, une circulation entre passé et futur, entre l'intérieur et l'extérieur de soi. Chaque cadre contient sa propre force qui ne se rigidifie que lorsque nous résistons à l'alliance entre les besoins de notre nature et la relation avec l'extérieur, tel qu'il se présente à nous. Si nous acceptons de nous risquer à inventer le mouvement qui satisfait notre besoin, alors la vie en nous circule à nouveau avec aisance.

Pour mettre le code de conduite en mouvement dynamique, nous allons maintenant raconter des expériences d'apprentis... sages !

10

Histoires d'apprentis... sages

Aux lecteurs qui se sont emparés de la logique du langage des émotions, ce dernier chapitre viendra les confirmer dans leur démarche. Aux autres, raconter l'histoire de femmes et d'hommes ayant cheminé avec ce processus logique peut se révéler précieux, en leur permettant de voir la logique émotionnelle en action. Il en est de même en stage, certains restent concentrés sur leur vécu et creusent leur piste personnelle, d'autres aiment être inspirés par ce que vivent les autres participants et captent ainsi des informations nécessaires à leur mobilisation.

Trois histoires pour trois systèmes de réactions palliatives témoignent du bon usage de la logique émotionnelle. Le crocodile a plus d'un tour dans son sac et il fait preuve de beaucoup d'agilité pour obtenir satisfaction, quitte à passer en mode lutte pour défendre la sécurité, jusqu'au repli sur soi. Aussi, nous accompagnerons la lecture de nos commentaires afin d'aider à la compréhension de ces systèmes et témoigner des solutions alternatives imaginées et mises en place. Il est difficile de renoncer à ses mécanismes de vie palliatifs. Quand on a marché avec une béquille très longtemps, on est sûr de ne pouvoir marcher qu'avec elle. Cette impossibilité à *voir* comment faire sans elle justifie le refus de la laisser de côté quand on vous le propose, tant une telle proposition nous paraît dans un premier temps surréaliste et totalement abstraite. C'est que le chemin neuronal n'a pas encore été créé ! Seule l'expérimentation pourra en écrire la trace en soi, comme l'endurance pourra en creuser un sillon plus profond.

Des premiers mots aux premiers pas nous accompagnerons la personne dans la découverte de ses réactions et de leur sens, dans ses doutes, ses résistances, et dans le choix du possible à expérimenter, dans sa psyché puis dans son corps. Ou dans l'ordre inverse bien sûr, car les deux sont indispensables pour que le mouvement soit intégré comme vrai pour soi et fiable. Alors, psyché ou corps, peu importe la porte d'entrée initiale.

Les angoisses de Julie

Ses premiers mots

Les premiers mots contiennent, par leur syntaxe, la grammaire et le vocabulaire choisis, une « matière » étonnante de précision. Comme si le corps/psyché, notre nature, savait intimement ce dont il s'agit et où est le problème en soi. Ces mots imagent souvent ce qui est vécu, parlent déjà une langue apparemment symbolique alors qu'en réalité celle-ci est charnelle. Sans se limiter à « ça », il s'agit déjà de s'appuyer sur les sensations éprouvées et de s'accompagner à partir de son discours et du sens qu'il contient, en suivant la logique de la vie, dont le ressenti est ce qu'il y a de plus vrai en soi. Le corps sait.

Julie a l'allure vive. Vêtue avec originalité, elle semble pressée de parler.

— Je ne sais pas par *où* commencer... J'ai des soucis avec moi-même, j'ai un problème de *confiance*. Je vis beaucoup de situations qui me cassent : professionnelles, amicales, amoureuses aussi. Quand je suis amenée à prendre conscience d'une place que j'ai ou non dans un groupe, c'est la *panique*, je ne sais pas à quoi me *fier*. Les autres ont la capacité de prendre du recul par rapport aux situations, ils prennent les choses avec légèreté, ils ne sont pas touchés comme moi... Je sous-estime peut-être certaines *cassures* ?

— Vous pensez que certaines situations vous ont cassée ?

— Je ne devrais pas penser ça de moi, y a rien eu de grave dans ma vie. Mais je suis *livrée* à moi-même ici. Toute ma famille habite dans le Sud, je suis seule à Paris. Tout ce qui est à l'extérieur me fait peur. Je suis *imprégnée* de ce que m'ont inculqué mes parents, qu'à l'extérieur c'était dur, qu'il fallait *faire attention*. Je mets beaucoup d'énergie pour y aller, mais ça m'*angoisse*. Je suis en *sursis* permanent ici, tout ce que je fais, c'est de l'*attente* permanente. J'ai rencontré un garçon il y a quelque temps. Je suis bien avec lui, il est stable, sécurisant. Mais je ne pourrai rien construire avec lui, il y a trop de décalage entre nous. J'ai *peur* de mes sentiments, ils sont trop forts. J'ai peur de me laisser aller et je dois *faire gaffe*. Je ne sais pas quoi faire. Mes parents me disent que je ferais mieux de revenir en province, que la vie est trop dure à Paris. Mais si j'y retourne, je sens que je vais *perdre* plein de choses, je suis plus *libre* ici. Bien sûr j'ai plus de *repères* là-bas, plus d'amis, et je me pose moins de questions. Même mon corps est différent. Ici je suis *crispée*, sous *contrainte*. Là-bas les gens sont forts... Ils parlent fort aussi et savent tout, je supporte plus. Ici je peux m'exprimer plus, j'ai moins de *pression* sociale, je suis mieux, plus calme. J'en peux plus d'être comme ça, *faut que* je bouge...

— C'est pour cela que vous êtes là, pour bouger ?

— Oui, mais je ne sais pas comment, j'ai peur de tout !

Julie est totalement paralysée par ses angoisses. Coincée entre la pression qui la pousse à bouger et les dangers extérieurs, elle se vit en sursis, bientôt livrée comme une condamnée. Elle cherche désespérément à quoi se fier, puisqu'elle se méfie de ce qu'elle ressent.

Ce que Julie ressent

Julie veut éviter d'être cassée à nouveau, et c'est pourquoi elle a peur de bouger.

— Parlez-moi de ces cassures que vous ressentez. Elles sont où dans votre corps ?

— Je ne sais pas trop. C'est comme si quelque chose était brisé en moi. Ça s'agite à l'intérieur, comme le fil coupé d'une ampoule.

— Et qui ne s'allume plus ?

— Voilà. Sauf que je ne suis pas une lumière (*elle sourit*).

— Qui sait ?

— En tout cas pour moi c'est la panique à bord.
— Qui se manifeste comment ?
— Je tremble, je me crispe au niveau du cou et des mâchoires, je suis tendue, ou je rougis dès qu'on me parle. Je me raidis et suis sur le qui-vive. J'ai l'impression qu'on me veut du mal, que le danger est partout. J'aimerais aller me cacher dans un trou de souris, partir et tout laisser tomber.
— Vous dites aussi que vous êtes angoissée, c'est pareil ?
— Non, c'est plus sourd, plus profond. En fait je suis angoissée à l'idée de faire quelque chose, de bouger. Je sens que je vais être dépassée, que je vais perdre la tête. Ça me paralyse. Je sais que je suis incapable de faire face. J'ai peur de me planter, je ne veux même pas essayer. J'ai horreur de montrer cette incapacité.
— Vous ne voulez même pas essayer ?
— Ça me demande beaucoup d'énergie, faut que je me force, c'est pénible...
— Ce serait quoi pour vous être en confiance ?
— Ne plus avoir peur, ne plus me mettre en panique dès qu'il se passe quelque chose...
— C'est tout ? Juste ne plus avoir peur ?

Je propose à Julie de faire un mouvement où il est question de se planter justement. Pas de se tromper, mais de s'enraciner. Je lui montre l'exercice de l'algue, sorte de méditation en mouvement. Les pieds bien ancrés au sol, il s'agit de bouger comme une algue au fond de l'eau, en utilisant la flexibilité de ses articulations pour bouger tout son corps. Je lui demande ensuite de le faire.

— À vous. Je vous propose d'exprimer cette agitation que vous sentez en vous, celle de votre fil d'ampoule coupé.
— Je n'oserai jamais. Je vais me sentir ridicule.
— J'étais ridicule quand je l'ai fait ?
— Vous c'est pas pareil. Vous savez faire.
— Vous voulez dire que j'ai déjà expérimenté ?
— Oui.
— C'est justement de ça dont il s'agit Julie, d'oser expérimenter. Allez-y, je vous regarde.

Elle hésite puis le fait, au début maladroitement. Elle se concentre petit à petit sur ce qu'elle ressent, aidée de ma voix qui l'encourage, et arrive à exprimer ce qu'elle sent en elle. Elle ira se rasseoir en disant :

— Ah, ça fait du bien.
— À faire tous les matins au réveil. Ça vous permettra de vous reconnecter à vous-même et à vos sensations. Une façon de converser avec votre corps...
— C'est une blague ?
— Pas du tout. Je vous invite vraiment à faire ce mouvement aussi souvent que possible.

Julie subit ses émotions qui l'entravent, et ne donne aucun sens à ce qu'elle ressent. Elle voudrait s'en débarrasser, pour agir et être bien. Pourtant, quand elle se sent bien, elle a peur de se laisser aller et doit faire gaffe. Le danger est là, omniprésent, d'être dépassée, de perdre la tête, avec l'évidence de son incapacité à faire face.

Julie commence à (se) comprendre

Je raconte à Julie que ses sensations, entre se sentir bien et se sentir mal, sont chargées de sens pour elle-même. Que ces messages envoyés par son corps sont l'expression de sa vitalité pour qu'elle puisse aller vers ce qui lui fait du bien et éviter ce qui lui fait du mal. Je restitue en quelques phrases ce qu'elle vient de me raconter.

Elle a peur de ses sentiments – trop forts, dit-elle. Elle voudrait construire mais ne se l'autorise pas à partir de ce qui est (je me sens bien avec lui) et ne voit que ce qui n'est pas (trop de décalage entre nous). Elle se sent bien à Paris car elle y est plus libre, plus calme, elle peut s'exprimer plus et subit moins de pression, ET mal car elle se sent crispée, sous contrainte et se pose trop de questions. Elle se sent bien dans le Sud car elle a plus de repères et d'amis, bien dans son corps, elle se pose moins de questions, ET mal car elle va perdre « plein de choses ».

— Si vous ne vous fiez pas à ce que vous ressentez, vous ne pouvez pas choisir ce qui vous fait du bien. Y aurait-il un danger à choisir ce qui vous fait du bien ?
— J'ai souvent vécu des situations où je me suis sentie ridicule. Je manque de personnalité, je n'aime pas qui je suis. Mes parents m'ont adorée, et je ne le ressens pas. J'étais la petite dernière, protégée et gâtée, surtout par ma mère. Mes frères et sœurs se moquaient souvent de moi, disaient que je faisais des caprices. J'étais « celle qui colle à sa mère, incapable de faire quoi que ce soit toute seule ». Tout ce que je demandais, je l'avais.
— Ces caprices étaient peut-être une façon de tester où étaient les limites ?
— Je voyais bien que quelque chose n'allait pas dans cette relation. Ils m'ont fait du mal en me surprotégeant...
— Et le moyen que vous avez trouvé pour vous décoller, c'est de mettre de la distance entre eux et vous ?
— Peut-être... Mais j'ai peur de perdre leur amour et leur protection. C'est sécurisant de savoir sa famille toute proche.
— Et vous, ça vous sécurise ?
— Oui... Sauf que je ne peux pas faire ce que je veux. J'aimerais faire mes propres expériences. J'ai souvent envie de leur dire : « Laissez-moi prendre des claques. »
— Et ce n'est pas possible ?
— Non, ils ne comprennent pas. Ils me disent que tout ce qu'ils veulent, c'est mon bonheur et ma stabilité. C'est le discours, mais ce n'est pas ce que je ressens. Si je dis que je veux rester à Paris, je vois dans leurs yeux qu'ils sont tristes et déçus. J'essaie de mener ma vie, et ce n'est pas facile.
— Non, ce n'est pas facile. Vous n'avez guère eu d'espace pour tâtonner, vous tromper, faire vos erreurs. Il vous en reste une sensation d'incapacité à faire face. Vous rendez-vous compte du courage qu'il vous faut pour leur résister, malgré votre angoisse, pour être libre de faire vos propres expériences ?
— Je ne suis pas sûre que ce soit du courage, plutôt de la survie !
— C'est si difficile pour vous de reconnaître que vous êtes courageuse ?
— C'est plutôt nouveau pour moi. Je n'avais jamais vu ça comme ça. Mais ça me plaît de me dire que je suis courageuse, même si c'est difficile.
— C'est justement parce que c'est difficile que cela demande du courage.

Julie commence à récolter les indices, à associer ses perceptions à ses sensations, entre le discours officiel de ses parents qui ne veulent que son bonheur, et la pression qu'elle ressent à répondre à leurs attentes. Elle voit mieux, au sens le plus littéral du terme et, ce faisant, comprend enfin. Ne reste qu'à donner du sens à ses réactions.

Julie analyse ses réactions de défense

— Vous m'avez dit que la panique se déclenchait quand vous aviez à prendre une place dans un groupe... Est-ce le genre de situations qui vous cassent ?

— Je me sens toujours en décalage avec les autres. Quand j'étais petite, on me disait que j'avais beaucoup de chance d'être dans cette famille, c'était idéal, c'est ce qu'on me disait ! Je l'ai vécu comme ça, je ne pourrai pas retrouver une place identique. Cette place m'empêche d'aimer les autres places.

— Quelle place exactement ?

— De celle qui est chouchoutée, choyée.

— Mais qui la conserve à condition de rassurer ses parents ?

— C'est vrai que mon père est plutôt du genre angoissé. Quant à ma mère, elle est gentille, mais au fond elle fait et obtient toujours ce qu'elle veut.

— Et entre un père angoissé et une mère qui obtient ce qu'elle veut, c'est facile de trouver sa place ?

— Pas si facile non. J'en veux à mes parents de l'image idéale qu'ils me donnent de mon enfance. Ce n'est pas logique pour moi, pas fluide.

— Et vous aimeriez que ce soit fluide ?

— Oui, que je ne sois pas toujours aux aguets, à faire attention.

— Vous pensez que faire attention vous sert à quelque chose ?

— Bah oui, à pas faire n'importe quoi, comme quand j'étais petite et que du coup on me traitait de petite peste.

— C'est utile alors de faire attention !

— Oui, sauf qu'à force de faire attention, je n'ose plus rien faire.

— Certes. C'est la limite de l'attention quand on ne sait plus à quoi elle sert. Vous, ça vous sert à ne pas vous faire traiter de petite peste, ce qui vous touche et vous fait mal ?

— C'est vrai que ça me blesse. J'ai peur de ce que vont penser les autres. Je n'aime pas l'idée d'être différente.
— Alors vaut mieux penser comme les autres ?
— Sans doute. Mais je ne sais pas ce qu'ils pensent, et moi je ne sais plus ce que je pense. C'est ce qui me panique.
— Et si la panique était là pour vous ramener à vous-même, à vous fier à vos sensations et à vous appuyer sur ce que vous pensez ?
— Il faudrait que je sois sûre de ce que je pense.
— Ça changerait quoi ?
— À ne pas faire n'importe quoi.
— On tourne en rond. Ça changerait quoi de ne pas faire n'importe quoi ?
— À être sûre que je conserve ma place, que je suis acceptée comme je suis, que je peux me tromper, que ce n'est pas un drame.
— En même temps cette exigence à être cent pour cent sûre que les autres vous acceptent telle que vous êtes vous paralyse.
— C'est vrai.

Julie comprend combien sa recherche de sécurité affective la piège dans un immobilisme dont elle ne sort pas. Que c'est moins elle qui collait à sa mère que sa mère qui la collait tant celle-ci craignait qu'il ne lui arrive quelque chose. Que sa moindre prise d'initiative était vécue par sa famille comme un drame. Et qu'elle s'était construite en rassurant son père et sa mère en leur montrant combien elle avait besoin d'eux. Elle comprend aussi la limite du système, incapable de prendre le moindre risque. Elle recherchait toujours la fusion avec les gens, avec un homme en particulier.

Julie comprend qu'elle a des besoins

Après quelques entretiens Julie donne sens à ses sensations. Elle les redoute moins car elle sait maintenant que son corps lui parle et que son mal-être n'est pas une fatalité. Elle prend conscience que sa vision du monde est imprégnée de celle de ses parents, monde dur, difficile, dont il faut se protéger en restant dans le cocon familial. Elle comprend mieux pourquoi elle se sent bien avec Fred, son petit ami, *qui est stable et sécurisant, avec ce petit grain de folie que je n'ai pas. C'est pour ça que je cours après*. Elle envisage même de le voir comme son professeur en la matière : *Moi aussi je l'ai ce grain de folie, mais je n'ai jamais osé l'exprimer tant j'ai peur des conséquences. C'est ce qui me sécurise chez lui, il est libre et il assume. En observant comment il fait, je pourrais m'en inspirer pour faire mes expériences ?* Elle se rend compte que son insécurité est due davantage à un manque d'expérimentation qu'à un danger extérieur. Elle sait aussi qu'elle fait dépendre sa place du regard que les autres portent sur elle. *Je m'en voulais de ne pas pouvoir me lâcher. Je comprends maintenant. Quand j'étais petite et que je me lâchais, on me traitait de fofolle, comme si j'étais totalement irresponsable. Pas de place pour le grain de folie...* Dans son fantasme à « se lâcher », qui correspond à « tout lâcher » comme des chevaux qui s'emballent, elle commence à prendre prise sur le potentiel qu'elle a développé. *Je sais que j'ai beaucoup d'humour, que je sais faire rire les gens. Je vois bien que cela me donne une place, que les gens recherchent ma compagnie car, avec moi, on rigole bien...* Le chemin sera encore long pour que Julie sache sur quoi s'appuyer quand il est question de sujets plus sérieux. Son besoin d'appartenance pour obtenir une sécurité affective la prive encore de liberté à exprimer sa différence.

Les premiers pas de Julie

— Ce serait quoi être libre pour vous aujourd'hui ? Ne vous censurez pas, allez-y dans le grain de folie.

— Dire merde à mes parents. Tout plaquer et partir vivre en Australie. Me mettre en ménage avec Fred. Ce serait un drame chez moi, ça ne se fait pas, on se marie. Faire des enfants hors mariage.

— D'autres pistes ?

— Larguer mon appart. Ils ont choisi pour moi un appartement autour de la gare de Lyon pour que ce soit facile pour eux quand ils viennent me voir, mais je déteste ce quartier. Leur demander qu'ils me laissent vivre ma vie.

— Parmi ces solutions, il y en a une qui vous paraît possible de faire maintenant ?

— Franchement ? Non.

J'invite Julie à explorer des pistes qui associeraient son besoin de sécurité ET de liberté et dont elle se voit capable. En privilégiant plutôt celles qui émanent de sa propre initiative et non d'une demande formulée par ses parents. Après un long moment de réflexion, elle trouve.

— Je pourrais déjà leur dire que j'ai un petit ami, et que je me sens bien avec lui.
— Ça vous paraît possible ?
— Ça va être dur. Ils vont vouloir savoir ce qu'il fait, combien il gagne, l'âge qu'il a, s'il est sérieux... Ça veut dire : « Il parle mariage ? »
— Vous vous sentez prête à répondre à toutes ces questions ?
— Y répondre non. Détourner la question, oui. Je pourrais leur dire que j'aimerais les voir se réjouir pour moi, puisqu'ils ne veulent que mon bonheur...
— Comment vous sentez-vous ?
— Prête. J'aurai peut-être le cœur qui bat, mais je me sens prête à prendre le risque.
— Prête à prendre le risque ! Bravo.

La carte du risque de Julie :

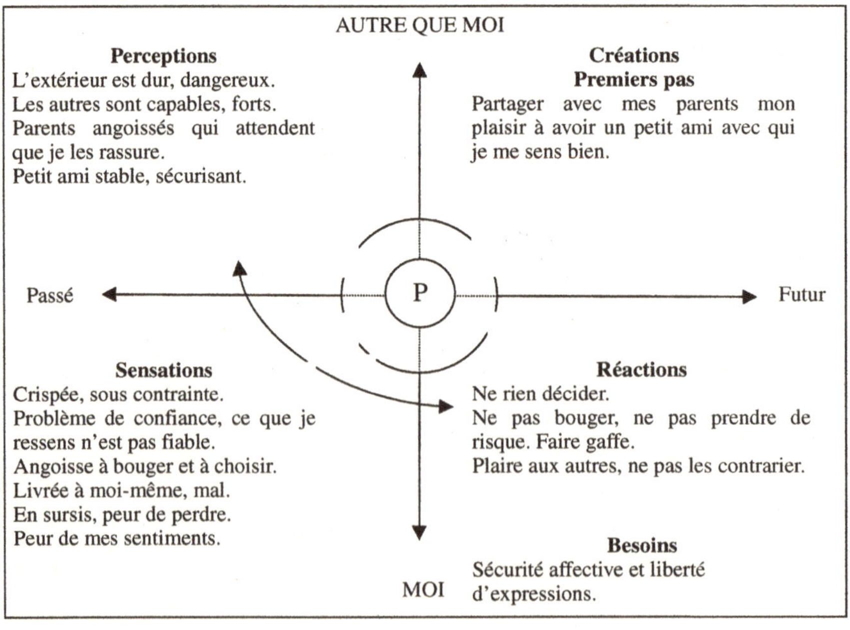

Henri et sa fureur contenue

Henri a l'allure décidée d'un homme habitué à agir et à prendre des responsabilités. Mes cinq minutes de retard ont été traduites par un : *J'ai cru que vous m'aviez oublié.* Tout son corps est tendu et tonique. Sa demande est nettement relationnelle, que ce soit au travail ou dans sa vie de famille.

Ses premiers mots

— Je me sens de plus en plus *irritable*, *submergé* par le travail. Dès que je me réveille, je suis déjà dans la journée du bureau et à la tâche qui m'attend. Je suis trop *stressé* et je sais que ce n'est pas bon pour la santé. Je n'ai pas envie de m'*user*. Chaque jour, j'ai l'impression de *courir* un marathon. Remarquez que j'y *arrive*, j'arrive même dans les premiers... au marathon, je veux dire. Parce que le week-end, je m'entraîne depuis deux ans et j'adore ça. Je me suis inscrit dans des *compétitions*, comme ça je suis obligé de m'entraîner régulièrement. Quand je rentre chez moi le soir, ce qui n'est pas tous les jours parce que je suis *obligé* de beaucoup voyager, je ne me sens pas très bien parce que ma femme se plaint de mon manque de disponibilité. Je fais pourtant ce que je peux. Elle me dit que je ne suis pas assez présent et quand je prends des initiatives, ça ne lui va pas non plus. J'ai la désagréable impression que mes enfants et elle s'organisent leur petite vie sans moi et je ne sais pas quoi faire. Je *me sens coupable* de n'être pas plus à la maison, mais je ne vois pas d'autres solutions pour l'instant. Enfin, je voudrais être *soulagé* de mon stress. C'est pour ça que je suis là.
— Pour être moins stressé ?
— Oui, ça me *bouffe* la vie, surtout au travail !
— Si vous étiez moins stressé, vous seriez plus quoi ? Je vous pose la question, parce que le cerveau ne comprend pas la forme grammaticale négative...
— Eh bien, plus cool, moins fatigué. Non... plus détendu ! Mais dans mon métier les gens cool ne réussissent pas. Ce n'est pas compatible.
— Vous voulez dire que, pour réussir votre vie professionnelle, il est important de ne pas être cool ?

— Non, ce n'est pas ce que je veux dire ! Enfin, c'est effectivement ce qui ressort de ce que je viens de dire. C'est le serpent qui se mord la queue et moi, je *ne m'en sors* pas.

Henri est dans un choix impossible, écartelé entre ce qu'il doit être et faire pour réussir sa vie, et son désir d'être plus détendu. Malgré l'activité sportive, elle-même transformée en épreuve sportive, il se sent mal et demande à être soulagé de cette tension qui le mine.

Ce que Henri ressent

Le ressenti fait appel à la conscience sensorielle. Henri porte un regard sur ses sensations comme des empêcheuses de vivre tranquille. J'évoque pour lui la signification vivante de ces manifestations de son corps, leur nécessité biologique et le lieu de confiance qu'elles représentent pour lui. Il découvre qu'elles peuvent être des alliées fidèles. Ses principales sensations seront ainsi visitées, en laissant de côté dans un premier temps les circonstances qui les déclenchent. Prenons les deux premières : irritable et submergé.

— Racontez-moi cette sensation d'irritabilité qui se passe dans votre corps. Essayez de la décrire.
— Je me sens agacé pour un oui ou un non. Surtout pour un non. Je ne supporte pas bien quand quelqu'un n'est pas d'accord avec moi. Je ne sais pas, les autres me crispent.
— Votre corps se crispe ?
— C'est ça. J'ai des gestes secs, comme si j'étais prêt à casser quelque chose. Je me contrôle bien sûr.
— Sinon ?
— Je ne sais pas. Petit, je me battais volontiers contre des plus costauds que moi, ou alors j'étais toujours là à défendre les plus faibles, ceux que je voyais se faire dominer.
— Où sentez vous cette crispation ?
— Là, j'ai comme un poids qui chauffe sur l'estomac.
— Comme une vieille colère ?
— Sans doute. Mais j'ai la réputation de ne jamais me mettre en colère, que ce soit à la maison ou au travail.

— Vous voulez dire que vous éprouvez de la colère dans votre corps, et que vous ne l'exprimez pas face aux autres ?
— Oui, je me contiens.
— À la façon d'une cocotte-minute. La pression est énorme à l'intérieur et si un événement empêche la sortie de la vapeur, la cocotte explose et les petits pois avec.
— Oui, sauf que je n'ai pas le droit d'exploser. En fait je me sens plus proche de l'implosion parce que je n'ai pas le droit de me mettre en colère. J'ai horreur des cris. On me reproche d'avoir la voix cassante et glaciale, sans élever la voix. Je ne me rends pas compte. C'est peut-être la crispation de mon corps.
— Vous pensez que cette crispation est reliée à votre sensation d'être submergé ?
— Je n'ai jamais fait le rapport... Mais c'est vrai que je n'arrive plus à respirer.
— À trouver votre air ou à expirer ?
— Les deux. Ma mère faisait un peu d'asthme quand elle avait des bronchites. Je mettais ça sur l'hérédité. Sauf que je n'ai pas de bronchite, pas d'asthme non plus d'ailleurs.
— Cette sensation de submersion se manifeste comment ?
— C'est comme une immense vague qui s'abat sur moi. Je la subis et je n'ose plus respirer.
— Elle est faite de quoi ?
— De toutes ces choses à faire, à donner. C'est trop lourd pour moi ! Ce que je donne n'est jamais assez. Quoi je fasse, j'essuie des reproches. Je dois consacrer du temps, beaucoup de temps pour obtenir de bons résultats au travail. Mais ma femme ne le comprend pas, et quand je rentre, c'est la soupe à la grimace.

Chaque fois qu'Henri fait état de ses sensations et des images qui les accompagnent, son visage porte la trace d'une souffrance. Parfois il blêmit, ou la lèvre inférieure frémit, ou encore il s'agite dans le fauteuil. Cette connexion avec ses sensations l'étonne. Il n'aime pas se sentir fragile, ce qui pour lui signifie faible. Il ne se connaissait pas si sensible et ne pensait pas avoir conservé tant d'émotions, de souvenirs qui remontent avec les ressentis. Il comprend que ce qu'il sent ne concerne que lui, n'est vrai que pour lui et que leur évocation n'est pas une critique de l'autre. Petit à petit, il prononce le mot colère ou peur, comme s'il découvrait qu'il pouvait les employer sans craindre d'être jugé comme un homme faible. L'écoute de ses sensations devient comme un jeu pour lui, et il découvre que ce seul geste l'apaise.

Henri commence à (se) comprendre

— Et si vous commenciez par vous autoriser à souffler ?
— C'est que je n'ai pas trop le temps...
— Et quand vous faites vos marathons, vous ne prenez pas le temps ?
— Ah si. C'est primordial la respiration si je veux arriver au bout.
— Ce qui s'applique au marathon ne s'applique pas dans les autres compartiments de votre vie ?
— ... ??

Cette idée fait son chemin. Je fais faire à Henri un exercice de respiration : il s'agit, avant d'inspirer, d'expirer tout l'air qu'il a dans les poumons en utilisant sa force abdominale. Il découvre alors que son corps se détend naturellement avant de reprendre une longue inspiration, dans un mouvement qui se fait sans effort de volonté. Nous continuons notre entretien.

— De quoi parlait-on dans votre famille ?
— Études, notes, travail, devoirs, contrôles... Je suis sûr que nous parlions d'autres choses, mais c'est vraiment ce qui me revient en premier. Mes parents comptaient sur nous pour réussir, comme dans toutes les familles je suppose. Rien de particulier, c'était pareil chez mes copains. Enfin, pas tout à fait. Je sais que mon père avait repris ses études et qu'il travaillait après le dîner ; il suivait des cours du soir. Je le revois en train de travailler.
— Un souvenir qui vous fait ressentir quoi ?
— Un mélange de fierté et de colère parce que j'y associe le visage de ma mère, triste. Et c'est terrible pour moi. Mes frères et sœurs allaient jouer et moi je restais souvent avec elle. Nous avions interdiction de faire du bruit pour ne pas le déranger. C'est un modèle, mais je crois aussi que j'avais peur de lui déplaire. D'ailleurs, quand il parle de moi il dit que je ne l'ai jamais déçu. C'est peut-être ça qui me manque. Oser décevoir ! Je n'osais pas aller jouer et laisser ma mère seule, et je n'osais pas démériter aux yeux de mon père.

— Jouer et décevoir aurait été dangereux pour vous ? Que ce serait-il passé selon vous ?
— Je n'ose pas l'imaginer. Je ne sais pas qui se serait écroulé, d'eux ou de moi !
— Votre monde se serait écroulé, plus de sûreté affective, plus de reconnaissance ?
— C'est ce que je crois, oui.
— Avez-vous le souvenir d'avoir osé ?
— Oui, je m'étais laissé entraîner par un copain assez dissipé et on avait fait une bêtise en classe. Mes parents avaient été convoqués par le directeur. La plus grande honte de ma vie, mon père m'avait regardé comme si j'étais le plus ingrat des fils. Je me suis juré de ne jamais recommencer.
— Quel âge aviez-vous ?
— Onze ans.

Henri repasse par des souvenirs douloureux, points d'appui qui ont orienté sa vie vers un *plus jamais ça* qui se prolonge aujourd'hui : des parents méritants qui attendaient de leur aîné un parcours de réussite, mais sans doute pas dans cette exigence qui prive Henri de toute liberté à jouer et à décevoir. Pour ne pas lire la tristesse dans les yeux de sa mère et la honte sur le visage de son père, il se demande la perfection et la réussite totale. Selon l'enfant qu'il a été, *leur* satisfaction est le seul moyen de garantir la joie de sa mère, la fierté de son père, et donc son bonheur à lui. Tonneau des Danaïdes toujours à remplir. Pour y parvenir, Henri se demande l'impossible et sur-réagit quand un incident vient entraver le résultat, qui seul compte. Comme si son regard était demeuré rivé sur sa honte.

— Que diriez-vous à un petit garçon de onze ans à qui il arrive la même histoire, qui s'est autorisé une bêtise de son âge et qui a vu son père se sentir humilié du comportement de son fils ?
— Je ne sais pas, que tous les enfants font des sottises et que ce n'est pas grave.
— Vous vous sentez mieux avec ce type de paroles ?
— Non, ce sont des paroles creuses... Je pourrais lui expliquer ce que ressent son père, que les grands ont parfois des attentes trop élevées pour les petits, que ce sont des affaires de grands, qu'il a le

droit de jouer et que sa mère sera plus heureuse de le voir gai que soucieux.

Au fur et à mesure de ses propos, Henri qui se parle à lui-même laisse couler ses larmes, soulagé d'entendre des mots qu'il n'avait jamais entendus.

Henri analyse ses réactions de défense

Il arrive un matin bouleversé par une crise avec l'un de ses enfants.

— Je me sens triste et dans une colère froide. On est dans une situation familiale difficile. Mon fils a encore fait une idiotie en classe. Il a vraiment l'art de se mettre dans des situations impossibles ! Ils avaient un devoir de groupe à faire mêlant consigne en français et raisonnement en maths. Dans son groupe de copains, ils en ont profité pour rédiger un devoir qui tournait en ridicule une élève et qui provoquait les professeurs. A-t-on idée ? Ils étaient furieux à juste titre et ils ont convoqué les parents, trois semaines après ! Plutôt que nous convoquer dans la foulée et décider avec les parents ce qu'il convenait de faire, ils ont été assez maladroits entre temps pour lire la copie devant toute la classe. C'était exagéré car le raisonnement et les calculs de maths étaient justes. Les autres de la classe ont ri et se sont moqués d'eux. Mon fils s'est senti humilié. Au début je l'ai consolé, mais quand j'ai lu la copie, moi aussi j'ai vu rouge, c'était bourré de fautes d'orthographe. Il reconnaît que c'était une blague de mauvais goût. Depuis, il est triste et fâché. On ne peut plus rien lui dire sans qu'il pique des crises. Son frère et sa sœur en ont marre aussi, résultat tout le monde crie, gesticule et hurle. Je commence vraiment à en avoir plus qu'assez. On ne peut pas passer un repas en famille tranquillement. Je ne sais plus comment prendre mon fils et je n'arrive plus à être à son écoute. Je devrais car je vois qu'il est vraiment mal ! Il me dit : « Quand je l'ouvre, on me fait taire ! » Mais si je lui demande ce qu'il a à dire, il se met à pleurer et va s'enfermer dans sa chambre. Je me sens impuissant et je ne vois vraiment pas ce que je pourrais faire de plus ! Même ma femme est dépassée.
— Je vous sens tiraillé entre la compréhension du comportement de votre fils et le fait qu'il a quand même fait une méchante blague,

tiraillé entre comprendre les professeurs et le fait qu'ils ont humilié votre fils et qu'ils sont maladroits. Aviez-vous demandé à les voir ?
— Ça a été ma première intention sur le moment, mais j'ai renoncé, je me le suis même interdit car les enfants n'aiment pas qu'on intervienne dans l'école. Surtout Benjamin, c'est comme s'il se sentait encore plus humilié de ne pas pouvoir se débrouiller tout seul.
— Et ce « je l'ouvre, on me fait taire » vous rappelle-t-il un souvenir personnel ?
— Ah, ça oui ! En primaire j'avais pris la défense d'un copain que l'institutrice avait traité de serpent à lunettes. Je m'étais retrouvé tout le reste de l'après-midi au coin les mains sur la tête, avec un mot pour mes parents en prime. En rentrant j'avais eu droit à une leçon de morale en règle selon laquelle je devais respecter ma maîtresse.
— Et vous n'aviez pas pu vous expliquer ?
— Non, j'ai vite compris qu'il valait mieux que je la ferme si je ne voulais pas avoir une punition supplémentaire.
— Et votre fils prend le relais d'une colère que vous ne vous êtes jamais permise ?
— Quand je me mettais en colère, je me battais, c'était toujours pour défendre des plus faibles ou pour dénoncer l'injustice qu'on leur faisait vivre. Pour me défendre moi, non, je ne me souviens pas de m'être mis en colère.
— Votre fils, lui, se défend lui-même.
— Il essaye, visiblement. Mais ça n'a pas l'air de marcher très fort.

Henri se détend en faisant le lien avec son histoire et la façon dont il a construit son discours entre devoir se taire et l'ouvrir pour dénoncer l'injustice faite aux autres. Il revisite combien il s'est privé d'exprimer *sa* parole, jusque dans cette crise familiale dans laquelle il met toute son énergie à calmer son fils, soulager sa femme effondrée et aider toute la famille, suivant une vieille habitude d'enfance. Il réalise son exigence dans son agacement à voir les fautes d'orthographe du devoir de son fils. Il entend l'interdit sur sa première intention d'aller écouter la version des professeurs, réalisant au passage qu'il n'était pas si clair que ça en allant les voir.

— Trop ému, trop honteux de me voir sur la sellette. Je crois que ça m'arrangeait bien de ne pas y aller. Quand je pense que j'ai failli devenir professeur !
— Qu'en auriez-vous pensé en tant que professeur ? Quel comportement auriez-vous apprécié de la part des parents ?

Un long silence s'installe, entrecoupé de « je ne sais pas », « je ne vois pas », comme s'il n'osait pas quitter le petit garçon qu'on avait privé de sa parole, ni élargir son regard pour comprendre l'ensemble de l'événement tout en conservant sa liberté d'expression au-delà du pseudo-choix qu'il avait fait dans l'urgence, dénoncer ou se taire. Puis il se positionne.

— Je commence par noter déjà ma vision à moi, ce que j'en pense, y compris des fautes d'orthographe qui m'irritent et le raisonnement de maths qui est juste et me fait plaisir. Et, fort de ma vision, je prends rendez-vous pour écouter celle des professeurs et donner la mienne. Bref, je reprends la parole, là où je l'ai laissée il y a un paquet d'années... En tant que professeur, j'aurais bien aimé avoir un parent devant moi, quelqu'un qui ne soit ni un enfant ni un redresseur de torts. En fin de compte, je remercie mon fils de m'avoir permis de repasser par là...

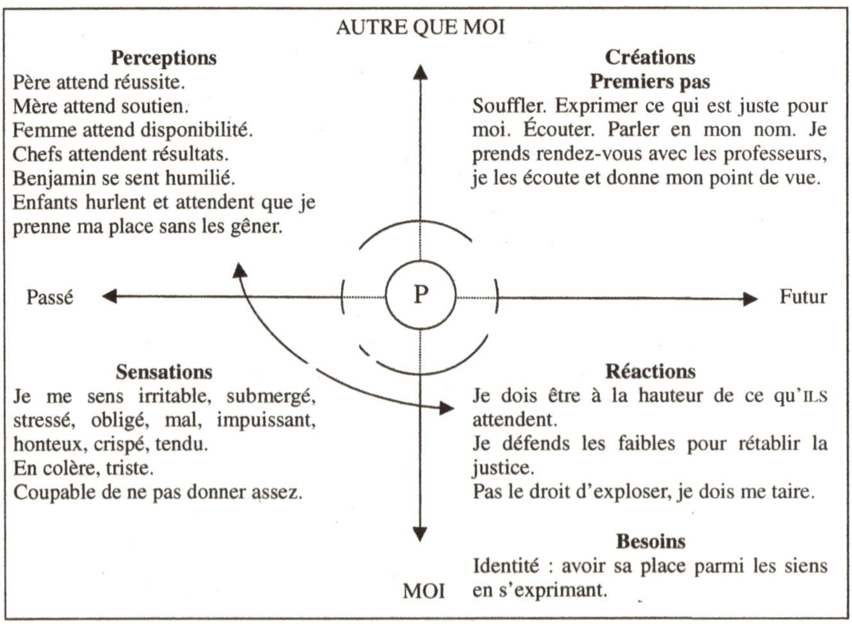

Henri comprend qu'il a des besoins

Au fur et à mesure de ses séances, Henri fait le lien entre ses sensations émotionnelles, face à certaines situations qu'il perçoit au travers du filtre de ses souvenirs, et les besoins de sa nature, corporelle et psychique. Quand les autres se fâchent, lui se sent impuissant et se défend, mais sans les paroles qui lui permettraient de s'entendre et de se faire entendre. Il se rend compte que son identité dépend du jugement de l'extérieur à défaut de sa propre évaluation, que sa liberté est fonction des résultats obtenus et est suspendue à ses obligations.

Libérer ma parole, oser chercher les mots qui sont justes pour moi, parler en mon nom, jouer avec les mots, parler de moi, de ce que ça me fait d'être convoqué trois semaines après l'événement sont quelques-unes des phrases qu'Henri s'approprie.

Par ailleurs, il prend conscience de ses besoins de stabilité, sûreté et appartenance dans le groupe.

Je joue mon rôle de parent d'élève, d'adulte qui réfléchit avec d'autres adultes sur la situation de mon enfant.

Au travail, j'ai besoin de savoir ce que fait mon équipe. Mais eux le prennent mal, ils ont l'impression que je suis toujours sur leur dos. Je pourrais leur demander de définir par écrit l'organisation de leur travail et de déterminer un délai approximatif de fin. Par ailleurs, dans les réunions hebdomadaires, je peux commencer par écouter leurs problèmes et comment ils comptent les régler alors que ma tentation serait plutôt de vérifier que les dossiers avancent et de leur trouver des solutions. Je crois que les relations seraient plus agréables.

Les premiers pas d'Henri

Nous avons évoqué déjà les premiers pas d'Henri dans diverses situations. Le processus de logique émotionnelle propose cet entraînement dans des circonstances diverses. La personne se familiarise avec ses initiatives qui vont se fonder sur un accord avec ses propres sensations, sur une conscience de ses besoins et sur une capacité à voir et entendre, autrement, la situation qui vient choquer le talon d'Achille.

— Le plus petit pas possible que vous puissiez faire, qui n'affole pas votre crocodile et qui laissera passer le changement, quel est-il ? Qui tient compte bien sûr de votre besoin d'être plus détendu ET de poursuivre le chemin de votre réussite.
— Rentrer chez moi en vélo. Fermer les yeux pendant dix minutes après le déjeuner. Faire l'exercice de respiration. Aller voir mes collaborateurs plutôt que les convoquer... Ne plus amener de travail à la maison.
— Votre visage vient de se crisper. Êtes-vous convaincu de ce pas là ?
— Non, impossible encore, je me sentirais coupable. Je vais commencer par respirer et revenir en vélo. Cela fait longtemps que j'en ai envie, comme un gosse.

Henri distingue petit à petit ses propres besoins des attentes des autres. Il commence à voir qui il peut être, débarrassé de sa culpabilité, en s'appuyant sur son plaisir à être en relation avec ceux qu'il aime, à leur faire plaisir. Il commence aussi à améliorer ses relations au travail en osant écouter ses collaborateurs tout en affirmant ce qu'il attend d'eux. Il a aussi tenu à rencontrer ses parents et à oser avoir un échange différent de l'habituel compte rendu de sa réussite professionnelle et familiale. Déterminé à parler de lui, de la pression qu'il ressent et même de sa peur de décevoir son père. Il parle et il écoute ses parents à partir de ses propres sensations et de ses besoins, conscient qu'il leur donne alors une part plus authentique de lui-même. Il a été fort étonné de leur attitude, ouverte et compréhensive. Il avait enfin repris la parole dont il s'était senti privé depuis de nombreuses années.

La tristesse de Rose-Marie

Rose-Marie a assisté à un stage avant de venir en entretien. Avec les autres participants elle était discrète et accrochait volontiers un sourire sur ses lèvres. Même en racontant sa tristesse, elle gardait ce même sourire, en plus triste. Rose-Marie est gentille. Trop tolérante avec les autres, elle est intraitable avec elle-même. En entretien, elle ose parler de sa souffrance.

Ses premiers mots

— J'ai besoin de *dénouer* des choses qui me *bouffent* la vie. Ça va *mal* depuis assez longtemps, en montagnes russes. Depuis quelque temps, j'ai plus de bas que de hauts. Il y a beaucoup de choses que je *devrais* faire et que je ne *fais pas*. Je devrais me bouger les fesses. Je me laisse aller, je n'ai pas de volonté. Au fond, je n'ai *pas envie* de sortir, je reste au fond de ma caverne, *je me terre* dans un endroit où je ne risque rien. J'ai *perdu* toute envie de projet. Je *m'enferme* et j'*attends* que ça se passe. En sortant, je risque l'*échec*, la *trahison*. J'ai pas envie de faire subir aux autres mon mal être, ou de *subir* leur bonheur. Je voudrais être *invisible*, j'ai *raté* plein de choses, *je me cache*. J'ai une image de moi pas *terrible*. Je suis dure avec moi-même car j'ai été trop conciliante, j'ai laissé passer plein de choses que je n'aurais pas dû. D'ailleurs, j'ai *horreur* des gens complaisants et je suis considérée par mes collègues comme perfectionniste. S'ils savaient...

— Quoi donc ?

— À quel point ils se trompent sur moi. Je vis dans une *imposture* totale. J'essaie de ne pas montrer la fille molle que je suis. Mais là je n'y arrive plus. Je suis en arrêt maladie et sous antidépresseurs.

Rose-Marie est enfermée dans sa vision « pas terrible » d'elle-même. Elle s'abandonne, même si en société elle cherche encore à donner le change. Elle n'y croit plus. Au nom d'un échec ou d'une trahison anticipée, elle ne tente plus rien. Chat échaudé craint l'eau froide ! Le ton est donné, presque provocateur. « Essayez de me sortir de là si vous êtes si fort... »

Ce que Rose-Marie ressent

— Que te dit ton corps ? Que ressens-tu dans ces moments de dépression, quand tu n'as plus envie de rien ?
— Eh bien rien, justement.
— Le corps humain est ainsi fait qu'il est impossible de ne rien ressentir. Je te propose de te brancher plus précisément sur ton corps.
— Je ne comprends pas ce que ça veut dire.
— Quand tu te cognes, tu as mal à l'endroit du choc.
— Si c'est ça... Moi j'ai mal partout, même respirer devient douloureux. Je me sens épuisée, vidée de mes forces. Le matin je me réveille fatiguée, avec déjà un poids sur les épaules. Je me sens usée et je n'ai plus d'espoir de pouvoir m'en sortir.
— Comme si ton corps avait trop forcé, que tu aies fourni un trop gros effort ?
— Oui, c'est ce que je ressens. Et il n'y a aucune raison puisque je ne fais rien.
— Te voilà à te juger. Ton corps, lui, t'indique une énorme fatigue, une perte d'énergie.
— Oui, et c'est ce que je ne comprends pas. Je ne fais que ça, me reposer. Je fais le strict minimum et encore.
— Mais c'est bien ce que tu ressens !
— C'est vrai. Mais je ne suis pas la seule à me dire qu'il faudrait que je bouge. Je vois bien que les gens autour de moi sont fatigués de me voir comme ça, j'embête tout le monde avec mes problèmes. Personne ne me croit.
— Et toi aussi tu as du mal à croire ton corps ?
— Mais ça me sert à quoi de savoir et de dire que je suis épuisée ? Personne n'y peut rien et c'est à moi de me bouger. Je suis toute seule moi, et je n'ai personne pour me prendre en charge.

Comment accepter le langage du corps quand le juge intérieur impose de penser autrement ? Rose-Marie s'en veut de ressentir ce qu'elle sent. Ressentir est précisément ce qu'elle craint le plus, refusant d'éprouver des symptômes qui lui signifieraient son existence. Alors, mieux vaut nier ressentir quoi que ce soit. *Rien* devient une réponse rassurante à très court terme, une façon de gagner du temps devant une question qui dérange. *Il faudrait que je ressente quelque chose, pour pouvoir vous aider à m'aider*, avait dit Rose-Marie un matin de stage. Comme si la sensation était à trouver, non pour elle-même, mais pour les animatrices. Et pourtant, dès qu'elle met des mots sur son ressenti, c'est *tout* son corps qui a mal. Du rien au tout. Un désespoir qui la renvoie à sa solitude et à l'obligation de ne pouvoir compter que sur elle.

— Dans une maison, quand le circuit électrique est en surchauffe, les plombs sautent pour éviter que la maison brûle. C'est un bon système de sécurité. Aurais-tu été en surchauffe avant de t'écrouler ?
— Rien de particulier. C'est vrai que j'ai eu beaucoup de pression au boulot, mais comme tout le monde. C'est la vie qui veut ça !
— C'est la vie qui veut que tu aies beaucoup de pression au boulot ?
— Oui, enfin, tu vois ce que je veux dire. Aujourd'hui si on veut garder son job, on n'a pas tellement le choix.
— Et c'est parce que tu n'as pas le choix que tu te demandes de continuer à faire ce que tu n'as plus la force de faire ?
— J'ai tellement honte d'aller mal. Je vois bien que les autres y arrivent, mais moi je craque.
— Où se situe ce craquement dans ton corps ?
— Un peu partout, j'ai juste envie de rester couchée.
— Et plus précisément ?
— C'est bizarre, c'est dans mes cuisses. Comme si mes jambes ne me portaient plus.
— Ne t'ont-elles pas portée pour venir jusqu'ici ?
— Si bien sûr, c'est une image...
— Pas tant que ça. Concrètement, quand tu as juste envie d'aller te coucher, c'est la preuve vivante qui correspond à cette sensation. Est-ce que tu peux envisager un mouvement qui te permettrait de constater qu'elles te portent bien ?
— Comme quoi ?
— Comme aller marcher tous les jours une demi-heure par exemple.
— C'est long une demi-heure, et la marche, j'aime pas trop.
— Y a-t-il un autre mouvement alors ?

— Il y a bien mon cours de danse africaine. J'adore ça. Mais là j'ai arrêté, je n'ai envie de rien.
— Quand tu en parles, ton visage s'illumine.
— Quand j'en sors, je me sens vraiment mieux. Mais c'est dur d'y aller dans mon état.
— Justement, dans ton état, comme tu dis, la mobilisation est vraiment importante. Ça permet de remettre les circuits énergétiques en mouvement, de sortir de cet état, de te concentrer sur autre chose que ton mal-être. Tu penses que tu peux demander à tes jambes de t'y porter ?
— Mes jambes oui, mais ma tête...
— Alors parle à tes jambes, et écoute-les. Ce sont elles qui vont soigner ta tête.

Rose-Marie commence à (se) comprendre

— Mon enfance a été désespérément banale, entre une mère peu chaleureuse, très active, pas très portée sur les démonstrations de sentiments, mais efficace et qui savait tenir sa maison. Mon père était assez effacé devant elle. Il aimait bricoler et il s'enfermait le dimanche dans son garage. Je n'ai pas de souvenir de jeux avec lui.
L'interroger sur son passé, sur des chocs qui auraient pu lui arriver ? Elle s'y refuse.
— Inutile, il ne s'est rien passé de particulier. Ma famille est normalement constituée, sans gros problèmes. Ce n'est pas la voie pour me soulager. Tout ça, c'est en moi, c'est moi et que moi qui suis tordue. J'ai toujours préféré la fuite à la réalité. Je me vois comme une enfant, alors que je sais que, dans la vie, il faut toujours se battre et ne compter que sur soi.
— Et pour ne plus être une enfant, il faut se battre ?
— Mes parents me disaient que ce ne sont pas les autres qui feraient ma vie. Ils ont raison. Du coup, je vois ces autres un peu comme des ennemis.
— Si tu évoquais des souvenirs particulièrement forts pour toi, lesquels te reviendraient ?
— Des bons souvenirs de quand j'étais enfant et que nous nous amusions dans le jardin des grands-parents.
— Rien qui t'ait marquée, choquée ? À l'école, à la maison ?
— Non.
— Rose-Marie, l'être humain ne réagit pas avec autant de peine pour rien. Te dire que rien dans ton passé n'explique ton état actuel,

que c'est toi qui dérailles toute seule et que tu es la seule à blâmer n'a pas de sens. Ce n'est pas comme cela que fonctionne le cerveau.

— Tu veux dire qu'il s'est forcément passé des événements qui m'ont choquée ? C'est possible, après tout. Je me souviens de situations difficiles : mes galères à l'école où mes notes étaient moyennes, l'accident de mon père qui a dû s'arrêter pendant un an, on a cru qu'il ne remarcherait pas, la mort de ma grand-mère que j'adorais. Peut-être que tout ça m'a plus marquée que je ne me l'imagine. Pour ma mère, c'était la vie ! Pas question de se laisser aller.

— Tu veux dire que tu ne pouvais pas exprimer ton inquiétude pour ton père, ou ton chagrin pour le décès de ta grand-mère, ou tes difficultés à l'école ?

— Elle ne voulait rien entendre. Alors, je ne disais rien. J'étais la bonne petite fille. Celle qui sourit tout le temps, qui était même considérée comme un boute-en-train par mes amis, la gentille à qui on peut toujours demander un service.

— Que se serait-il passé, à ton avis, si tu avais exprimé ton ressenti ?

— Oh ça, je sais : Tu ne vas pas, encore, en faire toute une histoire... C'était sa formule passe-partout. Je m'en souviens, surtout à la mort de ma grand-mère ! Elle me regardait comme si j'étais une pauvre fille et me disait que si quelqu'un devait être triste, c'était bien elle qui venait de perdre sa mère. Que je n'avais qu'à prendre exemple sur elle. C'est vrai qu'elle est forte ma mère. Moi, je me sentais coupable et j'allais me cacher pour pleurer.

Face à une mère si forte, avec qui le laisser-aller n'était pas possible et qui n'exprimait pas elle-même ce qu'elle ressentait, Rose-Marie revisite nombre de situations dans lesquelles elle a « ravalé » ses peines et ses difficultés. Au point de restreindre tout désir et toute envie. Pour avoir une place dans sa famille, seul le rôle de la gentille qui fait du bien aux autres lui avait été possible.

Rose-Marie analyse ses réactions de défense

— Tu souris tout le temps ?

— C'est comme un masque et je ne m'imagine pas pouvoir le poser !

— À quoi te sert ce sourire ?
— À ce que les autres me laissent en paix, à ce qu'ils ne me demandent rien de plus, à ce qu'ils m'aiment bien.
— Et ça marche ?
— Plutôt bien, oui.
— Alors, c'est un bon masque ?
— Apparemment. Je ne le voyais que comme une mascarade, une imposture qui ne servait qu'à cacher la véritable Rose-Marie, mais c'est vrai que je suis aussi une femme gentille. Ça me réconforte de penser ça de moi. Mais, quand même, pourquoi porter un masque, me cacher ?
— N'est-ce pas toi qui le vois comme un masque d'imposture ?
— Je pourrais le voir autrement ?
— Qu'en penses-tu ? Ton sourire t'a certainement permis de traverser bien des difficultés. Essaye de rassembler dans tes souvenirs des situations dans lesquelles ton sourire et ta gentillesse t'ont permis d'éviter des problèmes, ou des conflits.
— Oui mais, justement, ce n'est pas bon de passer son temps à éviter les conflits ! Je devrais être capable de les affronter.
— Oui, et pour les affronter pourrais-tu déjà te réconcilier avec la façon dont tu as évité de faire des histoires ? À tel point d'ailleurs que tu te prives aujourd'hui de ta propre histoire. Après tout, éviter les conflits est une façon intelligente de rester en harmonie, non ? Même si cela reste pour l'instant une façon reptilienne de vivre...
— Cette idée doit être bonne pour moi, je sens que je me détends. Même si je n'ai pas l'impression que ça va changer grand-chose.
— Tu veux dire que ça ne te rendra pas PLEINEMENT heureuse ?
— C'est vrai que je mets toujours la barre au sommet !

Le temps accordé à se réconcilier avec nos comportements passés est indispensable. Une façon de se raccorder à soi qui a eu la capacité de s'adapter à une situation difficile et incohérente. Ce masque, qu'elle jugeait comme une imposture, avait été, si ce n'est la posture la plus juste pour elle, la seule possible, celle qui lui permettait de vivre aimée par sa mère, considérée comme un bonne fille, assurée ainsi d'une sécurité affective stable.

Le pas suivant est la réconciliation avec son état de désespoir actuel.

— Tu cherches à te cacher, tu veux rester au fond de ta caverne. Qu'est-ce que te permet cette attitude ? Qu'est-ce qu'elle te rapporte ? Allons voir du côté du bénéfice à de telles réactions.
— Mais, ça ne me permet rien de bon !
— Le corps humain est plus futé que ça. Il y a certainement du bon à prendre à se cacher du regard des autres. Le moyen n'est sans doute pas le meilleur et je ne doute pas qu'il existe d'autres voies meilleures. Mais encore faudrait-il découvrir l'objectif que tu poursuis. Alors ?
— Eh bien, petite, je me faisais des cachettes dans le jardin et même dans ma chambre. J'avais peur, je crois, que ma mère ne rentre brusquement dans ma chambre. Alors je fabriquais des tentes pour ne pas être surprise.
— Surprise à quoi ?
— À ne pas faire mes devoirs par exemple, à lire surtout. Tu n'as rien de mieux à faire ? J'ai des frissons rien qu'à réentendre cette formule ! Un jour je suis rentrée dans ma cachette et je n'ai plus retrouvé mon cahier intime. Mon frère l'avait trouvé et donné à ma mère ! Elle m'a toujours dit ne pas l'avoir lu, mais je la connais et je suis sûre qu'elle n'a pas résisté.
— Ton frère t'a trahie ?
— Exactement. Et en plus, quand je suis allée me plaindre auprès d'elle, il paraît que j'ai tellement hurlé que je me suis reçu une gifle. Bravo l'injustice.
— Alors, se cacher serait intelligent ?
— À me mettre à l'abri des regards intrusifs, à me protéger, à éviter d'être trahie. Évidemment, vu comme ça... Au travail, depuis six mois, nous vivons dans un open space. Tout le monde regarde tout le monde et je n'arrive pas à me concentrer sur ce que je fais. Je me sens surveillée en permanence. Je n'avais jamais fait le lien ! Plus je suis dépressive, plus j'ai de chances de m'arrêter de travailler et d'échapper à ces regards.
— Sauf que tu t'interdis même ce moyen en exigeant de toi d'aller bien et que tu t'obliges en te donnant des coups de pied dans les fesses. Et te voilà bloquée : ni dans la caverne à l'abri temporaire, ni dehors à vivre avec les autres.

L'analogie entre son lieu de travail et son lieu d'enfance, la peur de l'intrusion des autres dans sa vie, hier comme aujourd'hui, donne à Rose-Marie un autre regard sur elle-même, plus empreint de compassion. Surtout, elle voit à la fois les limites de ses réactions défensives en même temps que l'objectif intelligent que celles-ci contiennent : avoir la paix sur le territoire qui lui appartient.

Rose-Marie comprend qu'elle a des besoins

La notion d'« identité territoriale » est familière à Rose-Marie. Cette vision géographique lui permet d'imaginer l'occupation de son espace à elle. Sa mère avait des idées et des solutions pour chacun de ses enfants, comme pour son mari. La jeune fille avait été peinée de voir son père céder devant sa femme, même s'il lui faisait un clin d'œil complice.

— Je vois bien qu'il ne tenait pas sa place et ma mère débordait de la sienne. Impossible de savoir si c'était elle ou lui qui était responsable de cette situation.

La façon dont elle tentait, elle, d'occuper son propre espace était sous la forme discrète et sans histoires. La présence effective de ses parents, présence qui lui faisait dire que ceux-ci étaient *sans problèmes et normaux*, lui garantissait une appartenance rassurante.

— J'ai besoin de liberté ? Mais je ne suis pas quelqu'un de téméraire, moi.
— Tu pourrais commencer par te donner la liberté d'occuper ton espace, avant d'imaginer quelque initiative téméraire !

L'idée la fait rire, car le projet lui semble nettement plus accessible...

Les premiers pas de Rose-Marie

Avant d'en arriver à mobiliser ce qu'elle pourrait faire au présent, Rose-Marie est partie à l'aventure de ce qu'elle aurait aimé penser, dire et faire dans les diverses épisodes douloureux de son passé. Non sans résistance...

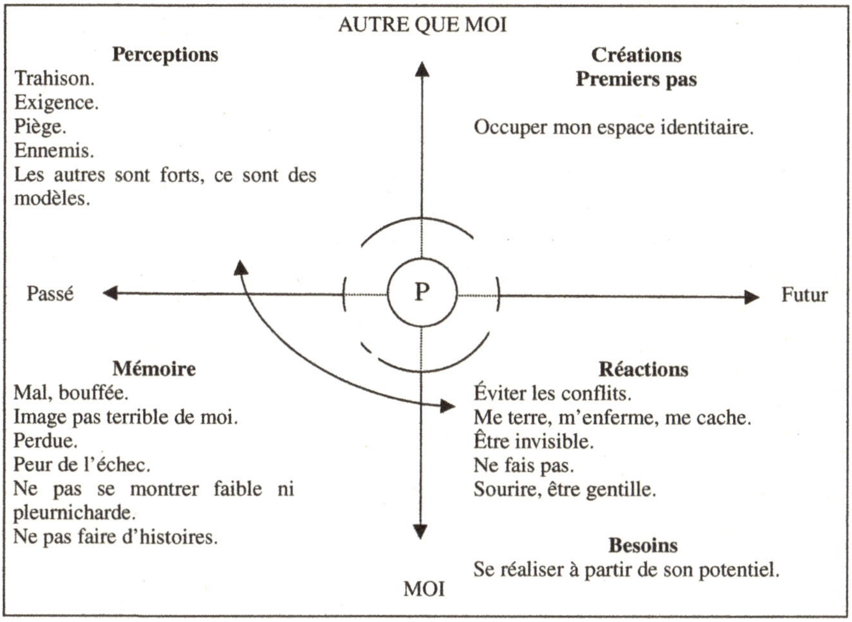

— À l'époque, tu n'as pas pu réagir autrement que dans la frustration. Tu n'as eu d'autre issue que te priver de tes possibilités. L'émotion et la douleur ont été tes seules ressources pour survivre. Cette information est demeurée fixée en toi, jusqu'à ce que tu y reviennes pour mobiliser une part de toi, ce qui n'était pas pensable pour toi enfant, pas même imaginable, ou alors sous la forme d'un rêve inaccessible. Nul doute que ce possible, tu ne peux l'extraire de ton passé. En revanche, tu peux aujourd'hui le mettre en image et en mots. Le créer à partir du besoin qui est le tien. Du besoin que tu avais à l'époque et qui est toujours présent à *réclamer* ton dû, qui ne te lâche pas. Ton corps sait combien cette libération est essentielle pour toi. Invente, crée, imagine, enfante un autrement...

— Mais je ne peux refaire le passé !

— Certes, mais tu peux modifier le présent, écrire à partir de lui ce que tu peux d'autre.

— Ça changera quoi ?

— Tu le sauras en le faisant.

— Ce serait me mentir...

— Oui, si tu comprends le mensonge comme une activité de ton esprit pour répondre à ta mémoire autrement qu'en subissant la loi du crocodile et de son balancier répétitif.

— J'ai l'impression d'être une gamine espiègle qui va jouer un tour...
— Et à voir ton visage, cela semble réjouissant.
— Toute petite, on me disait espiègle, et ça me semblait un compliment, jusqu'à cette trahison de mon frère, où mon espièglerie est devenue de l'insolence pour ma mère, avec cette gifle. Elle ne m'a plus adressé la parole pendant des jours. Finie, la gamine !
— C'est là, à ce carrefour de ta vie, que tu vas reprendre ton histoire...
— J'invente ce que j'aurais pu faire ?
— C'est ça.
— Eh bien, j'aurais aimé prendre un objet dans la chambre de mon frère et ne le lui rendre que contre mon cahier.
— Mais s'il l'avait déjà donné à ta mère ?
— Je ne peux pas inventer alors ?
— L'objectif est d'inventer ce que TU aurais pu faire dans cet événement, pas de refaire l'événement.
— Ah oui. Eh bien j'aurais pu aller demander à ma mère si elle trouvait normal ce qu'avait fait mon frère.
— Si elle t'avait répondu qu'effectivement ce n'était pas normal, tu te sentirais mieux ?
— Un peu oui.
— Juste un peu ?
— Ça ne retire rien à la trahison de mon frère, ni même à celle de ma mère qui a lu mon cahier...
— D'autres pistes ?
— Je pourrais aller voir mon père et lui raconter ce qui m'arrivait. Lui demander de l'aide, même si maman nous disait toujours de ne pas l'ennuyer avec nos histoires de gamins depuis son accident.
— Que lui dirais-tu ?
— Je lui raconterais et lui dirais que je suis triste. Je sais que lui pourrait me comprendre et qu'il me consolerait. D'ailleurs il l'a toujours fait quand je suis allée le voir. C'est drôle, à l'époque je n'y ai même pas pensé.
— Tu penses qu'il y a une raison pour laquelle tu n'y as pas pensé ?
— En fait je crois qu'à l'époque je pensais que l'attitude de ma mère était normale. Je me rends compte aujourd'hui que non. Et ça mon père l'aurait compris. Même si je sais qu'il ne serait pas allé voir ma mère. Mais ça me fait du bien déjà de me sentir comprise, je me sens moins seule.

— Tu penses que tu peux trouver des solutions alternatives pour trouver ta place au travail ?
— Faire ce que font d'autres, mettre des plantes dans mon bureau. M'isoler dans un autre bureau quand j'ai un travail important. Déjeuner plus tard quand je n'ai pas envie de voir du monde. Je peux aussi mettre un miroir sur mon bureau pour voir qui arrive derrière moi. Je peux faire ça, c'est un début. Ce n'est pas grand-chose...
— Tant mieux, les grandes choses ne te font-elles pas revenir au plus vite dans ta caverne ?
— Tu crois qu'un jour je pourrai être pleinement heureuse ?
— Est-ce que plus heureuse que tu n'es pourrait déjà te convenir ?
— C'est vrai, tu as raison, la politique des petits pas...

Quelle est forte la tentation d'être plein, sans vide, sans manque, sans faille, sans faute. Comme si faire de son mieux n'était jamais suffisant. C'est pourtant cet apprentissage qui permet la véritable évolution de la personne dans son environnement. Les petits pas effectués découvrent notre véritable nature. Comme si celle-ci était recouverte d'une évidence d'impossibilité, d'interdit ou d'impuissance, la rendant inaccessible. Ouvrir le rideau, ôter le voile, révéler, énoncer, concevoir, autant de termes qui correspondent à un accueil, au plus intime de soi, de son potentiel, de son pouvoir penser, parler et agir dans le respect de soi, de ses besoins de sécurité, d'identité et de réalité d'être. La vie s'ouvre alors à soi, plus accomplie, car plus proche de nos possibilités, de nos capacités et de nos désirs.

Conclusion

Rester vivant ! Nous avons vu combien nous étions programmés pour le demeurer, et que dans l'urgence à nous adapter à l'environnement, nous étions prêts à bien des lâchetés, des violences ou des compromissions. Tel est structuré notre Être pour être. Oui, et pas seulement ! La nature a été généreuse avec nous et nous sommes doués de formidables capacités. Nous en avons fait preuve tout au long de l'histoire de l'humanité en apprenant à nous adapter intelligemment. En nous mettant au service de notre pérennité, nous avons développé notre esprit, transformant nos appétits en pensées, paroles et désirs conscients. Pour preuve l'art, la philosophie, la science, les civilisations riches et créatives qui nous ont précédés. Et l'humanité peut être fière de ce qu'elle a réalisé, tant individuellement que collectivement. Pourtant, comment ne pas voir à quel point nous sommes encore trop souvent soumis à nos réactions défensives à court terme, autrement dit à des appétits d'aisance sécuritaire et de gloire identitaire. Nos comportements ne respectent alors ni soi, comme si nous ne pouvions faire mieux, ni l'autre, comme s'il n'était rien, ni l'environnement, comme s'il pouvait tout nous fournir indéfiniment. Aujourd'hui, si l'humanité veut survivre, c'est en reprenant sa place au sein de la nature, comme faisant partie de ce grand tout dont nous sommes interdépendants, en vivant avec et grâce à elle, et non contre elle. Avec pour point d'appui, tel qu'a été notre propos tout au long de ce livre, de comprendre *notre* nature et ce qui l'anime, nous éduquer à la respecter en partant de là où nous en sommes, avec pour guide le message premier de notre structure, nos émotions.

Il existe un conte très ancien racontant l'histoire d'un pauvre homme qui, un jour qu'il se promenait dans la forêt, découvrit une bouteille bleue recouverte de poussière. Comme il la frottait pour la nettoyer, un génie en sortit. Le génie promit d'exaucer tous les vœux, quels qu'ils soient, auxquels l'homme pourrait penser, à la seule condition que, si le vieil homme se trouvait à court de vœux, le génie le dévorerait. Le pauvre homme accepta, pensant qu'il parviendrait facilement à occuper le génie. Son premier vœu fut un bon repas. Le génie lui procura instantanément tout un défilé de mets raffinés et fumants. Alors qu'il regardait toute cette nourriture, le pauvre homme pensa à des serviteurs pour le nourrir. À peine cette pensée eut-elle franchi le seuil de sa conscience qu'elle se concrétisa. Les vœux succédaient aux vœux. Le voici bientôt dans une magnifique maison avec une charmante femme et de beaux enfants. Ils parviennent avec de grandes difficultés à occuper le génie mais bientôt l'homme et la femme commencent à s'inquiéter à l'idée de se trouver un jour à court de vœux.

L'homme se souvient alors d'un vieux sage habitant un ermitage à deux heures de marche. Lui et sa femme s'y rendent donc, dans l'espoir que le sage trouvera une solution qui les sauvera du génie. C'est ce qui arriva. Le sage dit au couple d'ériger un grand mât et d'ordonner au génie de s'occuper en grimpant et descendant inlassablement le long du mât. S'ils avaient besoin de quoi que ce soit, il leur suffirait d'interrompre provisoirement l'activité du génie[1].

1. Joan Borysenko, *Penser le corps, panser l'esprit*, Paris, Interéditions, 1988.

Individuellement, le génie est une métaphore qui désigne nos processus mentaux tant que ceux-ci sont au seul service de nos appétits. Collectivement, il peut aussi être vu comme une métaphore de notre société et de notre course effrénée vers toujours plus de produits de consommation qui pourraient un jour nous engloutir. Nous sentons bien que nous sommes dans une impasse : d'un côté, comme le génie, elle nous demande de consommer toujours plus, sinon c'est l'effondrement de notre organisation sociétale avec le spectre du chômage et de la disette ; de l'autre, si nous continuons ainsi, c'est l'effondrement de l'équilibre écologique de la planète, voire de notre propre équilibre psychocorporel. Nous prenons le risque d'être dévorés par nos propres solutions pour vivre mieux.

Dans notre urgence à satisfaire nos besoins, ou encore dans notre peur de manquer parce que nous avons manqué par le passé, nous voilà sujets à la convoitise, à vouloir sans égard pour le désir de l'autre au détriment du respect de soi et d'autrui ; à la cupidité, à prendre sans donner en retour, au détriment de la générosité et de la coopération ; à la gloutonnerie au risque d'épuiser les ressources de la Terre sans considération pour les futures générations, au détriment de nos sentiments pour nos enfants ; à l'envie de ce que les autres possèdent et à l'arrogance pour l'obtenir, au détriment de la liberté civile et de la paix ; à la paresse, qui fait cesser de prendre soin de ses propres besoins, considérant que les autres y pourvoiront, au détriment de notre pouvoir personnel et de notre possibilité de progression. Le lecteur aura reconnu les sept péchés capitaux, ceux qui risquent de nous coûter notre tête. Toutes ces erreurs et ces faux pas aboutissent en effet au plus cuisant des péchés, au crime suprême, la mort de toute structure de vie, y compris la nôtre. Et cela, par méconnaissance de notre nature et de ses besoins fondamentaux, tout comme de notre interdépendance au monde qui nous entoure. La sagesse transmise par les traditions ne nous invitait-elle pas déjà à respecter tant la nature en général que la nôtre en particulier ? Depuis toujours, ce qui est viable et assure notre sécurité ne peut être qu'écologique, ce qui garantit l'identité et la paix sociale ne peut être qu'équitable, et enfin que l'initiative individuelle garantit notre épanouissement personnel et spirituel. Cette vision écologique de la personne et de l'humanité est bien éloignée de la seule dualité du bien et du mal. Car il ne s'agit pas de juger un comportement uniquement sur les critères de la morale, du devoir et de ce qui se fait, mais sur le critère de la vie et de la mort.

Pour en revenir à notre conte, l'activité du génie qui monte et descend le long du mât est une métaphore qui illustre la respiration, autrement dit l'esprit. Esprit trouve son étymologie dans soupirer, c'est-à-dire souffler, qui a aussi donné *spirituel.* La respiration est une fonction vitale et essentielle du corps. Cette métaphore indique que l'union du corps et de l'esprit se fait par la respiration, où le souffle du second s'exprime dans la structure du premier. Les grandes traditions mettent l'art de la respiration au cœur de la recherche spirituelle pour faire alliance en soi du corps et de l'esprit. Le rythme et la profondeur de la respiration sont immédiatement modifiés par l'émotion des réactions de défense. En retour, en choisissant de ralentir le rythme et d'amplifier la profondeur de sa respiration, on agit sur l'activité du système nerveux, ce qui favorise la relaxation et la sensation de cohérence. La respiration est ce mouvement de va-et-vient qui, quinze fois par minute, témoigne de la spécificité de notre nature à faire le plein et le vide, à donner et à recevoir, à se fermer et à s'ouvrir, à éprouver le statique et le dynamique. Ainsi l'inspiration nous incite à matérialiser le spirituel par la créativité, et l'expiration nous incite à spiritualiser le matériel par le souffle et le sens que nous donnons à toute création. Nous rebrancher sur cette fonction primordiale de vie pour retrouver notre équilibre psychocorporel serait-il la solution pour nous sauver du génie ? Serait-ce une façon de nous remettre au cœur de l'univers et d'en capter les messages ?

Malraux nous a prédit que *le XXIe siècle sera spirituel ou ne sera pas*[1]. Aussi est-il temps de nous éveiller. Si l'esprit est souffle vital, cela suppose qu'il a la sagesse de se mettre au service de notre corps et de ses besoins. Et pas l'un au détriment d'un autre, qui ne ferait que déséquilibrer la structure. Nous avons vu qu'intimement celle-ci est en quête d'équilibre. Pour nourrir tous nos besoins, l'équilibre existe entre semer et récolter, donner et recevoir, entre le festin et la diète, le silence et la parole, le travail et le repos, le respect de soi et celui d'autrui, entre inspiration et activité créative, entre libertés individuelles et paix civile, entre prendre de la Terre et lui donner en retour.

La compréhension et l'application dans sa vie quotidienne de la logique émotionnelle aboutissent au développement durable de la personne, comme un bouton de rose se développe pour s'épanouir en une fleur magnifique. Ce développement s'inscrit dans le temps. Plus nous apprenons à nourrir nos besoins, et moins nous sommes soumis à nos réactions défensives. Sûreté et liberté, estime de soi et respect de l'autre se prolongent dans l'harmonie avec le monde et les autres dans une initiative solitaire. Une solitude qui, alors, diffère de l'abandon et de l'isolement, qui caractérisent la tristesse du repli sur soi. Ainsi, nous accédons au plein potentiel de notre nature d'être humain.

Notre nature a des besoins. Elle sait nous en informer par des sensations, son seul langage et sa forme de communication. Le déni des sensations fait barrage à la voix du dedans qui nous parle et active les réactions de défense. C'est ainsi que nous entravons le développement de notre esprit. Rester sous le diktat de l'émotion correspond à prendre le risque d'un esprit appauvri et d'un choix altéré.

Nos émotions, et tout le cortège de sensations qui les accompagnent, jusqu'aux plus inconfortables, font partie de

1. Formule célèbre et vraisemblablement apocryphe. Il a pu dire également « mystique » ou « spirituel ».

notre héritage et de notre capital, comme une force de vie fondamentale. Soyons vigilants à ne pas les diaboliser ! Là réside notre *faute* vis-à-vis de nous-même et des autres. Aussi, notre responsabilité de thérapeutes chargées d'aider les personnes qui viennent nous voir à s'éveiller et à se révéler nous fait insister sur ce point capital. Le respect et la compréhension du langage émotionnel et des sensations éprouvées peuvent aider chacun à utiliser au mieux son potentiel et à comprendre l'intelligence du message de l'émotion. Que jamais la fuite, la lutte et le repli sur soi ne servent à priver, juger ou enfermer l'individu ! Limiter celui-ci à ses réactions de défense, le limiter à « ça », ce serait nier la force fondamentale de vie que chacun possède, l'énergie spirituelle, celle du souffle.

Nous avons encore un beau potentiel à développer. Compte tenu des enjeux écologiques et sociaux qui se trouvent juste devant nous, nous en avons grand besoin. La prise de conscience qui émerge requiert d'autant plus le bon usage de nos émotions. Nous ne pouvons nous permettre d'avoir peur de nos peurs, de nous en vouloir ou de les subir avec fatalisme. Nous pouvons, au contraire, nous responsabiliser de ce que nous sentons, comme nous le sentons, et agir dans le sens des besoins de notre structure. Nous pouvons encore, en unissant nos forces, changer la vision de notre avenir. En conclusion *Le Cinquième Rêve*, légende amérindienne extraite du livre éponyme de Patrice Van Eersel, en dira plus et mieux qu'un long discours.

Au début, le Grand Esprit dormait dans le rien. Son sommeil durait depuis l'éternité. Et puis soudain, nul ne sait pourquoi, dans la nuit il fit un rêve. En lui gonfla un immense désir... Et il rêva la lumière. Ce fut le premier rêve, la toute première route.

Looongtemps la lumière chercha son accomplissement, son extase, quand finalement elle trouva. Elle vit que c'était la transparence. Et la transparence régna. Mais voilà qu'à son tour, ayant exploré tous les jeux de couleurs qu'elle pouvait imaginer, la transparence s'emplit du désir d'autre chose. À son tour elle fit un rêve. Elle qui était si légère, elle rêva d'être lourde. Alors apparut le caillou. Et ce fut le deuxième rêve, la deuxième route.

Looongtemps le caillou chercha son extase, son accomplissement. Quand finalement il trouva, il vit que c'était le cristal. Et le cristal régna. Mais à son tour, ayant exploré tous les jeux lumineux de ses aiguilles de verre, le cristal s'emplit du désir d'autre chose, qui le dépasserait. À son tour il se mit à rêver. Lui qui était si solennel, si droit, si dur, il rêva de tendresse, de souplesse et de fragilité. Alors apparut la fleur. Et ce fut le troisième rêve, la troisième route.

Looongtemps la fleur, ce sexe de parfum, chercha son accomplissement, son extase. Quand enfin elle trouva, elle vit que c'était l'arbre. Et l'arbre régna sur le monde. Mais vous connaissez les arbres. On ne trouve pas plus rêveurs qu'eux (ne vous amusez pas à pénétrer dans une forêt qui fait un cauchemar). L'arbre, à son tour, fit un rêve. Lui qui était si ancré à la terre, il rêva de la parcourir librement, follement, de vagabonder au travers d'elle. Alors apparut le ver de terre. Et ce fut le quatrième rêve, la quatrième route.

Looongtemps le ver de terre chercha son accomplissement, son extase. Dans sa quête, il prit tour à tour la forme du porc-épic, de l'aigle, du puma, du serpent à sonnette. Longtemps il tâtonna. Et puis un beau jour, dans une immense éclaboussure... Au beau milieu de l'océan... Un être très étrange surgit, en qui toutes les bêtes de la Terre trouvèrent leur accomplissement, et ils virent que c'était une baleine ! Longtemps cette montagne de musique régna sur le monde. Et tout aurait peut-être dû en rester là, car c'était très beau. Seulement voilà...

Après avoir chanté pendant des lunes et des lunes, la baleine, à son tour, ne put s'empêcher de s'emplir d'un désir fou. Elle qui vivait fondue dans le monde, elle rêva de s'en détacher. Alors...

Alors, brusquement nous sommes apparus, nous les hommes. Car nous sommes le cinquième rêve, la cinquième route, en marche vers le cinquième accomplissement, la cinquième extase.

— Et c'est quoi, cette cinquième extase vers laquelle nous marchons ?

— Ah ça, la légende ne le dit pas. Seules les baleines le savent. Mais le reste du conte n'a pas encore été écrit ! Une chose pourtant semble certaine : si nous voulons trouver notre propre accomplissement, notre propre extase, et passer peut-être à la suite du jeu, il nous faut écouter et respecter, comprendre et aimer les accomplissements des rêves qui nous ont précédés. Aimer et comprendre la lumière, le cristal, l'arbre et la baleine. Car voyez-vous : dans la moindre couleur, toute la lumière est enfouie. Dans tout caillou du bord du chemin, il y a un cristal qui dort. Dans le plus petit brin d'herbe sommeille un baobab. Et dans tout ver de terre se cache une baleine. Quant à nous, nous ne sommes pas le plus bel animal, nous sommes le rêve de l'animal ! Et ce rêve est encore inaccompli.

... Mais que se passerait-il si nous éliminions la dernière des baleines qui sont en train de nous rêver[1] *?*

Alors, comment déciderons-nous de rester vivants ? Par défaut, avec la politique du « moins pire » que sont nos réactions de défense ? En regardant vers le passé, en refaisant la même chose, en considérant qu'avant ça marchait mieux ? Ou bien par choix, par respect pour la vie, en s'inscrivant résolument sur la ligne de l'évolution, en utilisant toutes nos ressources ! Et pourquoi pas, alors, atteindre notre accomplissement et toucher à l'extase ?

---

1. Patrice Van Eersel, *Le Cinquième Rêve*, Paris, Grasset, 1997.

Remerciements

Les auteurs joignent leurs voix pour remercier celles et ceux qui expérimentent la logique émotionnelle, que ce soit à titre professionnel ou personnel. Ils nous encouragent à approfondir notre recherche avec amitié et exigence. Merci à notre éditrice, Nathalie Le Breton, qui s'est impliquée et nous a aidées à finaliser ce livre.

Remerciements de Sylvie Alexandre :

À Philippe, compagnon de vie, pour son amour, son soutien et sa confiance.

À Fugaku Ito, grand maître, gardien de la Voie, toujours prêt à m'éclairer de sa vision.

À mes amies, Nicole et Valérie, pour la qualité de leur présence et leur tendresse. À mes complices du shintaïdo pour leurs encouragements.

Remerciements de Catherine Aimelet-Périssol :

À mes enfants, qui m'entourent de leur amour et de leur gaieté.

À Pierre André pour ses encouragements et l'admiration qu'il témoigne à mes travaux.

À toutes celles et à tous ceux qui ont cru en moi et particulièrement ma fille Aurore, Bernard Leduc et Michel Tavernier (†).

À mes auteurs préférés qui m'accompagnent de leurs pensées et de leurs passions dans les moments difficiles.

Pour vous former à l'usage de ce processus ou pratiquer en stage, vous pouvez nous contacter sur le site de l'**Institut de Logique émotionnelle : www.logique-emotionnelle.com**

Bibliographie

BALMARY, Marie, *Le Sacrifice interdit* (Freud et la Bible), Paris, Grasset, 1986

BERTHERAT, Thérèse, *Les Saisons du corps* (garder et regarder la forme), Paris, Albin Michel, 1985

CHANGEUX, Jean-Pierre, *L'Homme de vérité*, Paris, Odile Jacob, 2004

DUFOUR, Christian, *Entendre les mots qui disent les mots*, Paris, Le Dauphin, 2000

HIROYUKI, Aoki, *Shintaïdo, un art de mouvement et d'expression de la vie*, 1986, réédité par l'Association française des instructeurs de shintaïdo en 2007

JEANNEROD, Marc, *Le Cerveau intime*, Paris, Odile Jacob, 2002

KLEIN, Étienne, *Le facteur temps ne sonne jamais deux fois*, Paris, Flammarion, 2007

KORSYBSKI, Alfred, *Prolégomènes aux systèmes non aristotéliciens et à la sémantique générale*, Paris, Éclat, 2001

LABORIT, Henri, *Biologie et Structure*, Paris, Gallimard, 1968

L'Inhibition de l'action, Paris, Masson, 1986

Bases biologiques des comportements sociaux, Montréal, Fidès, 1994

LOUYS, Jacques, *Modèle oscillatoire de la réalité psychique : un modèle trans-niveaux*, http://www.psy-desir.com/recherche-clinique/spip.php ?article37

MISRAHI, Robert, *Cent mots sur l'*Éthique *de Spinoza*, Paris, Le Seuil, « Les empêcheurs de penser en rond », 2005

SIBONY, Daniel, *Le Corps et sa danse*, Paris, Seuil, 1995
Don de soi ou partage de soi, Paris, Odile Jacob, 2000

SIDOUN, Paul, *Guérir... mais de quoi ?*, Paris, Autrement, 2004

VINCENT, Jean-Pierre, *Biologie des passions*, Paris, Odile Jacob, 1986

YALOM, Irvin D., *Le Bourreau de l'amour*, Paris, Galaade éditions, 2005

Table

Imprimé en France par EPAC Technologies
N° d'impression : 4550414301821
Dépôt légal : octobre 2008